Friedrich Wally – Dario Caccialupi

# Grammatica dell' Italiano di oggi



[illegible]. Auflage

NEUE RECHTSCHREIBUNG

ÖBV Pädagogischer Verlag, Wien
Ernst Klett Verlag, Stuttgart

In Verlagsgemeinschaft mit:
Ed. Hölzel, Wien
Manzsche Verlags- und Universitätsbuchhandlung, Wien
Verlag Jugend & Volk, Wien

Mit Bescheid des Bundesministeriums für Unterricht und Kunst vom 28. Oktober 1991, GZ 42.353/1-I/9/91, gemäß § 14 Absatz 2 und 5 des Schulunterrichtsgesetzes, BGBl. Nr. 472/86, und gemäß dem Lehrplan 1988 als für den Unterrichtsgebrauch an allgemein bildenden höheren Schulen für die 6. bis 8. Klasse im Unterrichtsgegenstand Italienisch (2. lebende Fremdsprache) geeignet erklärt.

| |
|---|
| Schulbuchnummer: **3581** |
| Wally, Grammatica dell'italiano di oggi |
| ÖBV Pädagogischer Verlag, Wien |
| 3. Auflage 1998 |

Abgesehen von der Umstellung auf die neue Rechtschreibung kann die 3. Auflage im Unterricht neben der 2. Auflage verwendet werden.



3. Auflage 1998 (3,00)

Satz: Bernhard Computertext, Wien
Druck: Novografic, Wien
ISBN 3-215-**07750**-7 (ÖBV Pädagogischer Verlag)
ISBN 3-12-**507000**-7 (Ernst Klett Verlag)

# Inhaltsübersicht
(Die Zahlen in Klammern geben die einzelnen Abschnitte an)

## Abkürzungen und Zeichen

| | |
|---|---|
| Adj. | Adjektiv |
| Adv. | Adverb |
| Art. | Artikel |
| best. | bestimmt |
| COD | complemento d'oggetto diretto (präpositionsloses Objekt) |
| COI | complemento d'oggetto indiretto (Präpositionalobjekt) |
| ▒ | esempio (Beispiel, Beispielsatz) |
| f. | feminin |
| It. lett. | Italiano letterario |
| It. p. | Italiano parlato |
| m. | maskulin |
| NG | Nominalgruppe |
| Nom. | Nomen |
| Pers. | Person (des Verbs) |
| Pl. | Plural |
| p.p. | participio passato |
| p.pr. | passato prossimo |
| p.pres. | participio presente |
| qc. | qualche cosa |
| qu. | qualcuno |
| s. | siehe |
| S. | Singular |
| Subj. | Subjekt |
| unbest. | unbestimmt |
| VG | Verbalgruppe |
| NB | Nota bene |

# Vorwort

Die **Grammatica dell'Italiano di oggi** wendet sich vor allem an Schüler der allgemein bildenden höheren Schule, der berufsbildenden höheren Schule, an Italienischstudenten der ersten Semester – Romanisten, Dolmetscher und Übersetzer –, aber auch an jene, die in anderem Rahmen Italienisch lernen und ihre Grammatikkenntnisse erweitern, vertiefen und festigen wollen.

Gegenstand der **Grammatica dell'Italiano di oggi** sind die grammatischen Formen und Strukturen des heutigen **italiano standard** in seiner geschriebenen und gesprochenen Variante. Von den nicht markierten Standardregistern abweichende Erscheinungen sind mit **It. lett.** (italiano letterario = sehr formell) bzw. mit **It. p.** (italiano parlato = umgangssprachlich) bezeichnet.

Die Verfasser sind sich der Tatsache bewusst, dass es sich um eine extreme Vereinfachung der tatsächlichen Situation des Italienischen handelt. Die Aufgabe einer Grammatik der vorliegenden Art kann es aber nicht sein, der äußerst komplexen Realität, insbesondere des gesprochenen Italienisch, Rechnung zu tragen.

Diese **italienische Grammatik** will keine formaltheoretische Grammatik sein, sondern dem Italienischlernenden praktische Hilfestellung bieten. Daher wurde die Systematik überall dort, wo es für den Benützer einfacher schien, durchbrochen. Gleichfalls aus Gründen der praktischen Benützbarkeit wurden formale und semantische Kriterien angewendet, je nachdem, was dem Lernenden eine bessere Hilfe für richtiges Verstehen oder richtigen Gebrauch der Sprache bietet.

Da sich die **Grammatica dell'Italiano di oggi** an deutschsprachige Lernende wendet, ist sie auch auf Deutsch verfasst, wobei sich in diesem Zusammenhang die Verwendung der grammatischen Fachausdrücke als besonders schwierig erweist, da sich die Erscheinungen in den beiden Sprachen nicht decken und der Gebrauch der Fachausdrücke – oft auch bei durchaus vergleichbaren Elementen – verschieden ist. Prinzipiell wurde jene Terminologie verwendet, die auch im muttersprachlichen Deutschunterricht Verwendung findet. Von diesem Prinzip wird dort abgewichen, wo

- grammatische Erscheinungen des Italienischen keine Entsprechung im Deutschen haben. In solchen Fällen wurde die in den deutschsprachigen Italienischgrammatiken übliche Terminologie verwendet (z. B. it. **articolo partitivo = Teilungsartikel**), oder es wurden Fachausdrücke erfunden (z. B. it. **aggettivo possessivo = adjektivisches/ unselbständiges Possessivpronomen**);
- sich hinter ähnlichen oder gleichen Bezeichnungen verschiedene Erscheinungen verbergen und die Beibehaltung der deutschen Fachausdrücke zu Unklarheiten oder Irrtümern in der Verwendung des Italienischen führen könnte (z. B. it. **imperfetto**/vs/dt. **Imperfekt**). In solchen Fällen wurde die italienische Bezeichnung verwendet.

Die italienischen Beispiele sind verschiedenen Ursprungs. Eine nicht unbeträchtliche Zahl sind Originalbeispiele aus den verschiedenen Massenmedien, aus der modernen Literatur und aus Alltagsgesprächen; sehr viele sind den gerade in den letzten Jahren in Italien zahlreich erschienenen italienischen Schulgrammatiken entnommen, ein Teil stammt aus den verschiedensten italienischen Wörterbüchern. Nur eine ganz kleine An-

zahl wurde von den Autoren selbst erfunden. Bei allen Beispielen wurde darauf geachtet, dass sie, unabhängig vom Zusammenhang, in dem sie im vorliegenden Band aufscheinen, vom Lernenden leicht in einen kommunikativen Kontext eingebettet werden können. Seltene Ausdrücke wurden vermieden, da ja das Hauptaugenmerk des Benützers auf die grammatischen Erscheinungen und nicht auf Wortschatz und Idiomatik gerichtet sein soll. Aus diesem Grunde wurden auch einige Originalbeispiele vereinfacht. Zur besseren Lesbarkeit wurde auf die Angabe der Quellen verzichtet. Um es dem Benützer zu erleichtern, die Aufmerksamkeit auf das dargestellte grammatische Problem zu richten und darin nicht durch Bedeutungsprobleme beeinträchtigt zu werden, wurde bei allen italienischen Beispielen die deutsche Übersetzung hinzugefügt.
Eine Grammatik wie die vorliegende kann keinerlei Anspruch auf Vollständigkeit erheben. Dennoch mussten möglichst viele Erscheinungen Platz darin finden, so einfache und elementare wie die Bildung des Plurals der Nomina, aber auch wesentlich komplexere und schwierigere wie die Verwendung der Vergangenheitstempora oder die des **congiuntivo.** Lernende der angesprochenen Zielgruppe müssen sowohl über das eine als auch über das andere Auskunft finden können.
Um die Benützung dieser Grammatik zu erleichtern, findet sich am Anfang des Bandes ein detailliertes Inhaltsverzeichnis, am Ende ein sehr ausführliches Register von etwa 1200 Stichwörtern. Es wird vor allem jenen Benützern gute Dienste leisten, die sich rasch über eine grammatische Erscheinung, über ein Detail informieren wollen.
Allen denjenigen, die sich die Mühe gemacht haben, das Manuskript durchzusehen, und die durch Anregung und Beratung zur Entstehung dieses Bandes beigetragen haben, sei an dieser Stelle herzlich gedankt.

# Einleitung

Die vorliegende Grammatik des Italienischen geht vom einfachen Satz und dessen Umformungen aus. In der weiteren Folge wird dieser einfache Satz in immer kleinere Einheiten zerlegt, bis man schließlich zu den einzelnen Wortarten gelangt. Durch Erweiterung des einfachen Satzes gelangt man zum **erweiterten Satz,** durch Hinzufügen weiterer Teilsätze zum **zusammengesetzten Satz.**

Mario si annoiava. Passeggiando per la strada/ha incontrato il suo amico/che gli ha raccontato/che cosa era avvenuto il giorno prima.

*Mario langweilte sich. Während er auf der Straße dahinschlenderte, traf er seinen Freund, der ihm erzählte, was tags zuvor geschehen war.*

Das obige Beispiel besteht aus einem einfachen und einem zusammengesetzten Satz. Durch Zerlegung in immer kleinere Einheiten gelangen wir zu folgendem Ergebnis:

| | |
|---|---|
| einfacher Satz | Mario si annoiava. |
| erweiterter Satz | … ha incontrato il suo amico |
| zusammengesetzter Satz | Passeggiando per la strada,<br>ha incontrato il suo amico,<br>che gli ha raccontato<br>che cosa era avvenuto il giorno prima. |
| Teilsatz | Mario si annoiava.<br>Passeggiando per la strada/<br>ha incontrato il suo amico/usw. |
| Satzteil: Nominalgruppen | Mario<br>il suo amico<br>che<br>che cosa |
| Satzteil: Verbalgruppen | si annoiava<br>ha incontrato<br>ha raccontato<br>era avvenuto |
| lexikalisches Wort | si annoiava/passeggiando/amico/avvenuto/usw. |
| grammatisches Wort | si/il/suo/che/usw. |
| Elemente des Wortes | Annoi-a-va/incontr-a-to/amic-o/usw. |

# DER EINFACHE SATZ

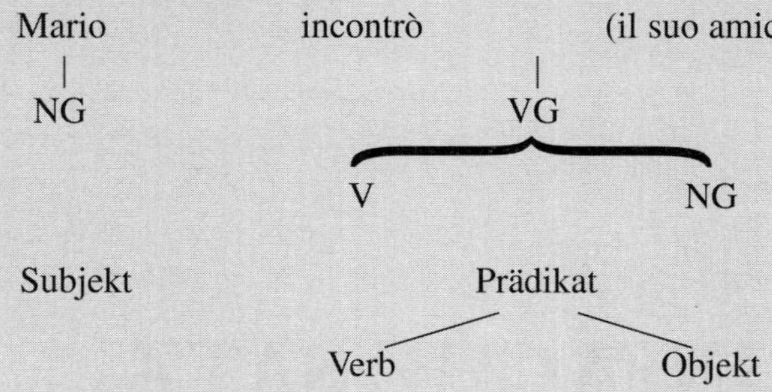


Es wird zuerst ein **Subjekt** genannt (Mario), sodann wird im Rahmen des **Prädikats** ausgedrückt, was dieses Subjekt tut (incontrò il suo amico).

Der einfache Satz besteht somit aus zwei Grundelementen:

- **Subjekt:**
  Es bezeichnet die Person oder den Gegenstand, welche(r) die Handlung durchführt oder welche(r) sich in einem bestimmten Zustand befindet.
- **Prädikat:**
  Es sagt über das Subjekt etwas aus (welche Handlung es ausführt, in welchem Zustand es sich befindet).

**Subjekt** und **Prädikat** sind **grammatische Funktionen.** Diese Funktionen bezeichnen die **Beziehungen,** die zwischen den beiden Teilen des einfachen Satzes bestehen. Das Subjekt hat als zentrales Element ein **Nomen** (nome) oder dessen Substituten. Man spricht daher von der **Nominalgruppe** (NG, gruppo nominale). Das Prädikat hat als zentrales Element ein **Verb** (verbo), man spricht daher von einer **Verbalgruppe** (VG, gruppo verbale). Das Verb kann allein die VG bilden oder Zusätze aufweisen. Im vorliegenden Fall besteht dieser Zusatz aus einem Nomen und ist seiner Funktion nach ein **direktes Objekt** (complemento d'oggetto diretto, COD).

# Die Satzarten

1 # Der Aussagesatz
(la frase enunciativa)

kann als die Grundstruktur des italienischen Satzes überhaupt angesehen werden.

2 **Der Aussagesatz mit Hauptverb**

(Non) piove. *Es regnet (nicht).*

Tutti si addormentarono. *Alle schliefen ein.*

Nessuno si addormentò. *Niemand schlief ein.*

Carlo si è addormentato. *Carlo ist eingeschlafen.*

3 **Der Aussagesatz mit Hilfsverb**

Das Subjekt ist mit einem Adjektiv, einem Nomen oder einer NG (Prädikatsnomen, Gleichsetzungsglied) durch ein Hilfsverb verbunden, das ohne dieses Gleichsetzungsglied nicht stehen könnte. Dasselbe gilt auch für Verben, die wie ein Hilfsverb verwendet werden können.

| Hilfsverb | Beispiel | Bedeutung |
|---|---|---|
| essere | Questo ragazzo è alto.<br>Giovanni è un bambino molto gentile. | *Dieser Junge ist groß.*<br>*Giovanni ist ein sehr liebes Kind.* |
| stare | A scuola i ragazzi non stanno sempre attenti. | *Die Kinder sind in der Schule nicht immer aufmerksam.* |
| sembrare<br>parere<br>apparire | I ragazzi sembrano stanchi.<br>La proposta pare buona.<br>L'operaia appare stanca. | *Die Kinder scheinen müde zu sein.*<br>*Der Vorschlag scheint gut zu sein.*<br>*Die Arbeiterin sieht müde aus.* |
| restare<br>rimanere | Dopo l'esplosione, la gente rimase/ restò impaurita. | *Nach der Explosion waren die Leute verschreckt.* |

4 # Der Fragesatz
(la frase interrogativa)

Man unterscheidet drei Typen des Fragesatzes, und zwar je nach der zu erwartenden Antwort.

5 **Entscheidungsfrage** (interrogazione totale)
Die Antwort ist **sì** oder **no**, eventuell **può darsi** (kann sein, vielleicht). Die Entscheidungsfrage wird nicht durch ein Fragewort eingeleitet:

Venite domani? *Kommt ihr morgen?*

E' arrivata Franca? *Ist Franca schon (an)gekommen?*

6 **Ergänzungsfrage** (interrogazione parziale)
Als Antwort wird ein Satzglied des Fragesatzes entweder ergänzt oder allein genannt. Die Ergänzungsfrage wird durch ein Fragewort eingeleitet:

**Dove vai?** *Wohin gehst du?*

**Perché** Franca non è ancora arrivata? *Warum ist Franca noch nicht da?*

7 **Alternativfrage** (interrogazione alternativa o disgiunta)
Die Antwort ist eines der beiden (selten mehrerer) Elemente des Fragesatzes. Die Alternativfrage kann mit oder ohne Fragewort stehen:

Vuole un tè o un caffè? *Möchten Sie Tee oder Kaffee?*

Che cosa fai (tu)? Vieni con noi o resti a casa?
*Was machst du? Kommst du mit uns oder bleibst du zu Hause?*

Dove va Franca? Al cinema o a teatro?
*Wohin geht Franca? Ins Kino oder ins Theater?*

8 ## Die Wortstellung im Fragesatz
(l'ordine delle parole nella frase interrogativa)

Die Wortstellung beim Fragesatz ist dieselbe wie beim Aussagesatz. Beim Sprechen ist das Kennzeichen des Fragesatzes die Intonation, in der Schrift das Fragezeichen.

9 **Entscheidungsfrage**

Franca è arrivata? *Ist Franca schon da?*

E' arrivata Franca? *Ist Franca schon da?*

Tua sorella vuole venire? *Möchte deine Schwester kommen?*

Vuole venire tua sorella? *Möchte sie kommen, deine Schwester?*

Puoi farlo? *Kannst du es machen?*

Puoi farlo tu? *Kannst du es machen?*

10 **Ergänzungsfrage**

Einziges Kennzeichen ist das Fragewort, das am Anfang steht:

**Chi** è arrivato? *Wer ist angekommen?*

**Quanto** costano le scarpe? *Wie viel kosten die Schuhe?*

11 In manchen Fällen kann das Fragewort auch am Ende des Fragesatzes stehen. Der Satz wird dann zur **Echofrage,** das heißt, es handelt sich um eine uneigentliche Frage, die Erstaunen, Verwunderung, Empörung usw. ausdrückt:

Aspetti da **quando?** *Seit wann wartest du?*

Hai parlato **con chi?** *Mit wem hast du gesprochen?*

Avete parlato di **che cosa?** *Worüber habt ihr gesprochen?*

**Chi** kommt in Endstellung nur mit Präposition vor. **Che** kann nie in Endstellung stehen, wohl aber **che cosa.**

12 Das Verb des Fragesatzes kann auch im **Infinitiv** stehen. Der Fragesatz drückt dann Zweifel oder Zögern aus:

**Che** fare? *Was tun? Was soll man da tun?*

**Come** fare? *Wie macht man das (am besten)?*

**Dove** rivolgersi? *An wen kann man sich da wenden?*

**Come** passare il fiume? *Wie kommt man da am besten über den Fluss?*

**Perché** non chiederglielo? *Warum fragt man ihn da nicht einfach?*

Die Frage mit Infinitiv kann auch **ohne Fragewort** stehen. Sie drückt dann Erstaunen, Verwunderung, Empörung usw. aus:

**Andare** fin là a piedi? *Bis dorthin sollen wir zu Fuß gehen?*

13 
# Der Antwortsatz
(la frase risposta)

Frage und Antwort bilden eine Form- und Sinneinheit. **Der Antwortsatz kann ohne Fragesatz nicht stehen.** Er braucht daher kein formal vollständiger Satz zu sein. Er muss nur enthalten, was gegenüber der Frage an Information **neu** ist:

**Chi** è arrivato? – **Francesco.**
*„Wer ist angekommen?" „Francesco."*

**Perché** Franco non è venuto? **Perché è malato.**
*„Warum ist Franco nicht gekommen?" „Weil er krank ist."*

Vieni con noi? – **Certo.**
*„Kommst du mit uns?" „Gewiss."*

14 Die Sprechsituation kann bewirken, dass die Frage oder Teile der Frage – unter Umständen in abgeänderter Formulierung – in der Antwort wieder aufgenommen werden. Dabei ändern sich Intonation und Satzbetonung gegenüber dem Fragesatz, die Antwort enthält eine zusätzliche Information.
Folgende Gründe können zu einer solchen Wiederaufnahme führen:

1. Der Antwortende möchte Zeit gewinnen (z. B. zum Nachdenken):

Lehrer: **Perché sei in ritardo?**
*„Warum kommst du zu spät?"*

Schüler: **Sono in ritardo,** perché ho avuto un incidente.
*„Ich komme zu spät, weil ich einen Unfall gehabt habe."*

2. Um durch die Art, in der diese Wiederaufnahme erfolgt (Intonation, Rhythmus, Betonung), zum Ausdruck zu bringen, dass man der Frage kritisch gegenübersteht, oder um Gefühle (Erstaunen, Verwunderung, Empörung, Freude usw.) zum Ausdruck zu bringen:

Kind: **Perché** il babbo **non è ancora tornato?**
*„Warum ist denn der Papa noch nicht nach Hause gekommen?"*

Mutter: **Perché non è ancora tornato?** Ma oggi è venerdì, lavora fino alle sette!
*„Warum er noch nicht nach Hause gekommen ist? Aber heute ist doch Freitag, da arbeitet er bis um sieben!"*

Die teilweise Wiederholung der Frage durch die Mutter bedeutet etwa: „Aber das musst du doch wissen. Frag nicht so dumm!"

3. Manchmal weist der Fragesatz mit **come** eine Äußerung zurück, er ist dann genauso formuliert wie die zurückgewiesene Äußerung:

Non ho voglia di venire con te! – **Come** mai non hai voglia di venire con me?
*„Ich habe keine Lust mitzukommen!" „Was heißt, du hast keine Lust?"*

## 15 Gegenüberstellung Fragesatz – Antwortsatz

| Entscheidungsfrage | Antwort auf die Entscheidungsfrage |
|---|---|
| Die Frage bezieht sich auf den ganzen Satz. Sie wird nicht durch ein Fragewort eingeleitet. | |
| Vieni con noi?<br>*Kommst du mit uns?* | **Sì.** *Ja.*<br>Drückt einfache Zustimmung aus.<br>Andere Ausdrücke der Zustimmung:<br>**Certo, certamente** *gewiss,* **sicuro, sicuramente** *selbstverständlich,* **come no?** *aber natürlich,* **di sicuro** *bestimmt* usw.<br>**Sì, vengo.** Ist verstärkend. |
| | **No.** *Nein.* Drückt einfache Verneinung oder Ablehnung aus.<br>**No, non vengo.** Verstärkend.<br>Andere Ausdrücke zur Verstärkung der Verneinung bzw. der Ablehnung:<br>**Neanche per idea.** *Nicht einmal im Gedanken.* **Nemmeno per sogno.** *Fällt mir im Traum nicht ein.* |
| | **Forse.** *Vielleicht.* Drückt Ungewissheit aus.<br>**Probabilmente.** *Wahrscheinlich.*<br>**Eventualmente.** *Möglicherweise.*<br>**Può darsi.** *Vielleicht/Kann sein.* |

## 16 Übersicht über die Fragewörter (gli interrogativi)

| Fragewort | | | | Fragt nach | Wortart | Bedeutung |
|---|---|---|---|---|---|---|
| S. | | Pl. | | | | |
| m. | f. | m. | f. | | | |
| **chi** | | | | Personen | selbst. Pron. | Wer? |
| **che / che cosa / cosa** | | | | Sachen | selbst. Pron. | Was? |
| **qual(e)** | | **quali** | | Identität, Eigenschaft | adj. Pron. | Was für ein |
| | | | | | selbst. u. adj. | Welcher, -e, -es? |
| | | | | Identität, Eigen. | Pronomen | |
| **quanto** | **quanta** | **quanti** | **quante** | Menge | adj. Pron. | Wie viel(e)(s) |
| **Come** | | | | Art und Weise | Adverb | Wie? |
| **Dove** | | | | Ort | Adverb | Wo(hin)? |
| **Quando** | | | | Zeit | Adverb | Wann? |
| **Quanto** | | | | Menge, Wert | Adverb | Wie viel? |
| **Perché** | | | | Grund, Ursache | Adverb | Warum? |

| | Ergänzungsfrage | Antwort auf die Ergänzungsfrage |
|---|---|---|
| 17 | **Ergänzungsfrage** | **Antwort auf die Ergänzungsfrage** |
| 18 | **Chi.** Für Personen, seltener für andere Lebewesen. Ist **chi Subjekt,** so steht das Verb im **Singular,** nur **essere** steht auch im Plural. | |
| | **Chi** è arrivato?<br>*Wer ist angekommen?*<br>Frage nach dem **Subjekt.** | **Franco.**<br>E' arrivato **Franco.** *Franco ist angekommen.*<br>**Nessuno.** *Niemand.*<br>Non è arrivato **nessuno.**<br>*Niemand ist angekommen.* |
| | **Chi** è questo signore?<br>*Wer ist dieser Herr?* | (E') **il nostro amico.**<br>*(Er ist) unser Freund.* |
| | **Chi** sono questi signori?<br>*Wer sind diese Herren?*<br>Frage nach dem **Prädikatsnomen** (Gleichsetzungsglied) | (Sono) **i nostri amici.**<br>*(Das sind) unsere Freunde.* |
| | **Chi** hai visto?<br>*Wen hast du gesehen?*<br>Frage nach dem **COD** | (Ho visto) **Franco.**<br>*(Ich habe) Franco (gesehen).* |
| | **Con chi** hai parlato?<br>*Mit wem hast du gesprochen?*<br><br>**Da chi** vai?<br>*Zu wem gehst du?*<br>Frage nach dem **COI** | (Ho parlato) **con Franco.**<br>*(Ich habe) mit Franco (gesprochen).*<br>Con **nessuno.** *Mit niemandem.*<br>(Vado) **da Franco.**<br>*(Ich gehe) zu Franco.*<br>**Da nessuno.** *Zu niemandem.* |
| 19 | **Che.** Bezieht sich auf Sachen, das Verb steht im **Singular.** Man verwendet auch **Che cosa** und im It. p. nur **Cosa.**<br>Im Weiteren werden die Beispiele nur mit **che** allein formuliert. | |
| | **Che** è successo?<br>*Was ist passiert?*<br><br>Frage nach dem **Subjekt** | (E' successo) **un incidente.**<br>*(Es ist) ein Unfall (passiert).*<br>**Niente** (è successo).<br>*Nichts (ist passiert).*<br>Non è successo **niente.** |
| | **Che** vuoi?<br>*Was willst du?*<br><br>Frage nach dem **COD** | (Voglio/Vorrei) **un altro libro.**<br>*(Ich möchte) ein anderes Buch.*<br>Voglio **che tu venga da me.**<br>*Ich möchte, dass du zu mir kommst.*<br>Voglio/Vorrei **giocare con te.**<br>*Ich möchte mit dir spielen.*<br>(Non voglio) **niente.**<br>*Ich möchte nichts.* |
| | **A che** pensi?<br>*Woran denkst du?*<br><br>**Da che** lo deduci?<br>*Woraus schließt du das?*<br>Frage nach dem **COI** | (Penso) **all'ultimo Natale.**<br>*(Ich denke) an vergangene Weihnachten.*<br>(Non penso) **a niente.**<br>*(Ich denke) an nichts.*<br>(Lo deduco) **dal suo comportamento.**<br>*(Ich schließe das) aus seinem Verhalten.* |

**Che + Nomen**
hat nur eine Form. Stellt die Frage nach einer **Eigenschaft** oder nach der **Identität** des begleitenden Nomens. Es hat dieselbe Funktion wie **quale,** ist aber vor allem im It. p. gebräuchlich.

| | |
|---|---|
| **Che treno** prendi?<br>*Was für einen Zug nimmst du?* | (Prendo) **quello delle nove.**<br>*(Ich nehme) den um neun.* |
| **Che dischi** avete scelto?<br>*Was für Schallplatten habt ihr ausgesucht?* | (Abbiamo scelto) dischi **di Mozart.**<br>*(Wir haben Schallplatten) von Mozart (ausgesucht).* |
| **Che libri** leggi di solito?<br>*Was für Bücher liest du gewöhnlich?* | (Di solito leggo) **gialli.**<br>*(Gewöhnlich lese ich) Kriminalromane.*<br>(Di solito non leggo) **nessun libro./Nessuno.**<br>*(Gewöhnlich lese ich) überhaupt keine (Bücher).*<br>**Non** leggo **mai libri.**<br>*Ich lese nie Bücher.* |
| **Che strada** prendi?<br>*Welche Straße nimmst du?* | (Prendo) **quella a destra.**<br>*(Ich nehme) die rechts/rechte.* |
| **Che** è questo?<br>*Was ist das?*<br>Frage nach dem **Prädikatsnomen** (Gleichsetzungsglied) | (Questo è) **un giornale.**<br>*(Das ist) eine Zeitung.* |

20 **Quale**
hat je eine Form für Singular und Plural. Stellt die Frage nach einer Eigenschaft oder nach der Identität. Es steht für Personen und Sachen.

| | |
|---|---|
| **Quale** dei tuoi collaboratori preferisci?<br>*Welchen deiner Mitarbeiter hast du am liebsten?*<br>Dei tuoi collaboratori **quale** preferisci?<br>*Welcher deiner Mitarbeiter ist dir am liebsten?* | (Preferisco) **Giacomo.**<br>*(Am liebsten ist mir) Giacomo.* |
| Frage nach dem **COI**<br>**Al quale** di questi argomenti sei più interessato?<br>*Welches dieser Themen interessiert dich am meisten?* | (Sono più interessato) **al primo.**<br>*(Am meisten interessiert mich) das erste.*<br>A quello **delle centrali atomiche.**<br>*Jenes über Atomkraftwerke.* |

**Quale + Nomen**
hat dieselbe Funktion wie **che.**

| | |
|---|---|
| **Quale treno** prendi?<br>*Welchen Zug nimmst du?* | (Prendo) **quello delle nove.**<br>*(Ich nehme) den Neunuhrzug.* |
| **Quali dischi** avete scelto?<br>*Welche Schallplatten habt ihr ausgesucht?* | (Abbiamo scelto) dischi **di Mozart.**<br>*(Wir haben Schallplatten) von Mozart (ausgesucht).* |
| **Quali intenzioni** hai?<br>*Was für Absichten hast du?* | Antworten sind völlig frei, z. B.:<br>**Vorrei andare al mare.**<br>*Ich möchte ans Meer fahren.* |
| **In quale città** ti hanno trasferito?<br>*In welche Stadt bist du versetzt worden?* | (Mi hanno trasferito) **a Portogruaro.**<br>*(Man hat mich) nach Portogruaro (versetzt).* |
| **Qual è** la capitale dell' Austria?<br>*Was ist die Hauptstadt von Österreich?*<br>Vor **è** wird das -e von **quale** weggelassen. | **Vienna.** |

21 **Quanto**
hat je zwei Formen für Singular und Plural. Mit **quanto** fragt man nach der Menge von Personen und Sachen.

| | |
|---|---|
| Vorrei **della stoffa.**<br>*Ich möchte gerne Stoff kaufen.* | |
| **Quanta** gliene occorre?<br>*Wie viel brauchen Sie?* | **Due metri.** *Zwei Meter.*<br>Vorrei **due metri.** *Ich möchte zwei Meter.*<br>Mi dia **due metri.** *Geben Sie mir zwei Meter.* |
| **Quanti** hanno aderito alla nostra proposta?<br>*Wie viele haben unseren Vorschlag angenommen?* | **Tre persone.** *Drei Personen.*<br>Sono **tre** che hanno aderito.<br>*Drei haben ihn angenommen.* |
| **In quanti** eravate?<br>*Wie viele wart ihr?* | (Eravamo) **in cinque.**<br>*(Wir waren) fünf.* |

**Quanto + Nomen** fragt ebenfalls nach der Menge, der Anzahl.

| | |
|---|---|
| **Quanto denaro** hai speso?<br>*Wie viel Geld hast du ausgegeben?* | (Ho speso) **10.000 lire.**<br>*(Ich habe) 10 000 Lire (ausgegeben).*<br>(Non ho speso) **niente.**<br>*(Ich habe) nichts (ausgegeben).* |
| **Quanti anni** hai?<br>*Wie alt bist du?* | (Ho) **dieci** (anni).<br>*(Ich bin) zehn.* |
| **Quante persone** avete invitato?<br>*Wie viele Personen habt ihr eingeladen?* | **Tre.**<br>Ne abbiamo invitate **tre.**<br>*Wir haben drei eingeladen.* |

**Ergänzungsfragen, die durch Adverbien eingeleitet sind.** Die einleitenden Adverbien sind unveränderlich.

22 **Come**
fragt nach Art und Seinsweise einer Person oder einer Sache, nach der Art und Weise, in der eine Handlung abläuft bzw. durchgeführt wird. Die Frage bezieht sich auf das Prädikatsnomen oder auf eine Umstandsergänzung der Art und Weise.

| | |
|---|---|
| **Come** stai?<br>*Wie geht es dir?* | **Male.** *Schlecht.*<br>**Bene.** *Gut.* |
| Vor è kann das -e von **come** wegfallen.<br>**Com'** è il tuo nuovo amico?<br>*Wie ist dein neuer Freund?*<br>Frage nach **Eigenschaften** | **Bello e molto gentile.**<br>*Hübsch und sehr nett.* |
| **Come** funziona la tua nuova macchina?<br>*Wie funktioniert dein neues Auto?*<br>Frage nach der **Art und Weise eines Geschehnisablaufes** | **Bene.** Funziona **molto bene.**<br>*Gut. Es funktioniert sehr gut.* |
| **Come** sono partiti i tuoi genitori?<br>*Wie sind deine Eltern weggefahren?*<br>Frage nach dem **Mittel** oder einem **Zustand** | (Sono partiti) **con il treno.**<br>*(Sie sind) mit dem Zug (weggefahren).*<br>(Sono partiti) **tristi.** |

23 **Dove**
fragt nach dem **Ort** (nach der Ortsergänzung). Befinden an einem Ort (wo?) und zielgerichtete Bewegung (wohin?) werden nicht unterschieden.

| | |
|---|---|
| **Dove** sei?<br>*Wo bist du?* | (Sono) **qui, nel bagno.**<br>*(Ich bin) hier, im Bad.* |
| **Dove** si trova tua madre?<br>*Wo befindet sich deine Mutter?* | (Attualmente si trova) **a Milano.**<br>*(Derzeit befindet sie sich) in Mailand.* |
| **Dove** vai domani sera?<br>*Wohin gehst du morgen Abend?* | (Vado) **da Franco/al cinema.**<br>*(Ich gehe) zu Franco/ins Kino.* |
| **Da dove** vieni?<br>*Woher kommst du?* | (Vengo) **da Franco/dal mercato.**<br>*(Ich komme) von Franco/vom Markt.* |
| Im It. lett. findet sich für **da dove** auch **onde** und **donde.** | |
| Vor è kann das -e von dove wegfallen.<br>**Dov'è** andata Ada?<br>*Wohin ist Ada gegangen?* | (Ada è andata) **a teatro.**<br>*(Ada ist) ins Theater (gegangen).* |

24 **Quando**
fragt nach einem **Zeitpunkt** (einer Zeitergänzung).

| | |
|---|---|
| **Quando** torni?<br>*Wann kommst du zurück?* | (Torno) **domani.**<br>*(Ich komme) morgen (zurück).* |
| **Per quando** vuole che sia preparato il pacco?<br>*Für wann soll ich Ihnen das Paket fertig machen?* | **Per domani.** *Für morgen.*<br>Melo prepari **per domani.**<br>*Richten Sie es mir für morgen.* |
| **Da quando** tuo marito non beve più?<br>*Seit wann trinkt dein Mann nicht mehr?* | (Non beve più) **da quando è malato.**<br>*(Er trinkt nicht mehr), seit er krank ist.* |
| **Fino a quando** il negozio è aperto?<br>*Bis wann hat das Geschäft offen?* | (Il nostro negozio è aperto) **fino alle sette.**<br>*(Unser Geschäft ist) bis sieben Uhr (geöffnet).* |

25 **Quanto**

| | |
|---|---|
| **Quanto** dura ancora lo spettacolo?<br>*Wie lange dauert die Aufführung noch?* | (Dura ancora) **un'ora.**<br>*(Sie dauert noch) eine Stunde.* |
| Vor **è** kann der Endungsvokal von **quanto** wegfallen.<br>**Quant'è** alto il campanile di San Lorenzo?<br>*Wie hoch ist der Campanile von San Lorenzo?* | (E' alto) **trenta metri.**<br>*(Er ist) dreißig Meter (hoch).* |
| **Quanto + Nomen** (s. 21) | |

26 **Perché**
fragt nach dem Grund, der Ursache. Die Antwort wird gleichfalls mit **perché** eingeleitet.

| | |
|---|---|
| **Perché** non compri questo vestito?<br>*Warum kaufst du dieses Kleid nicht?* | (Non lo compro) perché **costa troppo.**<br>*(Ich kaufe es nicht), weil es zu teuer ist.* |

27 # Der Aufforderungssatz
(la frase volitiva)

Der Aufforderungssatz drückt aus:

a) eine Bitte:

**Portami** un bicchiere d'acqua, per favore! *Bring mir bitte ein Glas Wasser!*

b) eine Aufforderung:

Ci **pensi** bene! *Überlegen Sie sich das gut!*

c) eine Einladung:

**Servitevi** pure! *Bedient euch doch!*

d) einen Befehl:

**Andate via** da qui! *Geht weg von hier!*

e) einen Verweis:

**Taci**! *Sei doch still!*

f) einen Wunsch:

Dio te ne **renda** merito! *Möge es dir Gott vergelten!*

g) eine Konzession:

**Parli** pure! *Sprechen Sie nur!*

28 Das **Verb** des Aufforderungssatzes steht im

a) Imperativ (Bildung s. 391):

**Vieni!** *Komm!*

b) Infinitiv (vor allem in Aufschriften, Kochrezepten, Gebrauchsanweisungen):

**Rallentare!** *Langsam fahren!*
Non **ingombrare l'uscita!** *Ausgang freihalten!*

c) Indikativ Präsens oder Futur (Aussage-, Frage- oder Bedingungssatz):

Non **vuoi** tacere? *Möchtest du nicht still sein?*
Se **vuole** sedere qui, signora! *Wenn Sie sich hierher setzen wollen!*
Lei **attraversa** adesso! *Jetzt überqueren Sie!*

d) Konjunktiv Präsens. Drückt einen Befehl an Dritte, Abwesende aus:

Che dobbiamo fare con Carlo? – **Venga** anche lui!
*Was sollen wir mit Carlo machen? Er soll auch mitkommen!*

29 # Der Ausrufesatz
(la frase esclamativa)

Jeder Aussage- und jeder Fragesatz kann durch Änderung der Intonation zum Ausrufesatz werden. Er drückt Verwunderung, Ärger usw. aus:

Corre molto veloce questa macchina! *Fährt dieses Auto (aber) schnell!*
Sei già tornato? *Du bist schon zurück?*

Die Ausdrücke der Überraschung, des Erstaunens, der Entrüstung usw. können sich auf ein einzelnes Element des Satzes oder auf den ganzen Satz beziehen. Meist leitet die Ausrufesätze ein **Ausrufewort** ein, das formal identisch mit dem Fragewort ist.

30 ## Übersicht über die Ausrufewörter
(gli esclamativi)

| **Ausrufewort** | Satzkonstruktion | Beispiel | Bedeutung | Erläuterung |
|---|---|---|---|---|
| **che**<br>*wie*<br>*was für ein* | Che + Nomen<br>Che + Adjektiv<br>Che + Satz<br><br>Che + Verb | Che artista!<br>Che bello!<br>In che stato ti sei ridotto!<br>Che si vede! | *Was für ein Künstler!*<br>*Wie schön!*<br>*Wie siehst denn du aus!*<br><br>*Was sieht man da!* | |
| **chi**<br>*wem, wen* | Chi + Satz | Chi si vede!<br>A chi lo dici! | *Wen sieht man da!*<br>*Wem sagst du das!* | |
| **quale, quali**<br>*was für ein,*<br><br>*welch ein* | Quale + Nomen<br>Quale + Satz | Quale audacia!<br>Quale eroe muore con lui!<br>Quali tristi pensieri! | *Was für eine Kühnheit!*<br>*Was für ein Held stirbt mit ihm!*<br>*Welch traurige Gedanken!* | It. lett. |
| **quanto**<br>**-a, -i, -e**<br>*wie, wie viel*<br>*wie sehr* | Quanto + Nomen<br>Quanto + Satz | Quanta gente!<br>Quant'è triste questo spettacolo!<br>Quanto mi dispiace! | *So viele Leute!*<br>*Wie traurig doch dieses Schauspiel ist!*<br>*Wie Leid mir das tut!* | |
| **come**<br><br>*was, wie* | Come + Satz | Come! Non sei partito!<br>Com'è bella! | *Was, du bist nicht weggefahren?!*<br>*Wie schön sie ist!* | |

31 Ausrufesätze können noch folgende Formen haben (ohne Ausrufewort):

Ottima idea! *Glänzende Idee!*

Bello, questo spettacolo! *Herrlich, dieses Schauspiel!*

Adjektiv + che + essere$_{\text{(Personalform)}}$

Sciocco che sei! *Wie dumm du bist!*

32 # Die Interjektion
(l'interiezione)

Die Interjektion ist eine Sonderform des Ausrufesatzes.

33 **Echte oder eigentliche Interjektionen.** Haben keine andere Funktion oder Bedeutung.

| Interjektion | Bedeutung |
|---|---|
| Ah! Oh! | Allgemein (je nach Intonation) |
| Ah! Ahi! Ahimé! Ohi! Ih! | Schmerz |
| Deh! Oh! | Wunsch, Bitte, Flehen |
| Ehi! Ohi! Olà! Ohé! | Aufforderung zur Aufmerksamkeit |
| Ehm! | Warnung, Drohung |
| Ih! | Zorn |
| Mah! | Zweifel, Unsicherheit |
| Puh! Puah! | Abneigung, Verachtung |
| Auff! Uff! Uffa! | Ungeduld, Belästigung |
| Brr! | Kälte, Angst |
| Sst! Pst! | Aufforderung zur Ruhe |
| Paf! Pif! Clic! Clac! Cric! Crac! Patatrac! | Verschiedene Geräusche und Laute |

34 **Unechte oder uneigentliche Interjektionen.** Sind Appellative, die als Interjektionen verwendet werden.

| Interjektion | Bedeutung |
|---|---|
| Coraggio! Bravo! Via! Orsù! Forza! Suvvia! | Ermunterung, Ermutigung |
| Bene! Bravo! Stupendo! Magnifico! Meraviglioso! Bello! Fantastico! | Anerkennung, Bewunderung |
| Certo! Sicuro! Giusto! | Zustimmung |
| Peccato! | Bedauern |
| Misericordia! Guai! Mamma mia! Mio Dio! | Befürchtung, Schrecken |
| Aiuto! Pietà! | Mitleid |
| Salve! Viva! | Hochleben |
| Su! Presto! | Anfeuerung |
| Piano! | Mahnung, Vorsicht |
| Attenti! | Achtung |

35 # Das Passivum
(la forma passiva)

Jeder Aussage- und jeder Fragesatz, der ein **transitives Verb** (verbo transitivo) enthält, kann **aktiv** oder **passiv** sein. (s. 690)

Aktiv: Ugo **paga** il conto. *Ugo bezahlt die Rechnung.*

Passiv: Il conto **è pagato** da Ugo. *Die Rechnung wird von Ugo bezahlt.*

Im aktiven Satz wird die Handlung vom **Subjekt** durchgeführt. Im passiven Satz wird das COD des aktiven Satzes zum Subjekt, das Subjekt zum **Agens** (complemento d'agente), zum Handelnden, zu dem, was die Handlung bewirkt (causa efficiente). Die passive Form des Verbs wird gebildet:

essere$_{\text{Personalform}}$ + participio passato

36 Das Verbum **avere** ist transitiv, hat aber dennoch **keine passive Form.**
Die Personalform von **essere** kann in allen Tempora und Modi stehen.
Das **participio passato** wird nach Zahl und Geschlecht wie ein Adjektiv mit dem Subjekt übereingestimmt.

**Ada** non è stat**a** vist**a** da nessuno.
*Ada ist von niemandem gesehen worden.*

**I ladri** sono stat**i** inseguit**i** dalla polizia.
*Die Diebe wurden von der Polizei verfolgt.*

Das Agens wird – wenn es überhaupt ausgedrückt ist – mit der Präposition **da** eingeleitet.

37 Neben **essere** können auch noch andere Verben zur Bildung des Passivs herangezogen werden.
**venire** gibt es nur in den **einfachen Tempora.**

La finestra **viene** chius**a** (da un colpo di vento).
*Das Fenster wird (von einem Windstoß) zugeschlagen.*

38 Im Gegensatz zum Passivum mit **essere,** das **Vorgang und Zustand** bezeichnen kann, drückt das Passivum mit **venire** immer einen **Vorgang** aus.

La finestra **è** chius**a.** (ohne Agens – Zustandspassiv)
*Das Fenster ist zu. Das Fenster wird zugemacht.*

La finestra **viene** chiusa.
*Das Fenster wird zugemacht.*

39 **andare:** meist nur in der 3. Pers. S. und Pl.
a) mit den Verben **perdere, smarrire, disperdere, sprecare**

I documenti **andarono perduti**. = I documenti furono perduti.
*Die Dokumente wurden verloren. Die Dokumente sind in Verlust geraten.*

b) mit anderen Verben drückt es eine **Notwendigkeit,** eine **Verpflichtung** aus (dovere). Es kann nur in den **einfachen Tempora** verwendet werden.

Il prodotto **va conservato** in luogo fresco. (= deve essere conservato)
*Das Produkt muss an einem kühlen Ort aufbewahrt werden.*

Questo lavoro **va fatto** meglio. (= deve essere fatto meglio)
*Diese Arbeit muss besser gemacht werden.*

Diese Form des Passivums kommt in vielen stehenden Wendungen vor.

| | |
|---|---|
| va considerato | *muss betrachtet werden* |
| va notato | *muss zur Kenntnis genommen werden* |
| va ricordato | *muss in Erinnerung gerufen werden* |
| va ripetuto | *muss noch einmal gesagt werden* |
| va detto | *muss gesagt werden* |
| va fatto | *muss getan werden* |
| va distrutto | *muss zerstört werden* |
| non va mai dimenticato | *darf nie vergessen werden* |

40 **rimanere, restare:** immer mit negativer Bedeutung

L'autista è **rimasto** ferito nell'incidente.
*Der Fahrer wurde bei dem Unfall verletzt.*

41 **trovarsi:**

Non andarci. Ti **troverai disilluso** nelle tue speranze.
*Geh nicht hin. Du wirst deine Hoffnungen enttäuscht sehen.*

42 **Die reflexive Form mit passiver Bedeutung**

Die reflexive Form der transitiven Verben kann passive Bedeutung haben. Diese Form ist immer **ohne Agens.** Das Verb wird mit dem Subjekt übereingestimmt. Diese Form gibt es in allen Tempora.

La carne **si vende** a caro prezzo.
*Das Fleisch wird teuer verkauft.*
La carne **si vendeva/si è venduta** a caro prezzo.

Non **si accettano** eurochèques. (= Non sono accettati gli eurochèques.)
*Hier werden keine Eurocheques angenommen.*

NB!
Qui è sprecato troppo tempo/vs/Qui **si** è sprecato troppo tempo.
*Hier wird zu viel Zeit vergeudet. Hier ist zu viel Zeit vergeudet worden.*

43 **Verwendung des Passivums**

44 Wenn die Person oder die Sache, auf die die Handlung ausgerichtet ist, zuerst genannt werden soll. Dabei können Aktivum und Passivum **verschiedene Aussagen** über dasselbe Ereignis treffen.

Purtroppo questo quadro **è stato rovinato** dall'umidità.
*Leider ist dieses Bild von der Feuchtigkeit zerstört worden.*
Der Satz trifft in erster Linie eine Aussage über das Bild.

L'umidità **ha rovinato** il quadro.
*Die Feuchtigkeit hat das Bild zerstört.*
Der Satz trifft in erster Linie eine Aussage über die Feuchtigkeit.

45 **Entpersönlichung** einer Aussage (Wegfall des Agens)

Carlo **è stato derubato** sull'autobus.
*Carlo wurde im Autobus ausgeraubt.*

Morini **fu ucciso** in battaglia.
*Morini wurde in einer Schlacht getötet.*

**E' stata perduta** una borsa.
*Es wurde eine Tasche verloren.*

46 Im Rahmen einer **Partizipialkonstruktion** zur **Satzverkürzung**
Diese Form ist im It. p. selten.

Saprò correggere gli errori **commessi da me** = che ho commesso
*Ich werde die von mir begangenen Irrtümer richtig zu stellen wissen.*

47 Die **intransitiven Verben ubbidire** (gehorchen), **ottemperare** (befolgen), **ovviare** (vorbeugen) und **rimediare** (abhelfen, wiedergutmachen) können ins Passivum gesetzt werden.

Il maestro **è ubbidito** dagli alunni.
*Die Schüler gehorchen dem Lehrer.*

**E' stato rimediato** ai danni.
*Die Schäden wurden behoben.*

48 Im It. p. wird das Passivum häufig vermieden:

| Passivum | Bedeutung | Ersatzform |
|---|---|---|
| Ada non è stata vista. | *Ada wurde nicht gesehen.* | Ada non si è vista. |
| Gli avanzi saranno mangiati dal gatto. | *Die Überreste werden von der Katze gefressen werden.* | Gli avanzi, li mangerà il gatto. |

49 # Die Verneinung
(la negazione)

50 ## Die Verneinung mit Verb

51 ### Das Verneinungsadverb ist non

52 **Non** steht unmittelbar vor der Personalform des Verbs. Stehen vor der Personalform Objekts- oder Reflexivpronomina, so befindet sich **non vor** diesen:

**Non** viene. *Er/Sie kommt nicht.*
**Non** è venuto. *Er ist nicht gekommen.*
Ieri **non** è venuto. *Gestern ist er nicht gekommen.*
Carlo **non** viene. *Carlo kommt nicht.*
Ieri Carlo **non** è venuto. *Gestern ist Carlo nicht gekommen.*
**Non** mi piace. *Er/Sie/Es gefällt mir nicht.*
**Non** l'ha visto. *Er/Sie hat ihn/es nicht gesehen.*
Carlo **non** l'ha vista. *Carlo hat sie nicht gesehen.*
Ada **non** gliel'ha dato. *Ada hat es ihm/ihr nicht gegeben.*
Ada **non** ne parla con me. *Ada spricht mit mir nicht darüber.*

53 **Non** steht **vor** dem **gerundio** und **vor** dem **participio passato,** wenn kein Hilfsverb vorhanden ist:

**Non parlando** italiano, Birgit non poteva partecipare alla conversazione.
*Da Birgit nicht Italienisch spricht, konnte sie an dem Gespräch nicht teilnehmen.*

**Non avendo ancora parlato** con Franca, non posso dare una risposta definitiva.
*Da ich mit Franca noch nicht gesprochen habe, kann ich keine endgültige Antwort geben.*

Questa è una proposta **non accettata** da tutti.
*Das ist ein nicht von allen akzeptierter Vorschlag.*

54 **Non** kann auch **vor** dem **Objektsinfinitiv** stehen:

Abbiamo accettato di **non partire.**
*Wir haben es akzeptiert, nicht wegzufahren.*

55 **Non** in Verbindung mit **tutti, molti, pochi, troppi, tanti.**
Sind diese Indefinitpronomina **Subjekt,** so kann das **non** je nach Bedeutung vor das Subjekt oder unmittelbar vor das Verb treten:

**Non** tutti hanno capito. *Nicht alle haben verstanden.*
Tutti **non** hanno capito. *Alle haben nicht verstanden.*

Non **troppi** sono venuti. *Nicht allzu viele sind gekommen.*

Troppi **non** sono venuti. *Zu viele sind nicht gekommen.*

**Non** tanti sono venuti. *Nicht so viele sind gekommen.*

Tanti **non** sono venuti. *So viele sind nicht gekommen.*

Im Deutschen können beide Bedeutungen mit der entsprechenden Betonung mit der jeweils zweiten Variante ausgedrückt werden.

56 **Fällt das Verb aus,** kann **non** auch vor einem anderen Element des Satzes stehen:

Mostrerò il difetto a Primo, **non** a Giovanni.
*Ich werde den Fehler Primo zeigen, nicht Giovanni.*

Lo mostrerò a te, **non** a lui.
*Ich werde es dir zeigen, nicht ihm.*

Mi faccia vedere la foto. – **Non** in questo luogo.
*„Zeigen Sie mir das Foto!" „Nicht hier."*

Sono dieci, **non** dodici!
*Zehn sind es, nicht zwölf!*

Hai già fatto il tuo compito? – **Non** ancora.
*„Hast du schon deine Aufgabe gemacht?" „Noch nicht."*

Steht das Verneinungsadverb **nach ancora,** so heißt es **no:**

Hai già fatto il tuo compito? – Ancora **no.**

In den folgenden Beispielen steht **non** ebenfalls nicht vor dem Verb, sondern vor jenem Wort, das es verneint:

non + Nomen/Pron./Adj./Adv./Präp., ma + Nomen/…

Ho visto **non** mia sorella, **ma** una mia cugina.
*Ich habe nicht meine Schwester gesehen, sondern eine meiner Kusinen.*

Ho visto **non** lui, **ma** lei.
*Ich habe nicht ihn, sondern sie gesehen.*

E' una macchina **non** molto veloce, **ma** economica.
*Das ist ein nicht sehr schnelles, aber sparsames Auto.*

Ha messo il libro **non** sotto l'atlante, **ma** sopra.
*Er hat das Buch nicht unter, sondern auf den Atlas gelegt.*

In allen diesen Fällen kann das **non** auch vor dem Verb stehen, der Gegensatz ist dann weniger stark hervorgehoben:

**Non** ho visto **lui,** ma **lei**.
*Ich habe nicht ihn gesehen, sondern sie.*

57 **Non ohne negative Bedeutung**
(non espletivo)

Kann stehen:

a) im Gliedsatz nach einem Komparativ:

Il problema **è più difficile** che/di quanto **non** pensassi.
*Das Problem ist schwieriger, als ich dachte.*

b) im Gliedsatz nach den Verben des Zweifelns und des Fürchtens:

**Temo** che **non** sia tardi.
*Ich fürchte, es ist schon spät.*

c) im Gliedsatz, wenn er von einer der folgenden Konjunktionen eingeleitet ist:

| | |
|---|---|
| finché | *bis* |
| a meno che / salvo che | *es sei denn, dass/außer* |
| eccetto che | *außer* |
| è mancato poco che / per poco | *beinahe* |

Ti aspetterò **finché non** venga.
*Ich warte auf dich, bis du kommst.*

Verrò **eccetto che/a meno che/salvo che/non** piova.
*Ich werde kommen, außer es regnet.*

**E' mancato poco** che **non** cadesse nell'acqua.
*Es hat nicht viel gefehlt, und er wäre ins Wasser gefallen.*

Das **non espletivo** gehört dem It. lett. an. Es ist in keinem Fall obligatorisch.

58 **Die Verneinung mit non … più**
(nicht mehr)

Die beiden Teile der Verneinung umschließen die Personalform des Verbs einschließlich der Objektspronomina.

Franco **non** verrà **più.** *Franco wird nicht mehr kommen.*

**Non** glielo abbiamo **più** reso. *Wir haben es ihm nicht mehr zurückgegeben.*

## 59 Die Verneinung mit den Indefinitpronomina sowie mit mica, neanche, nemmeno, neppure

Die Indefinitpronomina sowie die vier Verneinungsadverbien **mica, neanche, nemmeno, neppure** können vor dem Verb stehen. Stehen sie nach dem Verb, so muss vor diesem **non** stehen.

| Indefinit-pronomen | Neg. Entsprechung von | Beispiel | Übersetzung | Erklärungen |
|---|---|---|---|---|
| **Nessuno**<br>*niemand* | Qualcuno<br>*jemand* | **Nessuno** l'ha vista.<br>**Non** l'ha vista **nessuno.**<br>**Non** ho parlato **con nessuno.** | *Niemand hat sie gesehen.*<br>*Es hat sie niemand gesehen.*<br>*Ich habe mit niemandem gesprochen.* | Kann Subjekt, COD und COI sein.<br>Steht nessuno nach dem Verb, muss vor dem Verb **non** stehen. |
| **Niente**<br>*nichts*<br>**Nulla**<br>*nichts* | Qualche cosa<br>*etwas* | **Nulla/Niente** ti occore.<br>**Non** ti occore **nulla/niente.**<br>**Non** ho pensato **a niente/nulla.** | *Nichts brauchst du.*<br>*Du brauchst nichts.*<br>*Ich habe an nichts gedacht.* | Kann Subjekt, COD und COI sein.<br>Am Anfang des Satzes verstärkte Verneinung.<br>Im It. p. **niente** auch adjektivisch:<br>Oggi niente zucchero.<br>*Heute kein Zucker.*<br>In Antwortsätzen können diese Negationswörter auch allein stehen:<br>Chi ha scritto? – **Nessuno.**<br>*„Wer hat geschrieben?" „Niemand."*<br>Che cosa vuole? – **Niente/Nulla.**<br>*„Was will er?" „Nichts."* |
| **Mai**<br>*niemals* | Qualche volta<br>*manchmal* | **Mai** l'ho vista.<br>**Non** l'ho vista **mai.** | *Ich habe sie nie gesehen.* | Quando lo farai? – **Mai!**<br>*„Wann wirst du es machen?" „Nie!"*<br>In Frage-, Ausrufe- und Bedingungssätzen hat **mai** auch affirmative Bedeutung:<br>Se mai lo vedo…<br>*Sollte ich ihn jemals sehen…* |
| **Mica**<br>*doch nicht*<br>*keineswegs* | | **Mica** si ha caldo qui!<br>**Non** si ha **mica** caldo qui! | *Heiß ist einem hier doch nicht!*<br>*Hier ist einem doch nicht heiß!* | Verstärkende Wirkung. |

| Indefinit-pronomen | Neg. Entsprechung von | Beispiel | Übersetzung | Erklärungen |
|---|---|---|---|---|
| **Neanche**<br>**Nemmeno**<br>**Neppure**<br>*auch nicht*<br>*nicht einmal* | anche | **Neanche** l'hai guardata?<br>**Non** l'hai **neanche** guardata?<br>**Neanche** lei è venuta.<br>**Non** è venuta **neanche lei.**<br>**Ohne Verb:**<br>Vuoi venire con me?<br>**Neanche** per sogno.<br>**Non** lo farò mai, **neanche** per te. | *Hast du sie nicht einmal angesehen?*<br>*Nicht einmal angesehen hast du sie?*<br>*Auch sie ist nicht gekommen.*<br>*Nicht einmal sie ist gekommen.*<br><br>*Möchtest du mit mir kommen?*<br>*Auf gar keinen Fall.*<br>*Das werde ich nie machen, nicht einmal für dich.* | |

60 
## Die Verneinung mit né

**Né… né** *weder…noch*

Carlo (non) è **né** alto **né** basso.
*Carlo ist weder groß noch klein.*

Carlo **non** è venuto **né** mi ha telefonato **né** mi ha scritto.
*Carlo ist weder gekommen, noch hat er mich angerufen, noch hat er mir geschrieben.*

Ist eine Serie von Verben verneint, so muss **vor dem ersten Verb non stehen.**

Im It. lett. kann **né** an einen affirmativen Vordersatz anschließen:

Il tuo comportamento l'ha offeso **né** io saprei dargli torto.
*Dein Benehmen hat ihn verletzt, und ich kann ihm nicht einmal Unrecht geben.*

61 
## Die Verneinung ohne Verb

Erfolgt durch **no:**

Vieni con noi? – **No,** non ho voglia.
*„Kommst du mit uns?" „Nein, ich habe keine Lust."*

Alda non viene? – **No.**
*„Kommt Alda nicht?" „Nein."*

**No!** Non gridare!
*Nein! Schrei nicht/Nicht schreien!*

Zum Gebrauch von **nessuno, nulla, niente, mai** ohne Verb s. 59.

62 **Die verstärkte Verneinung**

a) **mica** *keineswegs, überhaupt nicht, doch nicht* (s. 59)

**Non** è **mica** vero. *Das ist überhaupt nicht wahr.*

**Non** l'ho **mica** fatto io! *Das hab doch nicht ich gemacht!*

b) **affatto** *durchaus nicht, überhaupt nicht*

**Non** è **affatto** degno di essere invitato.
*Er ist durchaus nicht würdig, eingeladen zu werden.*

c) **per niente** *keineswegs, nicht im Geringsten, überhaupt nicht*

**Non** l'abbiamo visto **per niente.**
*Wir haben ihn überhaupt nicht gesehen.*

**Non** è **per niente** vero.
*Das ist überhaupt nicht wahr.*

d) **punto** *überhaupt nicht, gar nicht*

**Non** sono **punto** contento del mio stipendio.
*Ich bin mit meinem Gehalt überhaupt nicht zufrieden.*

**Punto** kann auch adjektivisch gebraucht werden.
Es wird mit dem Nomen übereingestimmt.

**Non** ho **punta** voglia di uscire.
*Ich habe nicht die geringste Lust auszugehen.*

# Die Nominalgruppe (NG)

## (il gruppo nominale)

## 64 Die Bestandteile der Nominalgruppe

| Nominalgruppe Subjekt (NG) | Verbalgruppe (Prädikat) | |
|---|---|---|
| | Verbaler Kern | Nominalgruppe (Objekt)<br>(a) und (b): COD<br>(c): Umstandsergänzung<br>(VG) |
| Egli<br>*Er* | si ferma<br>*bleibt stehen* | |
| Ada<br>*Ada* | scrive<br>*schreibt* | una lettera (a)<br>*einen Brief* |
| I miei due migliori amici<br>*Meine beiden besten Freunde* | hanno<br>*haben* | gusti diversi (b)<br>*unterschiedliche Geschmäcker* |
| Gli alunni<br>*Die Schüler* | escono<br>*gehen* | dalla sala del primo piano (c)<br>*aus dem Klassenraum im ersten Stock* |

In den NG der obigen Sätze sind enthalten:

- Appellative (nomi comuni): alunni, amici, gusti, lettera, piano, sala
- Eigennamen (nome proprio): Ada
- Pronomen (pronome): Egli (hier nicht obligatorisch)

Man bezeichnet diese Elemente als **Kern der Nominalgruppe** (nucleo nominale). Dieser nominale Kern ist um folgende Elemente erweitert:

1. Begleiter des Nomens: dalla, del, due, gli, i, miei, primo, una
2. Adjektive (aggettivi): migliori, diversi
3. ein Attribut (complemento di specificazione): del primo piano

65 # Das Nomen
(il nome)

Das Nomen ist der Hauptbestandteil der Nominalgruppe. Nach ihm richtet sich die Übereinstimmung der einzelnen Teile der Nominalgruppe. Ist die Nominalgruppe Subjekt, ist auch das Verb übereinzustimmen.

| | | | |
|---|---|---|---|
| Quest**a** | bell**a** | cas**a** | f. S. |
| Adjektiv. Demonstrativpron. | Adjektiv | Nomen | |
| Quest**e** | bell**e** | cas**e** | f. Pl. |

Die Nomina können nach verschiedenen Kriterien in Klassen eingeteilt werden:

66 **Belebte und unbelebte Nomina** (nomi animati ed inanimati)

Die **belebten Nomina** bezeichnen Lebewesen, vor allem **Menschen** und **Tiere,** meist keine Pflanzen. Alle anderen Nomina werden zur Klasse der **unbelebten** gezählt.

padre *Vater*, scrittore *Schriftsteller*, infermiere *Krankenpfleger*, pantera *Panther*, leone *Löwe*

Grammatisch zeigt sich der Unterschied darin, dass von den belebten oft eine **maskuline** und eine **feminine** Form existiert. Auch bei den Pronomina sind zwischen den beiden Klassen gewisse Unterschiede festzustellen.

| | |
|---|---|
| padre<br>*Vater* | madre<br>*Mutter* |
| cameriere<br>*Kellner* | cameriera (s. 88, 89)<br>*Kellnerin* |

| Pronomina | |
|---|---|
| belebt | unbelebt |
| **Chi** fa questo rumore?<br>*Wer macht diesen Lärm?* | **Che cosa** fa questo rumore?<br>*Was macht diesen Lärm?* |
| E' arrivato **qualcuno?**<br>*Ist jemand gekommen?* | E' successo **qualcosa?**<br>*Ist etwas passiert?* |
| **Nessuno** si è visto.<br>*Man hat niemand gesehen.* | **Niente/Nulla** si vede.<br>*Man sieht nichts.* |
| Penso a **lui.**<br>*Ich denke an ihn.* | **Ci** penso.<br>*Ich denke daran.* |
| Non si parla di **te.**<br>*Man spricht nicht von dir.* | Non se **ne** parla.<br>*Man spricht nicht davon.* |

67 **Eigennamen (nomi propri) und Appellative (Gattungsnamen, nomi comuni)**

a) Eigennamen bezeichnen

Personen: Giovanni, la signora Zingarelli
Tiere: Miscia (beliebter Katzenname)
Länder: l'Italia
Orte: Roma, Muzzana usw.

Eigennamen beziehen sich auf ein einmaliges Individuum, auf einen einmaligen Gegenstand oder eine einmalige Sache.

b) Appellative bezeichnen allgemeine Klassen von Belebtem oder Unbelebtem.

cane *Hund*, gatto *Katze*, uomo *Mensch, Mann*, sedia *Stuhl*, macchina *Auto, Maschine*, fortuna *Glück*, dubbio *Zweifel*

68 **Zählbare und nicht zählbare Nomina** (nomi contabili e non contabili)

Zählbare Nomina können durch **Numeralia** näher bestimmt werden:

**tre** donne *drei Frauen*, **due** matite *zwei Bleistifte*, **mille** soldati *tausend Soldaten*

Nicht zählbare Nomina können **nicht** durch Numeralia näher bestimmt werden:

acqua *Wasser*, burro *Butter*, libertà *Freiheit*

Viele nicht zählbare Nomina haben einen grammatischen Plural, wechseln jedoch ihre Bedeutung:

Amo bere **vino.**
*Ich trinke gerne Wein.*

Mi piacciono **i vini** di Frascati.
*Mir schmecken die Weine (Weinsorten) aus Frascati.*

69 **Konkrete und abstrakte** Nomina (nomi concreti e astratti)

**Konkrete** Nomina bezeichnen Gegenständlich-Stoffliches:

tavola *Tisch*, donna *Frau*, gallo *Hahn*

**Abstrakte** Nomina bezeichnen Ungegenständlich-Begriffliches:

bellezza *Schönheit*, caldo *Hitze*, speranza *Hoffnung*

70 **Einfache, zusammengesetzte und abgeleitete Nomina**

71 Einfache Nomina: gatto *Katze*, immagine *Bild*, chiave *Schlüssel*

72 Zusammengesetzte Nomina: portavoce (Verb + Nomen) *Sprecher*, capostazione (Nomen + Nomen) *Stationsvorstand*, aeroporto (Präfix + Nomen) *Flughafen*

73 Abgeleitete Nomina

Das Italienische ist besonders reich an Ableitungssuffixen.

74 **Diminutiva**

**-ino/a**

| | | |
|---|---|---|
| ragazzo/a | – ragazzino/a | *kleiner Junge/kleines Mädchen* |
| donna | – donnina | *kleine Frau, Weibchen* |
| macchina | – macchinina | *kleines Auto* |
| film | – filmino | *kurzer Film* |
| nevicata | – nevicatina | *leichter Schneefall* |

**-etto/a**

| | | |
|---|---|---|
| ragazzo/a | – ragazzetto/a | *kleiner Junge/kleines Mädchen* |
| donna | – donnetta | *Weiblein, unscheinbare Frau* |
| capro | – capretto | *Böcklein* |
| casa | – casetta | *Häuschen* |
| poema | – poemetto | *kleines Gedicht* |

Diese beiden Suffixe haben dieselbe Funktion – meist drücken sie Verkleinerung oder Zuneigung aus. Sie können auch miteinander an dasselbe Nomen angefügt werden:

| | | |
|---|---|---|
| libro | – libretto | *kleines Buch* (auch *Libretto*) |
| | – librettino | *kleines Buch, Büchlein* |

**-ello/a**

| | | |
|---|---|---|
| vedova | – vedovella | *arme Witwe* |
| asino | – asinello | *Eselchen* |
| paese | – paesello | *Dörfchen* |
| storia | – storiella | *Geschichtchen* |

**-uccio/a**

drückt Verkleinerung oft in Verbindung mit einem Mangel aus:

| | | |
|---|---|---|
| femmina | – femminuccia | *kleines Mädchen* |
| strada | – straduccia | *Gässchen* |
| temporale | – temporaluccio | *kleines, unbedeutendes Gewitter* |

75 **Augmentativa**

**-one/-ona**

drückt fast immmer Vergrößerung aus, meist gleichzeitig Bewunderung, aber auch Verachtung. An das maskuline Nomen fügt man **-one,** an das feminine **-one** oder **-ona** an. Das Suffix **-one** macht das Femininum zu einem Maskulinum.

| | | |
|---|---|---|
| uomo | – omone | *Mordskerl* |
| piede | – piedone | *Riesenfuß* |
| donna | – donnone (m.) | |
| | donnona (f.) | *Riesenweib* |
| mano | – manone/manona | *Riesenhand, Pranke* |
| pancia | – pancione/panciona | *dicker Bauch* |
| minestra | – minestrone | *dicke Gemüsesuppe* |
| porta | – portone | *Portal* |

76 **Pejorativa**
**-accio/a**
weist verschiedene negative/abschätzige Bedeutungen auf:

| | | |
|---|---|---|
| soldato | – soldataccio | *schlechter Soldat* |
| treno | – trenaccio | *schlechter, unpünktlicher Zug* |
| mano | – manaccia | *Dreckspfote* |
| gatto | – gattaccio | *große, fette, böse Katze* |
| fatto | – fattaccio | *grässliches Ereignis* |
| parola | – parolaccia | *Schimpfwort* |

**-astro/a**
kann nur an Personenbezeichnungen angefügt werden:

| | | |
|---|---|---|
| politico | – politicastro | *korrupter Politiker* |
| giovane, giovine | – giovinastro | *übler Bursche* |

77 Manche Nomina ändern durch Hinzufügung eines solchen Suffixes ihren Sinn:

| | | |
|---|---|---|
| patate *Kartoffeln* | – patatine fritte | *Pommes frites* |
| nipote *Neffe* | – nipotino | *Enkel, Neffe* |
| mano *Hand* | – manetta | *Hebel* |
| figlio *Sohn* | – figliastro | *Stiefsohn* |

78 Durch Anfügung bestimmter Suffixe können Verben oder Adjektive zu Nomina werden:

| | | |
|---|---|---|
| andare *gehen* | – andamento | *Lauf der Dinge, Abwicklung* |
| liberare *befreien* | – liberazione | *Befreiung* |
| sincero *aufrichtig* | – sincerità | *Aufrichtigkeit* |
| grande *groß* | – grandezza | *Größe* |
| allegro *fröhlich* | – allegria | *Fröhlichkeit* |

**NB!**

Diese Wortbildungen mit Suffixen (s. 73–78) sind nicht frei und müssen daher stets mit dem Wörterbuch kontrolliert werden.

79

## Das Genus des Nomens

(il genere del nome)

Im Italienischen gibt es zwei Genera, **Maskulinum** und **Femininum** (maschile e femminile).

**Das Genus des Nomens nach formalen Gesichtspunkten**
In vielen Fällen ist das Genus an der Endung erkennbar.

80 **Maskulin** sind die Nomina auf:

| | | |
|---|---|---|
| **-o** | muro | *Mauer* |
| | fuoco | *Feuer* |
| | capo | *Kopf* |
| | tempo | *Zeit* |

NB Einige Nomina auf **-o** sind feminin:

| | |
|---|---|
| **la** mano | *Hand* |
| **la** foto | *Fotografie* |
| **la** radio | *das Radio* |
| l'auto | *Auto(mobil) usw.* |

Suffixe auf -e:

| | | |
|---|---|---|
| **-ore** | rossore | *Röte* |
| | spessore | *Stärke, Dicke* |
| **-one** | balcone | *Balkon* |
| **-ale** | animale | *Tier* |
| | pedale | *Pedal* |
| | canale | *Kanal* |

NB

| | |
|---|---|
| **la** spirale | *Spirale* |
| **la** vocale | *Vokal* |
| **la** cattedrale | *Kathedrale* |

**-ale** wird bei diesen Nomina nicht mehr als Suffix empfunden.

| | | |
|---|---|---|
| **-ame** | fogliame | *Blätterwerk, Laub* |
| | bestiame | *Vieh* |
| **-ente** | battente | *Tür-, Fensterflügel* |
| **-ime** | mangime | *Futter* |
| **-ile** | fienile | *Heuschober, -boden* |
| **-ume** | sudiciume | *Schmutz* |

Nomina auf **Konsonant** sind **maskulin** (meist Lehnwörter, vor allem aus dem Englischen):

| | |
|---|---|
| fil**m** | *Film* |
| lapi**s** | *Bleistift* |
| spor**t** | *Sport* |
| ba**r** | *Café* |
| ga**s** | *Gas* |
| camio**n** | *Lastauto* |

81 **Feminin** sind die Nomina auf:

| | | |
|---|---|---|
| **-a** | carrozza | *Wagen* |
| | porta | *Tür* |
| | casa | *Haus* |
| | terra | *Erde* |

NB Viele Nomina auf **-ma** sind maskulin (griechischer Ursprung):

| | |
|---|---|
| **il** clima | *Klima* |
| **il** tema | *Thema* |
| **il** problema | *Problem* |
| **il** dramma | *Drama* |

Feminine Suffixe, die nicht auf -a enden:

| | | | |
|---|---|---|---|
| **-aggine** | stupidaggine | *Dummheit* | |
| **-tà** | bontà | *Güte* | |
| **(-età, -ità)** | varietà/attività | *Verschiedenheit/Tätigkeit* | |
| **-tù** | gioventù | *Jugend* | |
| **-itudine** | gratitudine | *Dankbarkeit* | |
| **-zione** | dichiarazione | *Erklärung* | |
| **-isi** | crisi<br>diagnosi | *Krise*<br>*Diagnose* | meist Fremdwörter<br>aus dem Griechischen |
| NB | **il** brindisi | *Trinkspruch* | |
| **-igine** | vertigine | *Schwindelgefühl* | |

82 Einige Nomina haben eine maskuline und eine feminine Form, die sich in der Bedeutung unterscheiden:

| m. | | f. | |
|---|---|---|---|
| banco | *Sitzbank, Theke* | banca | *Bank (Geld)* |
| buco | *Loch* | buca | *Grube* |
| foglio | *Blatt (Papier)* | foglia | *Blatt (Pflanze)* |
| legno | *Holz (allgemein)* | legna | *Brennholz* |
| panno | *Tuch, Stoff* | panna | *Creme, Sahne, Obers* |
| modo | *Art, Weise* | moda | *Mode* |
| tappo | *Korken* | tappa | *Etappe* |
| bilancio | *Bilanz* | bilancia | *Waage* |

83 Einige Nomina auf **-e** können beide Genera aufweisen, die sich in der Bedeutung unterscheiden:

| m. | | f. | |
|---|---|---|---|
| il capitale | *Kapital* | la capitale | *Hauptstadt* |
| il finale | *Schluss (Musik)* | la finale | *Endung (eines Wortes)*<br>*Endkampf, -spiel (Sport)* |
| il fonte (battesimale) | *Taufbrunnen* | la fonte | *Quelle* |
| il fronte | *Front (Krieg)* | la fronte | *Stirn* |
| il fine | *Zweck* | la fine | *Ende* |

84 Bei den Nomina auf **-e** ist das Genus an der Endung nicht erkennbar.

| | |
|---|---|
| **il** fiume | *Fluss* |
| **la** corrente | *Strömung, elektrischer Strom* |

85 Maskulin sind ferner jene Nomina, die durch Übertragung aus einer unveränderlichen Wortart entstanden sind:

bene (Adverb) – il bene *das Gute, der Besitz*

contro (Präposition) – il pro e il contro *das Für und Wider*

ma (Konjunktion) – I se ed i ma non servono a niente.
*Die Wenn und Aber führen zu nichts.*

Maskulina sind ferner die substantivierten Infinitive und Nomina, die von Adjektiven abgeleitet sind und die Funktion eines Neutrums haben.

protestare – il protestare *das Protestieren*

bello – il bello *das Schöne*

**Das Genus des Nomens nach seiner Bedeutung**

86 **Maskulin** sind gewöhnlich
a) **Bäume,** wohingegen die Früchte, wenn sie mit demselben Stamm gebildet werden, **feminin** sind:

il salice *Weide,* il larice *Lärche*

| Baum | | Frucht | |
|---|---|---|---|
| il melo | *Apfelbaum* | la mela | *Apfel* |
| il pero | *Birnbaum* | la pera | *Birne* |
| il pesco | *Pfirsichbaum* | la pesca | *Pfirsich* |
| l'olivo | *Olivenbaum* | l'oliva | *Olive* |
| il ciliegio | *Kirschbaum* | la ciliegia | *Kirsche* |
| il prugno | *Pflaumenbaum* | la prugna | *Pflaume usw.* |

**NB!** Einige Bäume sind **feminin:**

| | |
|---|---|
| la betulla | *Birke* |
| la palma | *Palme* |
| la quercia | *Eiche* |
| l'acacia | *Akazie* |

**b) Metalle:**

l'alluminio *Aluminium*
il rame *Kupfer usw.*

**NB!** **la** bauxite *Bauxit*

**c) Himmelsrichtungen:**

il levante *Osten*
il ponente *Westen*

**d) Tages- und Monatsnamen:**

il lunedì *Montag*
il settembre *September*

NB! **la** domenica *Sonntag*

**e) Namen der Berge, Meere, Flüsse, Seen:**

il Tirreno *Tyrrhenisches Meer*
lo Ionio *Ionisches Meer*
l'Everest nascost**o** dietro le nuvole *der hinter den Wolken versteckte Mount Everest*
il Brennero *Brenner*
l'Imalaia copert**o** di neve *der schneebedeckte Himalaya*
i Pirenei *Pyrenäen*
il Piave
il Reno *Rhein*
il Danubio *Donau*
il Tevere *Tiber*
il Tamigi *Themse*
il Volga *Wolga*
il Garda *Gardasee*

NB! le Alpi *die Alpen*
le Ande *die Anden*
Viele nicht italienische Flüsse sind feminin:
la Drina *Drau*
la Senna *Seine*
la Vistola *Weichsel*

Der italienische Fluss Adda kann m. oder f. sein.

**f) Weinsorten:**

il Valpolicella, il Lacrima Christi

**87** **Feminin** sind

**a) Früchte:**

| | |
|---|---|
| la banana | *Banane* |
| la noce | *Nuss* |
| la mela | *Apfel* (s. 86) usw. |

NB **il** fico *Feige*
**il** lampone *Himbeere*
**il** pompelmo *Grapefruit*
**il** limone *Zitrone*
**l'**ananas *Ananas*
**il** mirtillo *Heidelbeere*
**il** ribes *Johannisbeere*
**il** mandarino *Mandarine*
**il** kiwi *Kiwi*

**b) Namen der Städte, Inseln, Regionen, Staaten, Kontinente:**

Torino è bella. *Turin ist schön.*
la bella Firenze *das schöne Florenz*
la Sardegna *Sardinien*
la bella Venezia-Giulia *das schöne Julisch-Venetien*
l'Austria *Österreich*
la Polonia *Polen*
l'Africa *Afrika*
l'Europa *Europa*

NB

Unter den **italienischen Regionen** sowie unter den **Staaten** gibt es viele, die m. sind.

il Friuli *Friaul*
il Lazio *Latien*
il Piemonte *Piemont*
il Trentino-Alto Adige *Südtirol*
il Veneto *Venetien*
il Portogallo *Portugal*
il Belgio *Belgien*
il Brasile *Brasilien*
il Cile *Chile*
il Perù *Peru*
il Canada *Kanada*
il Giappone *Japan*
l'Egitto *Ägypten*

**c) Wissenschaften, wissenschaftliche Disziplinen, die meisten abstrakten Begriffe:**

| | |
|---|---|
| la chimica | *Chemie* |
| la storia | *Geschichte* |
| la fede | *Glaube* |
| l'allegria | *Fröhlichkeit* |

NB die auf **-o** endenden Wissenschaften sind **m.**

**il** diritto *Recht(swissenschaft)*

**d) Religiöse Feste:**

Buona Pasqua! *Frohe Ostern!*

Non abbiamo mai festeggiato **una Pentecoste** più bella.
*Wir haben noch nie schönere Pfingsten gefeiert.*

Das f. Genus erklärt sich hier dadurch, dass das Wort **festa** ein F. ist:
la festa di Pasqua

NB **il** Natale del 1992 *das Weihnachtsfest 1992*

**uno** strano Ognissanti *ein merkwürdiges Allerheiligen*

88 **Das Genus der belebten Nomina**

Das grammatische Genus stimmt meist mit dem natürlichen Geschlecht überein, wobei auch hier gilt, dass Nomina auf **-a** meist f., solche auf **-o** m. sind.

Das Genus der belebten Nomina entspricht meist dem natürlichen Geschlecht:

| m. | f. |
|---|---|
| il padre *Vater* | la madre *Mutter* |
| l'uomo *Mann* | la donna *Frau* |
| il toro *Stier* | la mucca *Kuh* |

In einigen Fällen bezeichnet das Femininum **Männer:**

| | |
|---|---|
| la guardia | *die Wache* |
| la sentinella | *der Wachposten* |
| la pattuglia | *die Patrouille* |
| la recluta | *der Rekrut* |
| la spia | *der/die Spion/in* |
| la guida | *der/die Führer/in* |

Manchmal bezeichnen maskuline Nomina **Frauen:**

| | |
|---|---|
| il soprano | *die Sopranistin* |
| il contralto | *die Altistin* |

Bei Berufen, die traditionell von Männern ausgeübt werden, fehlt oft das entsprechende Femininum, das Maskulinum steht dann für beide Geschlechter.

| | | |
|---|---|---|
| il soldato | *der/die Soldat/in* | NB Auch: **la** soldatessa |
| il poliziotto | *der/die Polizist/in* | Auch: **la** poliziotta |
| il giudice | *der/die Richter/in* | Auch: **la** giudice |
| il magistrato | *der/die Justizbeamt(e)/in* | |
| il questore | *der/die Polizeipräsident/in* | |
| l'architetto | *der/die Architekt/in* | |
| il capo | *der/die Leiter/in* | |

Geht aus dem Zusammenhang nicht hervor, dass es sich um eine Frau handelt, kann, falls erforderlich, vor oder nach die Berufsbezeichnung das Wort **donna** gestellt werden.

una donna-soldato *Soldatin*

Entro l' '81 in Italia la donna-soldato?
*Wird es noch im Jahr 81 in Italien Frauen als Soldaten geben?*

una donna-magistrato *Justizbeamtin*

A una donna-magistrato per la prima volta è stato conferito un incarico direttivo.
*Zum ersten Mal erhielt eine Justizbeamtin eine leitende Stelle.*

una donna-giudice *Richterin*

La decisione di una donna-giudice di mettere al mondo un bambino
*Der Entschluss einer Richterin, ein Kind zur Welt zu bringen*

questore-donna *Polizeipräsidentin* Auch: donna-questore

Il primo questore-donna in Italia *Die erste Polizeipräsidentin in Italien*

## 89 Die Bildung des Femininums

Manche Nomina haben nur **eine Form** für beide Geschlechter, das Genus wird am Begleiter (Artikel, adjektiv. Possessivpronomen usw.) sichtbar.

| | |
|---|---|
| il/la collega | *Kollege/Kollegin* |
| il/la consorte | *Gefährte/Gefährtin* |
| il/la mittente | *Absender/Absenderin* |
| il/la parente | *Verwandter/Verwandte* |
| il/la francese | *Franzose/Französin* |
| il/la pediatra | *Kinderarzt/-ärztin* |
| l'atleta | *Athlet/in* |
| il/la pianista | *Pianist/in* |
| lo/la specialista | *Spezialist/in* |
| il/la mandante | *Mandant/in* |
| il/la dettagliante | *Detailhändler/in* |
| il/la coniuge | *Ehepartner/in* |

| | |
|---|---|
| il/la negoziante | *Kaufmann/Kauffrau* |
| il/la preside | *Direktor/in* (eines liceo) |
| l'erede | *Erbe/Erbin* |
| il/la vigile | *Wache* |

Die m. Nomina auf **-o** bilden das F. auf **-a:**

| | | |
|---|---|---|
| amic**o** | amic**a** | *Freund – Freundin* |
| asin**o** | asin**a** | *Esel – Eselin* |
| figli**o** | figli**a** | *Sohn – Tochter* |
| maestr**o** | maestr**a** | *Lehrer – Lehrerin* |
| zi**o** | zi**a** | *Onkel – Tante* |

Einige m. Nomina auf **-o** bilden das F. auf **-essa:**

| | | |
|---|---|---|
| avvocat**o** | avvocat**essa** | *Rechtsanwalt – Rechtsanwältin* |
| deputat**o** | deputat**essa** | *Abgeordneter – Abgeordnete* |

Einige m. Nomina auf **-a** bilden das F. auf **-essa:**

| | | |
|---|---|---|
| poet**a** | poet**essa** | *Dichter – Dichterin* |
| profet**a** | profet**essa** | *Prophet – Prophetin* |
| duc**a** | duch**essa** | *Herzog – Herzogin* |

M. Nomina auf **-e** bilden das F. auf **-a:**

| | | |
|---|---|---|
| giardinier**e** | giardinier**a** | *Gärtner – Gärtnerin* |
| infermier**e** | infermier**a** | *Krankenpfleger – Krankenschwester* |
| padron**e** | padron**a** | *Chef – Chefin* |
| signor**e** | signor**a** | *Herr – Dame* |

Einige m. Nomina auf **-e** bilden das F. auf **-essa:**

| | | |
|---|---|---|
| baron**e** | baron**essa** | *Baron – Baronin* |
| cont**e** | cont**essa** | *Graf – Gräfin* |
| dottor**e** | dottor**essa** | *Arzt – Ärztin* |
| professor**e** | professor**essa** | *Professor – Professorin* |
| elefant**e** | elefant**essa** | *Elefant – Elefantin* |

Die m. Nomina auf **-tore** bilden das F. auf **-trice:**

| | | |
|---|---|---|
| at**tore** | at**trice** | *Schauspieler –Schauspielerin* |
| calcia**tore** | calcia**trice** | *Fußballer – Fußballerin* |
| impera**tore** | impera**trice** | *Kaiser – Kaiserin* |
| let**tore** | let**trice** | *Leser – Leserin* |

| | | |
|---|---|---|
| diret**tore** | diret**trice** | *Direktor – Direktorin* |
| pit**tore** | pit**trice** | *Maler – Malerin* |
| scrit**tore** | scrit**trice** | *Schriftsteller – Schriftstellerin* |
| alberga**tore** | alberga**trice** | *Hotelbesitzer – Hotelbesitzerin* |
| scul**tore** | scul**trice** | *Bildhauer – Bildhauerin* |
| au**tore** | au**trice** | *Autor – Autorin* |
| udi**tore** | udi**trice** | *Zuhörer – Zuhörerin* |
| tradut**tore** | tradut**trice** | *Übersetzer – Übersetzerin* |
| tradi**tore** | tradi**trice** | *Verräter – Verräterin* |

Die Nomina auf **-ista** haben für beide Genera nur eine Form:

il/la comunista *Kommunist/in*
l'artista *Künstler/in*
l'autista *Autofahrer/in*

Übersicht über die m. Endungen und deren f. Entsprechungen

| m. | f. |
|---|---|
| -o | -a<br>-essa |
| -a | -essa |
| -e<br>(-e | -a<br>-e)<br>-essa |
| -tore | -trice |
| -ista | -ista |

90 Unregelmäßige Bildungen:

| | | |
|---|---|---|
| cane | cagna | *Hund – Hündin* |
| dio | dea | *Gott – Göttin* |
| doge | dogaressa | *Doge – Dogaressa* |
| re | regina | *König/in* |
| gallo | gallina | *Hahn – Henne* |
| eroe | eroina | *Held/in* |
| zar | zarina | *Zar/in* |

91 Bei manchen Nomina werden m. und f. Form von verschiedenen Stämmen gebildet:

| | | |
|---|---|---|
| frate | suora | *Klosterbruder/-schwester* |
| fratello | sorella | *Bruder – Schwester* |
| genero | nuora | *Schwiegersohn/-tochter* |

| | | |
|---|---|---|
| marito | moglie | *Ehemann – Ehefrau* |
| maschio | femmina | *Männchen – Weibchen* |
| padre | madre | *Vater – Mutter* |
| papà | mamma | *Papa – Mama* |
| uomo | donna | *Mann – Frau* |
| toro | mucca | *Stier – Kuh* |

92 **Der Plural des Nomens**

(il plurale del nome)

Grundregel: Im Pl. wird der Endungsvokal des Nomens zu **-i.** Nur die f. Nomina, die im S. auf **-a** enden, haben im Pl. ein **-e.**

| m. | | f. | |
|---|---|---|---|
| libr**o** | libr**i** | cas**a** | cas**e** |
| sem**e** | sem**i** | volp**e** | volp**i** |
| brindis**i** | brindis**i** | cris**i** | cris**i** |
| poet**a** | poet**i** | man**o** | man**i** |

93 Eine kleine Gruppe von m. Nomina bildet den Pl. auf **-a** und wird dadurch f. Meist handelt es sich dabei um **paarweise** vorkommende Dinge. Einige dieser Nomina haben auch einen Pl. auf **-i,** der dann gewöhnlich etwas anderes bedeutet als der Pl. auf **-a.**

| | | | |
|---|---|---|---|
| il braccio | *Arm (anat.)* | le braccia | |
| | *Flussarm* | i bracci | |
| il ciglio | *Braue* | le ciglia/i cigli (kein Unterschied) | |
| il dito | *Finger* | le dita | *die Finger insgesamt* |
| | | i diti | *die Finger im Einzelnen:* |
| | | i diti medi: *die Mittelfinger* | |
| il ginocchio | *Knie* | le ginocchia/i ginocchi (kein Unterschied) | |
| il labbro | *Lippe* | le labbra | |
| | *Rand* | i labbri (labbri di una ferita: *Wundrand)* | |
| il fondamento | *Fundament* | le fondamenta | *Grundmauern eines Hauses* |
| | *Grundlage* | i fondamenti (delle scienze: *Grundlagen der Wissenschaften)* | |
| il grido | *Schrei* | le grida | *Geschrei* |
| | | i gridi | *einzelne Schreie* |
| il lenzuolo | *Betttuch* | le lenzuola/i lenzuoli (kein Unterschied) | |
| il membro | *Glied* | le membra | |
| | *Mitglied* | i membri | |
| il muro | *Mauer* | le mura | *Stadtmauer, Festungsmauern* |
| | | i muri | *Mauern eines Hauses* |

| | | | |
|---|---|---|---|
| l'osso | *Knochen* | le ossa | *Knochen in ihrer Gesamtheit; Gebeine* |
| | | gli ossi | *einzelne Knochen* |
| l'uovo | *Ei* | le uova | *Eier* |
| il paio | *Paar* | le paia | *Paare* |

94 Die m. Nomina auf **-a** bilden den Pl. auf **-i:**

| | | |
|---|---|---|
| il papa | i papi | *Papst* |
| il poeta | i poeti | *Dichter* |
| il problema | i problemi | *Problem* |

NB il papà (endbetont) i pap**à** *Papa*

95 Die m. Nomina auf **-cio** bilden den Pl. auf **-ci/-gi:**

| | | |
|---|---|---|
| il bacio | i baci | *Kuss* |
| il formaggio | i formaggi | *Käse* |

Ist das **-i** betont, endet der Pl. auf **-cii/-gii:**

| | | |
|---|---|---|
| il legg**i**o | i legg**i**i | *Lesepult* |

96 Die f. Nomina auf **-cia** und auf **-gia** bilden den Pl. auf **-ce** oder **-cie** bzw. auf **-ge** oder **-gie,** wobei in den meisten Fällen beide Formen möglich sind:

| | | |
|---|---|---|
| la camicia | le camic(i)e | *Hemd* |
| la ciliegia | le cilieg(i)e | *Kirsche* |
| la provincia | le provinc(i)e | *Provinz* |

97 Die Nomina auf **-scio/-scia** bilden immer **-sci/-sce:**

| | | |
|---|---|---|
| il fascio | i fasci | *Bündel* |
| la fascia | le fasce | *Band, Binde* |

98 Personenbezeichnungen auf **-ista** (m. und f.) bilden den Pl. auf **-i** (m.) bzw. auf **-e** (f.):

| | | |
|---|---|---|
| l'artista | gli artisti | *die Künstler* |
| | le artiste | *die Künstlerinnen* |

99 Die Nomina auf **-io/-ia:**
a) das **-i-** ist unbetont: **-io > -i/-ia > -ie**

| | | |
|---|---|---|
| l'esempio | gli esempi | *Beispiel* |
| il negozio | i negozi | *Geschäft* |
| lo scrittoio | gli scrittoi | *Schreibtisch* |
| la materia | le materie | *Materie* |
| la storia | le storie | *Geschichte* |

b) das **-i-** ist betont. Es bleibt in allen Formen erhalten.

| | | |
|---|---|---|
| il pend**i**o | i pend**i**i | *Abhang* |
| lo z**i**o | gli z**i**i | *Onkel* |
| la z**i**a | le z**i**e | *Tante* |
| la fotograf**i**a | le fotograf**i**e | *Fotografie* |

100 Die m. Nomina auf **-co**
Sind sie auf der **vorletzten** Silbe betont, bilden sie den Pl. auf **-chi:**

| | | |
|---|---|---|
| banco | banchi | *Bank* |

NB

| | | |
|---|---|---|
| amico | ami**ci** | *Freund* |
| nemico | nemi**ci** | *Feind* |
| porco | por**ci** | *Schwein* |
| greco | gre**ci** | *Grieche* |

Sind sie auf der **drittletzten** Silbe betont, bilden sie den Pl. auf **-ci:**

| | | |
|---|---|---|
| medico | medici | *Arzt* |
| sindaco | sindaci | *Bürgermeister* |
| austriaco | austriaci | *Österreicher* |

NB

| | | |
|---|---|---|
| carico | cari**chi** | *Last* |
| stomaco | stoma**chi** | *Magen* |

101 Die Nomina auf **-ca/-ga/-go** bilden den Pl. auf **-che/-ghe/-ghi:**

| | | |
|---|---|---|
| domenica | domeniche | *Sonntag* |
| strega | streghe | *Hexe* |
| ago | aghi | *Nadel* |

102 NB **M. Berufsbezeichnungen** auf **-ologo** bilden den Pl. auf **-gi:**

| | | |
|---|---|---|
| psicologo | psicologi | *Psychologe* |
| teologo | teologi | *Theologe* |

103 Einige Nomina bleiben im Pl. **unverändert:**

a) einsilbige Nomina

| | | |
|---|---|---|
| il re | i re | *König* |
| il tè | i tè | *Tee, Teesorten* |
| la gru | le gru | *Kran* |

b) mehrsilbige Nomina mit betontem Endungsvokal

| | | |
|---|---|---|
| la città | le città | *Stadt* |
| il caffè | i caffè | *Kaffee(sorten)* |

| | | |
|---|---|---|
| la virtù | le virtù | *Tugend* |
| il papà | i papà | *Vater, Papa* |

c) F. auf **-ie** (unbetontes **-i-**)

| | | |
|---|---|---|
| la specie | le specie | *Art* |
| la serie | le serie | *Serie* |
| NB! la moglie | le mogl**i** | *Ehefrau* |

d) Nomina auf **-i**

| | | |
|---|---|---|
| il brindisi | i brindisi | *Trinkspruch* |
| la crisi | le crisi | *Krise* |
| la metropoli | le metropoli | *Metropole* |

e) Nomina auf Konsonant (Lehn- oder Fremdwörter)

| | | |
|---|---|---|
| il film | i film | *Film* |
| il camion | i camion | *Lastauto* |

f) Kurzformen

| | | |
|---|---|---|
| il cinema(tografo) | i cinema | *Kino* |
| l'auto(mobile) | le auto | *Auto* |
| la foto(grafia) | le foto | *Foto* |

104 Unregelmäßige Formen:

| | | |
|---|---|---|
| l'uomo | gli uomi**ni** | *Mann, Mensch* |
| il bue | i bu**oi** | *Ochse* |
| il dio | **gli dei** | *Gott* |

## 105 Der Plural der zusammengesetzten Nomina

(il plurale dei nomi composti)

Die Bildung des Pl. der zusammengesetzten Nomina hängt ab von den Elementen, aus denen sie bestehen, und inwieweit sie als Einheit empfunden werden.

Es gibt folgende Typen der Zusammensetzung:

106 **Nomen + Nomen:** Das zweite Nomen bekommt die Pluralendung.

| | | |
|---|---|---|
| il manoscritto | i manoscritti | *Manuskript* |
| la banconota | le banconote | *Banknote* |
| la ferrovia | le ferrovie | *Eisenbahn* |

**Zusammensetzungen mit capo:** Das Wort bezeichnet den Chef, den Leiter, den Obersten einer Einrichtung, einer Institution etc.; nur **capo-** wird in den Pl. gesetzt, der zweite Teil bleibt unverändert.

| | | |
|---|---|---|
| il capostazione | i cap**i**stazione | *Stationsvorstand* |
| il caposquadra | i cap**i**squadra | *Mannschaftskapitän* |

Bezeichnet das Wort den Vorgesetzten von **jemand,** bleibt **capo-** meist unverändert; der zweite Teil des Wortes wird in den Pl. gesetzt.

| | | | |
|---|---|---|---|
| il capoimpiegato | i capoimpiegat**i** | *oberster Angestellter* | |
| il capocuoco | i capocuoch**i** | *Chefkoch* | auch: capicuochi |

Bezeichnet die Zusammensetzung ein f. Nomen, so bleiben beide Teile im Pl. unverändert.

| | | |
|---|---|---|
| la caporeparto | le cap**o**reparto | *Abteilungsleiterin* |

Der Gebrauch der Zusammensetzung mit **capo-** ist jedoch nicht einheitlich.

Bezeichnet das Wort keine Person, bleibt **capo-** unverändert, der zweite Teil wird in den Plural gesetzt.

| | | |
|---|---|---|
| il capoluogo | i capoluog**hi** | *Hauptort* |

Bei bloßen Nebeneinanderstellungen erhält nur der erste Teil das Pluralzeichen.

| | | |
|---|---|---|
| il vagone ristorante | i vagon**i** ristorante | *Speisewagen* |
| l'accordo quadro | gli accord**i** quadro | *Rahmenabkommen* |

107 **Nomen + Adjektiv:** Beide Elemente erhalten das Pluralzeichen.

| | | |
|---|---|---|
| la cassaforte | le cass**e**fort**i** | *Tresor* |
| la terracotta | le terr**e**cott**e** | *Terrakotta(gegenstände)* |
| il caposaldo | i cap**i**sald**i** | *Fixpunkt* |

108 **Adjektiv + Nomen:** Nur das Nomen wird in den Pl. gesetzt.

| | | |
|---|---|---|
| il francobollo | i francoboll**i** | *Briefmarke* |
| il bassorilievo | i bassorilievi | *Flachrelief* |

109 **Adjektiv + Adjektiv:** Nur das zweite Adjektiv wird in den Pl. gesetzt.

| | | |
|---|---|---|
| il pianoforte | i pianofort**i** | *Klavier* |
| il sordomuto | i sordomut**i** | *Taubstummer* |

Der Gebrauch weist hier gelegentlich Schwankungen auf:

| | | |
|---|---|---|
| l'altopiano | gli altopian**i** | *Hochebene* |
| | | auch: gli alt**i**pian**i** |

110 **Verb + Nomen:** (immer m.), das Verb kann nie verändert werden. Es finden sich folgende Zusammensetzungen:

**Verb + Nomen im Plural:** keine Veränderungen im Pl.

| | | |
|---|---|---|
| il portalettere | i portalettere | *Briefträger* |
| lo stuzzicadenti | gli stuzzicadenti | *Zahnstocher* |

111 **Verb + m. Nomen im Singular:** Das Nomen enthält die Pluralendung **-i.**

| | | |
|---|---|---|
| il portafoglio | i portafog**li** | *Brieftasche* |
| il passaporto | i passaporti | *Reisepass* |

Zu diesem Typus gehören auch die Zusammensetzungen mit **mano:**

| | | |
|---|---|---|
| l'asciugamano | gli asciugaman**i** | *Handtuch* |

112 **Verb + f. Nomen im Singular:** keine Veränderungen im Pl.

| | | |
|---|---|---|
| il portafortuna | i portafortuna | *Glücksbringer* |
| il cacciavite | i cacciavite | *Schraubenzieher* |

113 **Adverb + Nomen** oder **Präposition + Nomen:** Das Adverb bzw. die Präposition sind immer unveränderbar. Ob das Nomen in den Pl. gesetzt wird oder unverändert bleibt, hängt von seiner Bedeutung ab.

| | | |
|---|---|---|
| veränderbar: | | |
| l'anticamera | le anticamer**e** | *Vorzimmer* |
| il sottoufficiale | i sottoufficial**i** | *Unteroffizier* |
| unveränderbar: | | |
| il doposcuola | i doposcuola | *Halbinternat* |
| | **scuola** hat hier keinen Pl., da die Institution Schule gemeint ist, nicht eine bestimmte Schule. | |
| il fuoribordo | i fuoribordo | *Außenbordmotor* |
| | Kurzform für i motori fuoribordo | |

114 **Verb + Verb:** immer m., immer unveränderlich.

| | | |
|---|---|---|
| il dormiveglia | i dormiveglia | *Halbschlaf* |
| l'andirivieni | gli andirivieni | *Hin und Her* |

115 **Nomen + Nominalattribut** (complemento di specificazione): nur das erste Nomen kann das Pluralzeichen erhalten, wenn es überhaupt pluralfähig ist.

| | | | |
|---|---|---|---|
| | il vino d'Italia | i vin**i** d'Italia | *Italiens Wein(e)* |
| | il cavallo di razza | i caval**li** di razza | *Rassepferd* |
| aber: | il cacciavite di qualità | i cacciavit**e** di qualità | *Qualitätsschraubenzieher* |

116 # Die Begleiter des Nomens

Dazu gehören die **Artikel,** die **adjektivischen Possessiva, Demonstrativa, Indefinita** und **Numeralia** sowie im weiteren Sinne die **Adjektiva.**

117 ## Der Artikel
(l'articolo)

Das Italienische kennt drei Arten von Artikeln:
den **bestimmten** Artikel (l'articolo determinativo)
den **unbestimmten** Artikel (l'articolo indeterminativo)
den **Teilungs**artikel (l'articolo partitivo)

118 # Der bestimmte Artikel
(l'articolo determinativo)

Formen

| Genus | S. | Pl. | Genus | S. | Pl. |
|---|---|---|---|---|---|
| m. | il<br>lo<br>l' | i<br>gli/gl' | f. | la<br>l' | le |

119 ## Der m. bestimmte Artikel:

**il:** steht in allen jenen Fällen, die nicht unter **lo** oder **l'** angeführt sind.

il bagno *Bad* il ragazzo *Junge, Bub* il piazzale *Platz*

**lo:** steht vor m. Nomina, die mit folgenden Konsonanten und Konsonantenverbindungen beginnen.

**z:** lo zio *Onkel*, lo zucchero *Zucker*

**s + Konsonant:**

**sb:** lo sbaglio *Fehler*

**sc:** lo scambio *Austausch*

lo sciampo *Haarshampoo*, lo sciatore *Skifahrer*

**sd:** lo sdraio *Liegestuhl*

**sf:** lo sforzo *Anstrengung*

**sg:** lo sguardo *Blick*

**sl:** lo slancio *Schwung*

**sm:** lo smalto *Email*

**sn:** lo snobismo *Snobismus*

**sp:** lo spirito *Geist*

**squ:** lo squalo *Hai*

**sr:** lo sragionamento *unvernünftiges Denken*

**st:** lo stato *Staat*

**sv:** lo sviluppo *Entwicklung*

**i/y + Vokal:**

lo iodio *Jod*, lo yacht *Yacht*

**ps:** lo psicologo *Psychologe*
**pn:** lo pneumatico *Autoreifen*
**gn:** lo gnomo *Gnom*

**ch** (in Fremdwörtern):

lo chèque *Scheck*

**l':** steht vor Vokal (außer i + Vok.).

l'accordo *Übereinstimmung*, l'effetto *Wirkung*, l'uomo *Mann, Mensch*

**i:** ist der Pl. von **il.**

i bagni *Bäder*, i ragazzi *Jungen*, i piazzali *Plätze*

**gli:** ist der Plural von **lo** und von **l'.**

gli zii *Onkel*, gli sbagli *Fehler*, gli sguardi *Blicke*
gli accordi *Vereinbarungen*, gli uomini *Männer, Menschen*

**gl':** kann vor **i** stehen, ist aber nie obligatorisch.

gl'ingegneri/gli ingegneri *Ingenieure*

## 120 Übersicht über die Artikel

| Genus | Numerus | bestimmt | unbestimmt | Teilungsartikel | Beispiel | Erklärung |
|---|---|---|---|---|---|---|
| maskulin | Singular | **il** | **un** | **del** | il bagno *Bad*, un cinema *Kino*, del pane *Brot* | steht vor m. Nomina, außer in den unten angeführten Fällen |
| | | **lo** | **uno** | **dello** | lo zio *Onkel*, lo sciame *Schwarm*, uno sci *Ski*, dello spirito *Geist*, lo yacht *Yacht*, lo iodio *Jod* | steht vor **z, s + Konsonant, sci/sce** und **Halbvokal y + Vokal, ferner vor ps, pn, gn…** |
| | | **l'** | **un** | **dell'** | l'anno *Jahr*, un albero *Baum*, dell'amaretto *Mandellikör* | steht vor Vokal |
| | Plural | **i** | – | **dei** | i bagni *Bäder*, i cinema *Kinos*, dei pani *einige Brote* | s. bei **il** |
| | | **gli** | – | **degli** | gli zii *Onkel*, gli sciami *Schwärme*, gli sci *Ski*, degli spiriti *einige Geister* – anderer Sinn! | s. bei **lo** |
| | | **gl'** | – | **degl'** | gl'individui *Individuen*, degl'ingegneri *Ingenieure* | steht vor **i-**, es kann jedoch auch **gli** stehen |
| feminin | Singular | **la** | **una** | **della** | la casa *Haus*, una donna *Frau*, della confettura *Marmelade* | steht vor Konsonant |
| | | **l'** | **un'** | **dell'** | l'acqua *Wasser*, un'isola *Insel*, dell'acqua *Wasser* | steht vor Vokal |
| | Plural | **le** | – | **delle** | le case *Häuser*, le donne *Frauen*, delle confetture *verschiedene Marmeladen*, le isole *Inseln* | einzige feminine Pluralform |

121 ## Der f. bestimmte Artikel

**la:** steht vor Konsonanten

la casa *Haus*, la scena *Szene*, la stampa *Presse*

**l':** steht vor Vokalen

l'acqua *Wasser*, l'età *Alter*, l'idea *Idee*, l'ora *Stunde*

Die Weglassung des **-a** kann – vor allem bei gelehrten Wörtern – unterbleiben:

**la** emarginazione *Marginalisierung*, **la** identità *Identität*

**le:** steht vor den f. Nomina im Pl.

le case *Häuser*, le acque *Gewässer*, le idee *Ideen*

122 Die Formen des bestimmten Artikels **verschmelzen mit einigen Präpositionen** zu eigenen Formen:

| | di | a | da | in | su | con |
|---|---|---|---|---|---|---|
| il | del | al | dal | nel | sul | col |
| lo | dello | allo | dallo | nello | sullo | collo |
| l' | dell' | all' | dall' | nell' | sull' | coll' |
| i | dei | ai | dai | nei | sui | coi |
| gli | degli | agli | dagli | negli | sugli | cogli |
| la | della | alla | dalla | nella | sulla | colla |
| le | delle | alle | dalle | nelle | sulle | colle |

la porta **del** bagno *Badezimmertür*

Il bagnante esce **dall'**acqua. *Der Badende steigt aus dem Wasser.*

**Nei** giardini si vedono tanti fiori. *In den Gärten sieht man viele Blumen.*

Oggi pomeriggio eravamo **sulla** spiaggia.
*Heute Nachmittag waren wir am Strand.*

Mit der Präposition **con** verwendet man heute fast ausschließlich die **nicht verschmolzenen** Formen, also **con il, con l', con lo, con i, con gli, con la, con le:**

Mi lavo **con l'**acqua del fiume.
*Ich wasche mich mit dem Flusswasser.*

Giochiamo **con i** ragazzi.
*Wir spielen mit den Kindern.*

123 # Die Verwendung des bestimmten Artikels

124 **Vor Appellativen:**
Grundsätzlich bezeichnet der bestimmte Artikel etwas, was dem Gesprächspartner/Leser **bekannt** ist, wobei die Bekanntheit auf verschiedene Weise gegeben sein kann:

a) durch die Kommunikationssituation: Die Gesprächspartner sehen die Dinge, auf die sich das Gespräch bezieht, vor sich, oder sie beziehen sich auf etwas, was beiden Gesprächspartnern bekannt ist, z. B. bei Tisch:

Mi passi **il** sale, per favore! *Reichen Sie mir bitte das Salz!*

Meist ist eine derartige Aussage von einer entsprechenden Geste begleitet.

Der Vater sitzt im Wohnzimmer und sagt zu seinem Kind:
Portami **la** pipa! *Bring mir die/meine Pfeife!*
Das Kind weiß natürlich, welche Pfeife der Vater meint.

b) Der Artikel bezieht sich auf ein vorher (im Text) schon erwähntes Nomen:

Mi aveva mostrato due orologi, uno francese e uno svizzero. Presi **l'**orologio svizzero che era migliore.
*Er hatte mir zwei Uhren gezeigt, eine französische und eine Schweizer. Ich nahm die Schweizer Uhr, die besser war.*

c) Der Artikel bezieht sich auf bekannte Gewohnheiten, auf Erfahrungen, auf Selbstverständliches:

Abbiamo fatto **il** bagno. *Wir haben gebadet.*

Non ho ancora visto arrivare **l'**autobus.
*Ich habe den Autobus noch nicht ankommen gesehen.*

125 **Vor Körperteilen** steht meist der bestimmte Artikel:

| | |
|---|---|
| Aveva **gli occhi** chiusi. | *Er hatte die/seine Augen geschlossen.* |
| Ha **i capelli** neri. | *Er hat schwarzes Haar.* |
| Ha **la memoria** buona. | *Er hat ein gutes Gedächtnis.* |

Aveva **gli occhi** più grandi dello stomaco.
*Seine Augen waren größer als der Magen.*

126 Der bestimmte Artikel steht, wenn das Nomen **näher bestimmt** ist:

L'automobile **del direttore** ha investito il cane del nostro medico.
*Das Auto des Direktors hat den Hund unseres Arztes überfahren.*

Abbiamo visto **il** film **che ci hai raccontato.**
*Wir haben den Film, von dem du uns erzählt hast, gesehen.*

127 wenn die angesprochenen Dinge **einmalig** sind:

il sole *Sonne*, la luna *Mond*, il mondo *Welt*, l'universo *Universum*, il cosmo *Kosmos*

128 Der bestimmte Artikel steht meist vor **abstrakten Begriffen** und **Stoffnamen:**

l'arte *die Kunst*, la virtù *die Tugend*, l'oro *das Gold*

129 Der bestimmte Artikel steht bei gewissen **Zahlen-** und **Zeitangaben:**

| | |
|---|---|
| Sono **le** due. | *Es ist 2 Uhr.* |
| al**le** undici | *um 11 Uhr* |
| ne**l** 1956 | *(im Jahr) 1956* |
| **il** mese scorso | *im vergangenen Monat* |
| **l'**anno prossimo | *nächstes Jahr* |

NB! Il/Di sabato non lavoro. — *Samstags arbeite ich nicht.*
Lunedì prossimo non lavoro. — *Am nächsten Montag arbeite ich nicht.*

Der bestimmte Artikel steht bei Zahlenangaben
a) mit **distributiver** Bedeutung (je, per…)

| | |
|---|---|
| 100 L l'uno | *100 Lire pro Stück* |
| 1200 L il/al chilo | *1200 Lire je Kilo* |
| 100 chilometri l'/all'ora | *100 km/h* |

NB! 500 L a testa/persona — *500 Lire pro Kopf/Person*

b) bei **Prozentangaben**

| | |
|---|---|
| una diminuzione del 33% | *ein Rückgang von 33%* |
| l'interesse del 6% | *6% Zinsen* |
| Ne ho preso il 12%. | *Ich habe 12% (davon) genommen.* |

130 Bei gewissen Zeitangaben hat der bestimmte Artikel dieselbe Funktion wie ein Demonstrativpronomen:

Tornerò entro **la settimana** (= entro **questa** settimana).
*Ich komme noch im Laufe dieser Woche zurück.*

131 **Bestimmter Artikel und Possessivpronomen**
Der bestimmte Artikel steht vor dem adjektivischen Possessivpronomen, wenn sich dieses vor dem Nomen befindet:

**Il mio** vicino mi ha parlato **dei suoi** affari.
*Mein Nachbar hat mir von seinen Geschäften erzählt.*

**La tua** macchina è bellissima.
*Dein Auto ist wunderschön.*

Der bestimmte Artikel steht jedoch nicht, wenn sich das adjektivische Possessivpronomen vor gewissen Verwandtschaftsnamen im S. befindet. Nur **bei loro wird der bestimmte Artikel immer verwendet:** mio padre *mein Vater*, mia madre *meine Mutter*, mio fratello *mein Bruder*, mia sorella *meine Schwester*, mio figlio *mein Sohn*, mia figlia *meine Tochter*, mio zio *mein Onkel*, mia zia *meine Tante*, mio/a nipote *mein Neffe, meine Nichte*, mio marito *mein Mann*, mia moglie *meine Frau* usw.

**Mio padre** e **mia madre** sono stati in visita da **tuo fratello.**
*Mein Vater und meine Mutter waren bei deinem Bruder auf Besuch.*

Aber: **Il loro padre** non è venuto. *Ihr Vater ist nicht gekommen.*

Der Artikel muss jedoch auch vor diesen Verwandtschaftsnamen stehen, wenn noch ein Adjektiv vorhanden ist:

**il mio bravo** fratello *mein tüchtiger Bruder*

Der Artikel steht ferner, wenn der Verwandtschaftsname durch ein Suffix (Diminutivendung, Koseform) erweitert wird:

**il mio** figlio**lino** *mein Söhnchen*
**la tua** sorell**ina** *dein Schwesterchen*

Bei den folgenden Verwandtschaftsnamen steht die Verwendung des bestimmten Artikels frei: nonno/a *Großvater/-mutter*, cugino/a *Cousin/e*, cognato/a *Schwager/Schwägerin*, suocero/a *Schwiegervater/-mutter*, genero *Schwiegersohn*, nuora *Schwiegertochter*, patrigno/matrigna *Stiefvater/Stiefmutter*, figliastro/a *Stiefsohn/-tochter*, fratellastro *Halbbruder*, sorellastra *Halbschwester.*

**132** **Der bestimmte Artikel wird nicht gesetzt**

**133** wenn das Nomen **Gleichsetzungsglied** (Prädikatsnomen) des Subjekts ist:

| | |
|---|---|
| Giovanni è **deputato.** | *Giovanni ist Abgeordneter.* |
| Fu eletto **deputato.** | *Er wurde zum Abgeordneten gewählt.* |
| Questo è **olio.** | *Das ist Öl.* |

**134** in der **Apposition:**

| | |
|---|---|
| Giuseppe Parini, autore del **Giorno** | *Giuseppe Parini, der Autor von Il Giorno* |
| Sono andati da Luisa, **loro** amica d'infanzia. | *Sie sind zu Luisa, ihrer Freundin aus der Kinderzeit, gegangen.* |

**135** bei **Buchtiteln:**

| | |
|---|---|
| Vocabolario della lingua italiana | *Wörterbuch der italienischen Sprache* |
| Compendio di storia moderna | *Abriss der modernen Geschichte* |

**136** bei **attributiven** und **adverbialen Wendungen** (oft stehenden Wendungen):

| | |
|---|---|
| una specie di prugna | *eine Art Pflaume* |
| nave a vapore | *Dampfschiff* |

| | |
|---|---|
| ferro da stiro | *Bügeleisen* |
| scarpe da tennis | *Tennisschuhe* |
| uscire di casa | *das Haus verlassen* |
| andare a scuola/a teatro | *in die Schule/ins Theater gehen* |
| NB andar **al** cinema | *ins Kino gehen* |
| invitare a cena | *zum Abendessen einladen* |
| battere a macchina | *Maschine schreiben* |
| lavoro fatto a mano | *Handarbeit* |
| andare in pensione | *in Pension gehen* |
| sposarsi in municipio | *standesamtlich heiraten* |
| allenarsi in pallestra | *in der Turnhalle trainieren* |
| fare qc. per gelosia | *etwas aus Eifersucht tun* |
| condannato per furto | *wegen Diebstahls verurteilt* |
| viaggiare in treno/macchina | *mit dem Zug/Auto reisen* |
| sedersi in poltrona | *sich in den Lehnstuhl setzen* |
| mettersi le mani in tasca | *die Hände in die Hosentaschen stecken* |

Bei manchen Wendungen sind beide Formen möglich:

| | |
|---|---|
| giocare a/al pallone | *Ball spielen* |

137 bei **nicht zählbaren** Nomina, wenn sie in dem betreffenden Zusammenhang nicht in den Pl. gesetzt werden können:

| | |
|---|---|
| abbiamo avuto pioggia/neve | *Wir haben Regen/Schnee gehabt* |
| cercare casa/lavoro | *eine Wohnung/Arbeit suchen* |
| prendere moglie/marito | *heiraten* |
| sentire compassione/tenerezza | *Mitleid/Zärtlichkeit fühlen* |
| far piacere/dispiacere | *Vergnügen/Missvergnügen bereiten* |
| prendere sonno | *einschlafen* |
| aver/sentir caldo/freddo | *jemandem ist heiß/kalt* |
| aver sonno/fame/sete/paura | *Schlaf/Hunger/Durst/Angst haben* |

## 138 Der bestimmte Artikel vor Eigennamen

139 Vor **geographischen Eigennamen.** Hier gibt es nur allgemeine Richtlinien, keine absoluten gültigen Regeln.
Die Namen der **Berge, Flüsse, Gebirge, Meere, Ozeane** werden mit dem bestimmten Artikel gebraucht:

| | |
|---|---|
| il Cervino | *Matterhorn* |
| le Ande | *Anden* |
| il Mediterraneo | *Mittelmeer* |
| il Pacifico | *Pazifischer Ozean* |
| il Tevere | *Tiber* |
| il Danubio | *Donau* |

| | |
|---|---|
| la Drava | *Drau* |
| il Garda | *Gardasee* |

Der bestimmte Artikel steht meist bei Namen von **Regionen, Staaten, Kontinenten** und großen **Inseln:**

| | |
|---|---|
| l'Italia | *Italien* |
| l'Europa | *Europa* |
| la Sardegna | *Sardinien* |

Steht vor Namen der **Regionen, Staaten, Kontinente, Inseln** die Präposition **in**, fällt der Artikel aus:

| | |
|---|---|
| andare **in** Australia | *nach Australien fahren* |
| vivere **in** Sicilia | *in Sizilien wohnen* |

Ist das Land (Region usw.) m., so kann der Artikel stehen oder wegbleiben:

| | |
|---|---|
| vivere **in/nel** Belgio | *in Belgien leben* |
| andare **in/nel** Belgio | *nach Belgien fahren* |

140 Ist der geographische Eigenname ein Pl., so steht **immer der bestimmte Artikel:**

| | |
|---|---|
| vivere **negli** Stati Uniti | *in den Vereinigten Staaten leben* |

Bei den italienischen Regionen ist folgende Tendenz festzustellen: die f. Regionen stehen ohne Artikel, wenn eine Präposition vorhanden ist, bei den m. kann manchmal der Artikel stehen, gelegentlich sind beide Formen möglich:

| | |
|---|---|
| **in** Toscana | *in der/die Toskana* |
| **in** Calabria | *in/nach Kalabrien* |
| **nel** Veneto | *in/nach Venetien* |
| **in** Piemonte | *in/nach Piemont* |
| **in/nel** Trentino | *in/nach Trentino* |

141 In Verbindung mit der Präposition **di** kann bei f. geographischen Eigennamen der bestimmte Artikel wegbleiben, bei m. muss er immer stehen:

| | |
|---|---|
| i vini **d'/dell'**Italia | *die Weine Italiens* |
| il re **del** Belgio | *der König von Belgien* |

Bei den anderen Präpositionen muss immer der bestimmte Artikel stehen:

| | |
|---|---|
| passare **per l'**Austria | *über Österreich fahren* |
| tornare **dalla** Spagna | *aus Spanien zurückkommen* |

Ist der geographische Eigenname näher bestimmt, so steht auch bei **in** und **di** der bestimmte Artikel:

| | |
|---|---|
| **nell'**Italia del '800 | *im Italien des 19. Jahrhunderts* |
| **nel** Portogallo che ho conosciuto | *in Portugal, wie ich es gekannt habe* |

142 Bei Namen von **Städten** und **kleinen Inseln** steht kein Artikel:

Venezia *Venedig* Milano *Mailand* Ischia

NB! L'Aquila, **La** Spezia, **L'**Aia (Den Haag), **La** Mecca, **Il** Cairo

Steht bei diesen geographischen Eigennamen eine nähere Bestimmung, muss immer der Artikel stehen:

**la bella** Firenze *das schöne Florenz* **l'antica** Napoli *das alte Neapel*

143 **Vornamen** stehen gewöhnlich **ohne Artikel.** Nur im It. p. findet er sich vor allem bei f. Eigennamen:

Arriva Ada. *Ada kommt (an).* Dov'è Ugo? *Wo ist Hugo?*
Ho visto l'Ada. *Ich habe die Ada gesehen.* (selten Dov'è l'Ugo?)

In Verbindung mit einer näheren Bestimmung steht auch bei Vornamen immer der bestimmte Artikel:

Ho visto **la povera** Ada. *Ich habe die arme Ada gesehen.*
Non era più **l'Ugo che abbiamo conosciuto.** *Das war nicht mehr der Hugo, den wir gekannt haben.*

144 Bei **Familiennamen,** die **Männer** bezeichnen, ist der Gebrauch des bestimmten Artikels fakultativ, er steht jedoch oft vor Namen berühmter Persönlichkeiten:

**Il Manzoni** parlava milanese. *Manzoni sprach Mailändisch.*

Bei **Familiennamen,** die **Frauen** bezeichnen, steht gewöhnlich der bestimmte Artikel; heute wird er aber immer häufiger weggelassen:

la Corti

145 Vor **Titeln** steht gewöhnlich der bestimmte Artikel:

**il professor** Rossi *(der) Herr Professor Rossi*
**il dottor** Bruni *(der) (Herr) Doktor Bruni*
**la signorina** Anna *(das) Fräulein Anna*
**la signora** Bianca *(die) Frau Bianca*

In der **Anrede** hingegen steht vor Titeln **kein Artikel:**

Cosa ne pensa lei, **ingegnere?** *Was meinen Sie dazu, Herr Ingenieur?*

146 Der **bestimmte Artikel im Pl.** vor Familiennamen bezeichnet die ganze Familie:

**gli** Sforza *die Sforza* **gli** Stevanato *die Stevanatos*

Der **bestimmte Artikel im Pl.** vor Familiennamen berühmter Persönlichkeiten drückt Gattungsbezeichnungen aus:

Dove sono **i Tiziano, i Tintoretto** di oggi?
*Wo sind die Tizians, die Tintorettos von heute?*

147 # Der unbestimmte Artikel
(l'articolo indeterminativo)

**Formen:**

| m. | f. |
|---|---|
| un | una |
| uno | un' |

148 **un:** steht vor allen M., bei denen nicht **uno** steht (s. unten):

**un** libro — *ein Buch*
**un** italiano — *ein Italiener*

**uno:** steht (wie **lo**) vor m. Nomina, die mit **z, s + Konsonant, i/y + Vokal, ps, pn, gn, ch** (in Fremdwörtern) beginnen:

**uno z**io — *ein Onkel*
**uno sc**ambio — *ein Austausch*

(s. 119)

149 **una:** steht vor F., die mit **Konsonant** oder **i + Vokal** beginnen:

**una c**asa — *ein Haus*
**una ie**na — *eine Hyäne*

Es kann auch vor F., die mit **Vokal** beginnen, stehen:

**una i**dea — *eine Idee*

**un':** steht vor F., die mit **Vokal** beginnen:

**un'i**dea — *eine Idee*
**un'a**mica — *eine Freundin*

Jedoch ist vor Vokal auch die **Vollform** möglich:

**una i**dea

Vor **i + Vokal** steht immer **una:**

**una ie**na — *eine Hyäne*

150 **Die Verwendung des unbestimmten Artikels**

151 Der unbestimmte Artikel steht vor Nomina, die beim Gesprächspartner/Leser nicht als bekannt vorausgesetzt werden oder die im Text noch nicht erwähnt wurden:

Sei malato? Allora chiamerò **un** medico.
*Bist du krank? Dann hole ich einen Arzt.*

Bezieht sich nicht auf einen bestimmten Arzt, sondern auf irgendeinen.

Ecco **un** libro e **un** disco. Quale vuoi? – Prendo il disco.
*„Hier ist ein Buch und eine Schallplatte. Was ist dir lieber?" „Ich nehme die Schallplatte."*

Libro und disco werden in das Gespräch eingeführt, daher der unbestimmte Artikel. In der Antwort steht disco mit bestimmtem Artikel, da es im Text vorher schon erwähnt wurde.

152 Der unbestimmte Artikel kann Verallgemeinerung ausdrücken:

**Un** giovane manca sempre d'esperienza (= Ogni giovane…)
*Einem jungen Menschen fehlt es immer an Erfahrung.*

In diesem Zusammenhang kann mit derselben Funktion auch der bestimmte Artikel stehen:

**Il** giovane manca…

153 Der unbestimmte Artikel dient im It. p. – mit der entsprechenden Intonation – zu starkem Gefühlsausdruck:

Ho avuto **una** paura! *Hab ich Angst gehabt!*

154 Der unbestimmte Artikel steht vor ungefähren Zahlenangaben:

Venezia dista **un 100** chilometri da Udine.
*Venedig ist etwa 100 km von Udine entfernt.*

155 Der unbestimmte Artikel kann auch vor dem adjektivischen Possessivpronomen stehen:

Ho incontrato **un mio** amico.
*Ich habe einen (meiner) Freund(e) getroffen.*

156 # Der Teilungsartikel
(l'articolo partitivo)

Die Formen des Teilungsartikels sind identisch mit den verschmolzenen Formen von **di + bestimmtem Artikel.**

| | m. | f. | | m. | f. |
|---|---|---|---|---|---|
| S. | del<br>dello<br>dell' | della<br>dell' | Pl. | dei<br>degli<br>degl' | delle |

157 Der Teilungsartikel bezeichnet eine unbestimmte, meist kleinere Menge oder Anzahl, wie sie auch durch die Indefinitpronomina **alcuni/e, qualche, un po' di…** *(einige, etwas)* ausgedrückt wird.

Stamattina è caduta **della** pioggia (= **un po' di** pioggia).
*Heute Morgen ist etwas Regen gefallen.*

Ho portato con me **dei** libri (= **alcuni libri).**
*Ich habe einige Bücher mitgebracht.*

158 Nach der Präposition **di** kann der Teilungsartikel nicht stehen, nach der Präposition **in** wird er ebenfalls vermieden. An Stelle des Teilungsartikels setzt man ein **Indefinitpronomen.**

Parlo **di** quadri. *Ich spreche von Bildern.*
Parlo **di alcuni** quadri. *Ich spreche von einigen Bildern.*

159 Nach allen anderen Präpositionen kann der Teilungsartikel stehen, die Konstruktion mit dem **Indefinitpronomen** wird jedoch vorgezogen.

E' partito **con dei** libri in braccio. = **con alcuni** libri
*Er ist mit einigen Büchern unterm Arm weggegangen.*

160 **Der Teilungsartikel in der Verneinung**

Der Teilungsartikel bleibt in der Verneinung meist weg. Steht er dennoch, so ändert der Satz seine Bedeutung.

C'erano dei libri sul tavolo. *Es waren einige Bücher auf dem Tisch.*
Non c'erano libri sul tavolo. *Es waren keine Bücher auf dem Tisch.*
Non c'erano **dei** libri sul tavolo.
ist nicht die einfache Verneinung des oberen Satzes, sondern die Richtigkeit der Aussage, dass einige Bücher auf dem Tisch gelegen seien, wird bestritten.

Der Teilungsartikel ist nie obligatorisch.

161 **Das Adjektiv**
(l'aggettivo)

Das italienische **aggettivo** entspricht einerseits dem **deutschen Adjektiv** (aggettivo qualificativo), andererseits dem **adjektivisch gebrauchten Pronomen** (s. 215 ff.).

## 162 L'aggettivo qualificativo

Es kann als **Attribut** beim Nomen stehen oder **Prädikatsnomen** (Gleichsetzungsglied) sein. Es bezeichnet Eigenschaften, Merkmale und Seinsweisen.

una **bella** storia *eine schöne Geschichte*
Questa storia è **bella.** *Diese Geschichte ist schön.*

163 Sowohl das attributive als auch das prädikative Adjektiv werden mit dem **Nomen/Pronomen,** das sie näher bestimmen, nach **Genus und Numerus übereingestimmt.**

| Endungsvokal | | | |
|---|---|---|---|
| | m. | f. | m./f. |
| S. | -o | -a | -e |
| | vivo | viva | facile |
| Pl. | -i | -e | -i |
| | vivi | vive | facili |
| | *(lebend, lebendig)* | | *(leicht)* |

Die Adjektiva mit zwei Formen haben im S. die Endungen **-o/-a,** im Pl. **-i/-e.** Adjektiva, die für beide Genera nur eine Form aufweisen, haben im S. **-e,** im Pl. **-i.**

164 Einige Adjektiva haben nur **eine Form:**

a) **(im)pari, dispari**

| | |
|---|---|
| numero pari | *gerade Zahl* |
| numeri pari | *gerade Zahlen* |

165 b) Adverbiale Ausdrücke und Wendungen in adjektivischem Gebrauch: **dappoco, dabbene, perbene.**

| | |
|---|---|
| individuo dappoco | *unbedeutendes Individuum* |
| individui dappoco | *unbedeutende Individuen* |
| persona dappoco | *unbedeutende Person* |
| persone dappoco | *unbedeutende Personen* |

166 c) Adjektivisch verwendete Nomina, die Farben bezeichnen: **viola, rosa, lilla, arancio, marrone.** Bei **arancio** findet sich auch der f. Pl. **arance,** bei **marrone** gibt es auch den Pl. **marroni.**

| | |
|---|---|
| abito **rosa** | *rosa Gewand* |
| abiti **rosa** | *rosa Gewänder* |
| maglia **rosa** | *rosa Leibchen* |
| maglie **rosa** | *rosa Leibchen* (Pl.) |

167 d) Adjektive, die aus der Vorsilbe **anti + nome** bestehen:

| | |
|---|---|
| fari **antinebbia** | *Nebelscheinwerfer* |
| cannoni **anticarro** | *Panzerabwehrkanonen* |

168 e) Adjektive, die auf **betonten Vokal** oder auf **Konsonant** enden:

| | |
|---|---|
| una gonna **blu** | *ein blauer Rock* |
| vestiti **snob** | *versnobte Kleider* |

169 f) Farbadjektive, die durch ein weiteres **Adjektiv** oder **Nomen** näher bestimmt werden:

| | |
|---|---|
| una gonn**a** ross**o** cup**o** | *ein dunkelroter Rock* |
| delle camic**e** verd**e** bottig**lia** | *flaschengrüne Hemden* |

170 Die Adjektive auf **-ista** haben im S. nur **eine Form,** im Pl. jedoch **zwei Formen (-isti, -iste):**

| | |
|---|---|
| un grido entusiast**a** | *ein enthusiastischer Schrei* |
| gridi/a entusiast**i/e** | *enthusiastische Schreie* |
| un'opinione progressist**a** | *progressive Meinung* |
| opinioni progressist**e** | *progressive Meinungen* |

171 Die Adjektive auf **-co** bilden den Pl. auf **-chi,** wenn sie auf der vorletzten Silbe betont sind:

| | |
|---|---|
| fran**co** – fran**chi** | *frei* |
| bian**co** – bian**chi** | *weiß* |
| stan**co** – stan**chi** | *müde* |

NB

| | |
|---|---|
| ami**co** – ami**ci** | *befreundet* |
| nemi**co** – nemi**ci** | *feindlich* |
| gre**co** – gre**ci** | *griechisch* |

**172** Sind die Adjektive auf **-co** auf der drittletzten Silbe betont, so bilden sie den Pl. auf **-ci:**

| | |
|---|---|
| geografi**co** – geografi**ci** | *geographisch* |
| pacifi**co** – pacifi**ci** | *friedlich* |

| | |
|---|---|
| cari**co** – cari**chi** | *beladen* |
| dimenti**co** – dimenti**chi** | *vergesslich* |

**173** Die Adjektive auf **-go** bilden den Pl. auf **-ghi:**

| | |
|---|---|
| analo**go** – analo**ghi** | *entsprechend* |
| lar**go** – lar**ghi** | *breit* |
| lun**go** – lun**ghi** | *lang* |

**174** Die Adjektive auf **-ca** und **-ga** bilden den Pl. immer auf **-che** und **-ghe:**

| | |
|---|---|
| ami**ca** – ami**che** | *befreundet* |
| gre**ca** – gre**che** | *griechisch* |
| geografi**ca** – geografi**che** | *geographisch* |

**175** Die Adjektive auf **-io** bilden den Pl. auf **-i:**

| | |
|---|---|
| var**io** – var**i** | *unterschiedlich, verschieden* |
| propr**io** –propr**i** | *eigen* |

Aber: pio – p**ii** (das **i** von pio ist betont)

**176** Bei den zusammengesetzten Adjektiven wird nur das **zweite** Adjektiv übereingestimmt:

| | |
|---|---|
| un ragazzo **sordomuto** | *ein taubstummer Junge* |
| ragazzi **sordomuti** | *taubstumme Jungen* |
| una ragazza **sordomuta** | *ein taubstummes Mädchen* |
| ragazze **sordomute** | *taubstumme Mädchen* |
| una società **franco-italiana** | *eine französisch-italienische Gesellschaft* |
| due società **franco-italiane** | *zwei französisch-italienische Gesellschaften* |

**177** Einige Adjektive bilden, wenn sie **vor** dem Nomen stehen, Sonderformen.

| **bello** *schön* (Formen wie bestimmter Artikel) | | | |
|---|---|---|---|
| | S. | Pl. | |
| m. | bel libro | bei libri | vor Konsonant |
| | bell'uomo | begli uomini | vor Vokal |
| | bello zio | begli zii | vor s + Kons. , vor z und einigen anderen Konsonantenverbindungen (s. 118, 119) |
| f. | bella casa | belle case | vor Konsonant |
| | bell'azione | belle azioni | vor Vokal |

| buono *gut* | | | |
|---|---|---|---|
| | S. | Pl. | |
| m. | buon libro<br>buon amico<br>buono zio<br>auch: buon zio | buoni libri<br>buoni amici<br>buoni zii | vor Konsonant<br>vor Vokal<br>vor s + Kons. usw.<br>(s. 118,119) |
| f. | buona madre<br>buon'amica | buone madri<br>buone amiche | vor Konsonant<br>vor Vokal |

Vor den f. Nomina, die mit **Vokal** anlauten, ist auch die **Vollform** möglich.

una **bella** opera *eine schöne Oper* una **buona** amica *eine gute Freundin*

178 **grande:** Vor m. Nomina, die mit Konsonanten anlauten, verwendet man **gran,** außer vor s + Konsonant, vor z- und einigen anderen Konsonantenverbindungen (s. 119).

gra**n** **p**iacere *großes Vergnügen* gran**de** **sc**opo *großes Ziel*
gran**di** **p**iaceri *große Vergnügen* gran**di** **sc**opi *große Ziele*

Jedoch ist aus rhetorischen Gründen auch die Vollform möglich:

gra**nde** piacere

179 **santo:** Vor m. Nomina, die mit Konsonanten anlauten, verwendet man **san,** außer vor **s + Kons., z-** und anderen Konsonantenverbindungen (s. 119). Vor m. und f. Nomina, die mit Vokal anlauten, verwendet man **sant'.** Vor den Namen der Heiligen und den Bezeichnungen der Kirchen und Kapellen wird mit **S.** abgekürzt. Oft findet sich auch die Abkürzung SS. (= Santi/e oder Santissimo/a, wobei sich in der ersten Bedeutung auch Ss. findet).

**San** Paolo Fuori le Mura *Sankt Paul vor den Mauern* **S.** Paolo…
**Sant'**Antonio *Hl. Antonius* **S.** Antonio
**Santo** Stefano *Sankt Stephan* **S.** Stefano
**Sant'**Agnese *Hl. Agnes* **S.** Agnese
**Santi** Apostoli *Heilige Apostel* **SS./Ss.** Apostoli
**Santissima** Trinità *Allerheiligste Dreifaltigkeit* **SS.** Trinità

## 180 Die Übereinstimmung des Adjektivs

Das Adjektiv stimmt **mit dem Nomen,** das es näher bestimmt, überein, und zwar sowohl in **attributiver** als auch in **prädikativer Stellung.**

Una **bella storia** *eine schöne Geschichte* – attributiv
Questa **storia** è **bella.** *Diese Geschichte ist schön.* – prädikativ

181 Bei der Übereinstimmung des **attributiven Adjektivs,** das sich auf zwei oder mehrere Nomina bezieht, gibt es folgende Möglichkeiten:

a) alle Nomina sind f. Das Adjektiv steht im f. Pl.

Cerco una gonn**a** e una camicett**a** giall**e.**
*Ich suche einen gelben Rock und eine gelbe Bluse.*

b) Nicht alle Nomina sind f.; alle Nomina sind m. Das Adjektiv steht im m. Pl.

Porta cravatt**a** e cappell**o** ner**i.**
*Er trägt eine schwarze Krawatte und einen schwarzen Hut.*

Cerco un cappott**o** e un cappell**o** ner**i.**
*Ich suche einen schwarzen Mantel und einen schwarzen Hut.*

Gewöhnlich vermeidet man das Zusammentreffen eines f. Nomens und eines m. Adjektivs.

* Porta guanti e scarpe gialli.
**Besser:** Porta scarpe e guanti gialli.
*Er trägt gelbe Schuhe und gelbe Handschuhe.*

c) Das Adjektiv wird bloß mit dem ihm am nächsten stehenden Nomen übereingestimmt. Diese Konstruktion ist jedoch mehrdeutig, das Adjektiv könnte sich auch bloß auf das letzte Nomen beziehen.

lingua e letteratura italian**a** *italienische Sprache und Literatur*
Es handelt sich dabei um einen einzigen Begriff.

Ho comprato un abito e un cappello **nuovo/nuovi.**
*Ich habe einen neuen Anzug und einen neuen Hut gekauft.*
Hier bezieht sich **nuovo** eindeutig auf beide, da man im Normalfall eben neue Anzüge kauft.

182 Ein vorangestelltes Adjektiv wird **immer mit dem ihm am nächsten stehenden** Nomen übereingestimmt.

**buonissime paste** e dolci *hervorragende Kuchen und Süßspeisen*
**completa pace** e silenzio *völlige Ruhe und Stille*

183 Bezieht sich das **prädikative Adjektiv** auf mehrere Nomina, steht es auf jeden Fall im Plural, und zwar

a) wenn alle Nomina f. sind, im Pl. f.

La gonn**a** e la camicett**a** erano giall**e.**
*Der Rock und die Bluse waren gelb.*

b) in allen anderen Fällen im Pl. m.

Il cappott**o** e il cappell**o** erano ner**i.**
*Der Mantel und der Hut waren schwarz.*

La cravatt**a** e il cappell**o** erano ner**i.**
*Die Krawatte und der Hut waren schwarz.*

184 ## Die Stellung des attributiven Adjektivs

Grundsätzlich ist die Stellung des attributiven Adjektivs frei. Dennoch lassen sich gewisse Richtlinien erstellen. Adjektive stehen **hinter** dem Nomen, wenn sie **distinktive** oder **restriktive** Funktion haben, das heißt, wenn sie durch die bezeichnete Eigenschaft den betreffenden Gegenstand/die betreffende Person von anderen unterscheiden. Sie stehen hingegen oft vor dem Nomen, wenn sie bloße Beiwörter sind, die sich nicht auf das Wesentliche des Gegenstandes/der Person beziehen.

Si è seduta sulla **poltrona vecchia.** *Sie setzte sich in den alten Sessel.*
Es sind mehrere Sessel da, von denen nur einer alt ist. – **distinktives Merkmal**

Si è seduta sulla **vecchia poltrona.**
Die Übersetzung im Deutschen ist dieselbe wie oben, jedoch mit anderer Satzmelodie; der Sessel ist alt, das heißt aber nicht, dass er sich dadurch von den anderen unterscheidet, dass nicht auch noch andere alte Sessel da waren.
– **deskriptive Funktion.**

Wir sprechen im ersten Fall von einem **notwendigen,** im zweiten Fall von einem **nicht notwendigen** attributiven Adjektiv. Demnach steht das Adjektiv gewöhnlich **hinter dem Nomen:**

185 a) wenn es **eine Farbe, eine Religion, eine Nationalität** bezeichnet.

un fiore **giallo** *eine gelbe Blume*
la fede **cattolica** *der katholische Glaube*
una donna **italiana** *eine italienische Frau*

b) wenn es von **Eigennamen abgeleitet** ist.

i ponti **romani** *die römischen Brücken*
la politica **giolittiana** *die Politik Giolittis*

186 In manchen Fällen sind andere Kriterien für die Nachstellung des Adjektivs entscheidend. So stehen hinter dem Nomen:

a) Adjektive, die die **Form eines Partizips** haben.

Ci sono mele **cotte?** *Gibt es Apfelmus?*

b) **unveränderliche** Adjektive.

impianto **Hi-Fi** *Stereoanlage*

c) Adjektive, die selbst **näher bestimmt** sind.

uomo **sveglio di mente** *ein Mann von lebhaftem Geist*
una passeggiata **molto lunga** *ein sehr langer Spaziergang*

Ist ein Adjektiv durch **più** oder **bene** näher bestimmt, so **kann** es auch **vor dem Nomen** stehen.

**un più facile** successo *ein leichterer Erfolg*
**una ben triste** vicenda *ein sehr trauriges Ereignis*

d) Adjektive mit **Suffix.**

una valigia pesant**uccia** *ein ziemlich schwerer Koffer*
un pacco gross**etto** *ein sehr großes Paket*

e) Adjektive, die zur **Verstärkung** wiederholt werden.

Scrivimi una lettera **lunga lunga!** *Schreib mir einen ganz langen Brief!*

f) Adjektive, die (wesentlich) **länger** oder **gewichtiger** sind als das Nomen.

un vino **eccellente** *ein hervorragender Wein*

**187** Außer den schon erwähnten **deskriptiven** stehen gewisse häufige, meist **ein-** oder **zweisilbige** Adjektive gewöhnlich v**or dem Nomen:**

bello *schön*, buono *gut*, caro *lieb*, cattivo *schlecht*, giovane *jung*, grande *groß*, piccolo *klein*, santo *heilig*, strano *seltsam*, vecchio *alt*.

una **piccola** città *eine kleine Stadt*
un **bel** fiore *eine schöne Blume*

Ebenso vor dem Nomen stehen **schmückende Beiwörter** in formelhaft gebrauchten Wortgruppen.

la **candida neve** *der weiße Schnee*

**188** Einige Adjektive ändern ihre Bedeutung, je nachdem, ob sie vor oder hinter dem Nomen stehen.

| | |
|---|---|
| un **buon** uomo *ein guter Kerl* | un uomo **buono** *ein guter Mensch* |
| un **caro** saluto *ein lieber Gruß* | un albergo **caro** *ein teures Hotel* |
| **diversi** vestiti *mehrere Kleider* | vestiti **diversi** *verschiedene Kleider* |
| un **grand'**uomo *ein bedeutender Mann* | un uomo **grande** *ein groß gewachsener Mann* |
| un **bravo** ragazzo *ein anständiger Junge* | un ragazzo **bravo** *ein tüchtiger Junge* |
| **certe** notizie *gewisse Nachrichten* | notizie **certe** *zuverlässige Nachrichten* |
| una **nuova** camicia *ein frisches Hemd* | una camicia **nuova** *ein neues Hemd* |
| **numerose** famiglie *viele Familien* | famiglie **numerose** *kinderreiche Familien* |
| un **pover'**uomo *ein armer Kerl* | un uomo **povero** *ein mittelloser Mensch* |
| una **semplice** domanda *nur eine Frage* | una domanda **semplice** *eine einfache Frage* |
| un **unico** libro *nur ein einziges Buch* | un libro **unico** *ein einzigartiges Buch* |
| un **vecchio** amico *ein alter/vertrauter Freund* | un amico **vecchio** *ein alter/betagter Freund* |

**189** Stehen bei einem Nomen zwei oder mehrere Adjektive, so folgen sie den angeführten Regeln.

una **vasta** piazza **coperta di neve**
*ein weiter, schneebedeckter Platz*

un avversario **duro, crudele e spietato**
*ein harter, grausamer und erbarmungsloser Gegner*

190 **Die Vergleichsformen des Adjektivs**
(i gradi dell'aggettivo qualificativo)

Es können **zwei Nomina (Pronomina)** oder **zwei Adjektive** einander gegenübergestellt werden.

**Giulio** è più grande **di Carlo.**
*Giulio ist größer als Carlo.* – Zwei Nomina werden verglichen.

La lettura di questo libro è più **utile** che **piacevole.**
*Die Lektüre dieses Buches ist mehr nützlich als angenehm.*
– Zwei Eigenschaften/Adjektive werden einander gegenübergestellt.

191 **Der Komparativ** (il comparativo)

wird mit **più** (Mehrstufe) und mit **meno** (Minderstufe) und dem Adjektiv gebildet.

più grande *größer*
meno grande *weniger groß*

Das Vergleichswort ist **di** oder **che,** je nachdem, ob es zwischen den Wörtern verschiedener grammatischer Kategorien oder zwischen zwei Wörtern derselben grammatischen Kategorie steht.

Giulio è **più grande di Carlo.** *Giulio ist größer als Carlo.*

Giulio è **meno grande di Carlo.** *Giulio ist weniger groß als Carlo.*
In beiden Fällen steht **das Vergleichswort zwischen einem Adjektiv und einem Nomen, also zwischen verschiedenen Wortklassen.**

L'inverno è più rigido **a Torino** che **a Palermo.**
*Der Winter ist in Turin strenger als in Palermo.*

L'inverno è meno rigido **a Palermo** che **a Torino.**
*Der Winter ist in Palermo weniger streng als in Turin.*
In beiden Fällen steht das Vergleichswort **zwischen Vertretern derselben Wortklasse.**

La lettura di questo libro è più/meno **utile** che **interessante.**
*Die Lektüre dieses Buches ist mehr/weniger nützlich als interessant.*
Das Vergleichswort steht **zwischen zwei Adjektiven.**

Vor einem **Vergleichssatz** steht **di quanto,** seltener **che.**
Piero è più ragionevole **di quanto/che** non sembri.
*Piero ist vernünftiger, als es scheint.*

La notte fu più calma **di quanto/che** avessi creduto.
*Die Nacht war ruhiger, als ich geglaubt hatte.*

192 **Die Gleichheitsstufe** (comparativo di uguaglianza)

Wird mit der Grundstufe des Adjektivs gebildet. Vergleichswort ist **quanto** oder **come;** vor dem ersten Adjektiv kann **tanto** oder **così** stehen.

Giulio è **(tanto/così) grande quanto/come Mario.**
*Giulio ist ebenso groß wie Mario.*

Erica è **(tanto) bella quanto gentile.**
*Erica ist ebenso schön wie nett.*

## 193 Der Superlativ (il superlativo)

Der **relative Superlativ** (il superlativo relativo) wird gebildet, indem man vor den Komparativ den bestimmten Artikel setzt.

grande – più grande – il/la più grande *der/die/das größte*

meno grande – il/la meno grande *der/die/das am wenigsten große*

La nostra macchina è **la più veloce** di tutte.
*Unser Auto ist das schnellste von allen/ ist am schnellsten...*

Steht das Adjektiv im Superlativ hinter dem Nomen, so hat es keinen bestimmten Artikel und ist vom Komparativ nicht zu unterscheiden.

Questa scatola è **più grande.** *Diese Schachtel ist größer.*

Questa scatola è **la più grande.** *Diese Schachtel ist die größte/am größten.*

Ecco la scatola **più grande.** *Hier ist die größere/die größte Schachtel.*

Der **absolute Superlativ** (il superlativo assoluto) wird gebildet, indem man die Endung **-issimo/a** an den Stamm des Adj. anfügt. Er bezeichnet einen sehr hohen Grad des Adj.

un **carissimo** amico *ein sehr lieber Freund*

Ho **pochissimi** soldi. *Ich habe äußerst wenig Geld.*

Bei den Adjektiven auf **-io** bleibt das **-i-** erhalten, wenn es betont ist.

**pio** – p**ii**ssimo: una donna piissima *eine äußerst fromme Frau*

aber: vario – varissimo: un uomo con varissimi interessi
*ein Mann mit (den) verschiedensten Interessen*

NB! celebre – celeberrimo *überaus berühmt*

## 194 Unregelmäßige Vergleichsformen

| Grundstufe | Komparativ | Superlativ | | |
|---|---|---|---|---|
| | | relativer | absoluter | |
| cattivo/a | peggiore | il/la peggiore | pessimo/a | *schlecht* |
| buono/a | migliore | il/la migliore | ottimo/a | *gut* |
| grande | maggiore | il/la maggiore | massimo/a | *groß* |
| piccolo/a | minore | il/la minore | minimo/a | *klein* |
| molto/a | più | — | moltissimo/a | *viel* |
| poco/a | meno | — | pochissimo/a | *wenig* |

Carlo è un **ottimo** alunno. Nessuno è **migliore** di lui: è **il migliore.**
*Carlo ist ein ausgezeichneter Schüler, keiner ist besser als er: er ist der beste.*

Die ersten vier Adjektive der Tabelle bilden auch regelmäßige Steigerungsformen, die vor allem im eigentlichen – also nicht im übertragenen – Sinn verwendet werden.

Il sole è **più grande** della luna.
*Die Sonne ist größer als der Mond.*

I figli di mio fratello sono **più piccoli** dei miei.
*Die Kinder meines Bruders sind kleiner als meine.*

## 195 Die Abstufung durch Gradadverbien

Durch Gradadverbien können verschiedene Abstufungen (Intensität) des Adjektivs ausgedrückt werden.

| | | | |
|---|---|---|---|
| | molto | *sehr* | |
| | assai | *besonders* | |
| | oltremodo | *überaus* | |
| **Il nostro ultimo viaggio era** | estremamente | *äußerst* | **faticoso** |
| *Unsere letzte Reise war* | relativamente | *relativ* | *anstrengend* |
| | troppo | *zu (sehr)* | |
| | abbastanza | *ziemlich* | |
| | poco | *wenig* | |

Auch **tutto** (ganz, gänzlich, völlig) kann zur Verstärkung des Adjektivs verwendet werden; es nimmt Zahl und Geschlecht des Adjektivs an.

La cagna era **tutta** bagnata. *Die Hündin war ganz nass.*

I bambini erano **tutti** sporchi. *Die Kinder waren ganz schmutzig.*

Ebenso dienen die Vorsilben **stra-, ultra-** und **super-** zur Verstärkung des Adjektivs.

un industriale **straricco** *ein steinreicher Industrieller*

un vestito **ultramoderno** *ein hochmodernes Kleid*

un uomo **superintelligente** *ein höchst intelligenter Mann*

NB un apparecchio **supersonico** *Überschallflugzeug*

## 196 Übersicht über die Vergleichsformen des Adjektivs

| Vergleichsstufe | | Vergleichsform | Vergleichswort | Vergleichselement |
|---|---|---|---|---|
| Gleichheitsstufe | | Adjektiv | (tanto)… quanto<br>(così)… come | Pronomen<br>Nomen<br>Adjektiv<br>Teilsatz<br>Gliedsatz |
| Komparativ | Mehrstufe | più + Adjektiv | di/che | |
| | Minderstufe | meno + Adjektiv | | |
| Superlativ | Höchststufe | il/la più + Adjektiv | (di) | (tutti/e) |
| | Mindeststufe | il/la meno + Adjektiv | | |

197 # Die Numeralia
(aggettivi numerali)

198 ## Übersicht über die Numeralia

| | Kardinalzahl | Ordinalzahl | |
|---|---|---|---|
| 1 | uno/a | primo/a | |
| 2 | due | secondo/a | |
| 3 | tre | terzo/a | |
| 4 | quattro | quarto/a | |
| 5 | cinque | quinto/a | |
| 6 | sei | sesto/a | |
| 7 | sette | settimo/a | |
| 8 | otto | ottavo/a | |
| 9 | nove | nono/a | |
| 10 | dieci | decimo | |
| 11 | undici | undicesimo/a | (decimoprimo/a, undecimo/a) |
| 12 | dodici | dodicesimo/a | (decimosecondo/a, duodecimo/a) |
| 13 | tredici | tredicesimo/a | (decimoterzo/a) |
| 14 | quattordici | quattordicesimo/a | (decimoquarto/a) |
| 15 | quindici | quindicesimo/a | (decimoquinto/a) |
| 16 | sedici | sedicesimo/a | (decimosesto/a) |
| 17 | diciassette | diciassettesimo/a | (decimosettimo/a) |
| 18 | diciotto | diciottesimo/a | (decimottavo/a) |
| 19 | diciannove | diciannovesimo/a | (decimonono/a) |
| 20 | venti | ventesimo/a | (vigesimo/a) |
| 21 | ventuno | ventunesimo/a | (ventesimoprimo/a, vigesimoprimo/a) |
| 22 | ventidue | ventiduesimo/a | (ventesimosecondo/a, vigesimosecondo/a) |
| 23 | ventitré | ventitreesimo/a | (ventesimoterzo/a, vigesimoterzo/a) |
| 24 | ventiquattro | ventiquattresimo/a | (ventesimoquarto/a, vigesimoquarto/a) |
| 28 | ventotto | ventottesimo/a | (ventesimottavo/a, vigesimottavo/a) |
| 29 | ventinove | ventinovesimo/a | (ventesimonono/a, vigesimonono/a) |
| 30 | trenta | trentesimo/a | (trigesimo/a) |
| 31 | trentuno | trentunesimo/a | (trentesimoprimo/a, trigesimoprimo/a) |
| 32 | trentadue | trentaduesimo/a | (trentesimosecondo/a, trigesimosecondo/a) |
| 38 | trentotto | trentottesimo/a | (trentesimottavo/a, trigesimottavo/a) |
| 39 | trentanove | trentanovesimo/a | (trentesimonono/a, trigesimonono/a) |
| 40 | quaranta | quarantesimo/a | |
| 50 | cinquanta | cinquantesimo/a | |
| 60 | sessanta | sessantesimo/a | |
| 70 | settanta | settantesimo/a | |
| 80 | ottanta | ottantesimo/a | |
| 90 | novanta | novantesimo/a | |
| 100 | cento | centesimo/a | |
| 101 | cent(o)uno | centunesimo/a | (centesimoprimo/a) |
| 102 | centodue | centoduesimo/a | (centesimosecondo/a) |
| 103 | centotré | centotreesimo/a | (centesimoterzo/a) |

| | Kardinalzahl | Ordinalzahl | |
|---|---|---|---|
| 104 | centoquattro | centoquattresimo/a | (centesimoquarto/a) |
| 108 | centotto | centottesimo/a | (centesimottavo/a) |
| 109 | centonove | centonovesimo/a | (centesimonono/a) |
| 200 | duecento (dugento) | duecentesimo/a | (dugentesimo/a) |
| 300 | trecento | trecentesimo/a | |
| 400 | quattrocento | quattrocentesimo/a | |
| 500 | cinquecento | cinquecentesimo/a | |
| 600 | seicento | seicentesimo/a | |
| 700 | settecento | settecentesimo/a | |
| 800 | ottocento | ottocentesimo/a | |
| 900 | novecento | novecentesimo/a | |
| 1000 | mille | millesimo/a | |
| 1001 | milleuno (mille e uno/a) | millesimo primo/a | |
| 2000 | duemila | duemillesimo/a | |
| 3000 | tremila | tremillesimo/a | |
| 10000 | diecimila | diecimillesimo/a | |
| 100000 | centomila | centomillesimo/a | |
| 1000000 | un milione | milionesimo/a | |
| | un miliardo | miliardesimo/a | |

199

## Die Kardinalzahlen

(i numeri cardinali)

Steht **uno/a** vor dem Nomen, so wird es gleich dem unbestimmten Artikel **übereingestimmt.**

**un** banco *eine Bank*

**un** albero *ein Baum*

**uno** scolaro *ein Schüler*

**una** tavola *ein Tisch*

**un'**amica *eine Freundin*

Bei den mit **uno** zusammengesetzten Zahlen werden gewöhnlich die Kurzformen verwendet.

vent**un** anni *einundzwanzig Jahre*

trent**un** giorni *einunddreißig Tage*

ottant**un** righe *einundachtzig Zeilen*

Alle übrigen Kardinalzahlen bleiben unverändert.

Die **Zehnerzahlen ab venti** verlieren vor **uno/a** und **otto** den Endungsvokal, bei **cento** sind beide Formen möglich.

ven**tu**no (21), ven**to**tto (28), ottan**tu**no (81), ottan**to**tto (88), cen**t(o)u**no (101), cen**t(o)o**tto (108)

200 **Mille** hat die Pluralform **mila:** mille, duemila, cinquemila
**Milione** und **miliardo** sind **m. Nomina** und bilden daher den Plural regelmäßig auf **-i;** ebenso **bilione, trilione** usw. Folgt auf diese Zahlwörter ein Nomen, steht vor diesem **di.**

un milione **di** persone *1 Million Menschen*
due milioni **di** lire *2 Millionen Lire*
cinque milioni **di** dollari *5 Millionen Dollar*
un miliardo **di** abitanti *1 Milliarde Einwohner*
cinque miliardi **di** uomini *5 Milliarden Menschen*

201 Die zusammengesetzten Numeralia werden gewöhnlich in einem Wort geschrieben.

duecentonovantatré (293)
millenovecentonovantuno (1991)

Hingegen werden die Vielfachen von **milione** und **miliardo** getrennt geschrieben.

due milioni *2 Millionen*
trecento miliardi *300 Milliarden*

Die Zusammensetzungen mit **mille** können ebenfalls getrennt geschrieben werden.

mille novecento sessanta (1960)
le mille e una notte *Tausendundeine Nacht*

Ist die Endziffer einer zusammengesetzten Zahl **tre,** so steht auf dem **e** ein Akzent.

ventitr**é** (23)

202 Die Kardinalzahlen stehen gewöhnlich **vor dem Nomen.**

una tragedia in **cinque** atti *eine Tragödie in fünf Akten*
i **dieci** comandamenti *die Zehn Gebote*

203 In einigen Fällen kann die Kardinalzahl auch **hinter dem Nomen** stehen.

a) in der Amts- oder Geschäftssprache:

Vi abbiamo spedito sacchi **quarantasei** di farina.
*Wir haben Ihnen 46 Sack Mehl geliefert.*

b) bei bestimmten Zahlenangaben:

Il testo si trova a **pagina ventuno.**
*Der Text befindet sich auf Seite 21.*

La citazione si trova nel **volume quattro, pagina trentatré.**
*Das Zitat befindet sich in Band vier, Seite dreiunddreißig.*

204 Besonderheiten in der Verwendung der Kardinalzahlen:

a) Uhrzeit: Sono le (ore) tre. *Es ist drei Uhr.*
E' l'una. *Es ist ein Uhr.*

b) Datum: Quanti ne abbiamo oggi? – Il tre (di) novembre.
*„Den Wievielten haben wir heute?" „Den dritten November."*
Für den Ersten des Monats wird die **Ordnungszahl** verwendet.
**Il primo (di) maggio** è la festa del lavoro.
*Der Erste Mai ist der Tag der Arbeit.*

c) Angaben des Jahrzehnts: Negli **anni cinquanta** *in den fünfziger Jahren*

d) Jahreszahlen: Nacque nell'**anno sessanta** dopo Cristo.
*Er wurde im Jahre sechzig nach Christus geboren.*

## 205 Die Ordinalzahlen

(i numeri ordinali)

Die ersten zehn Ordinalzahlen haben eigene Formen, ab **undici** wird anstelle des Endungsvokals **-i, -a, -o** die Endung **-esimo/a** angefügt. Die in Klammern angeführten Ordinalzahlen sind Doppelformen. Sie gehören meist dem It. lett. an.
**Decimoprimo, decimosecondo,** die auch getrennt geschrieben werden können, treten meist bei Herrschernamen sowie bei Bezeichnungen von Jahrhunderten auf.

Carlo XII (Carlo dodicesimo oder decimosecondo)
Giovanni XXIII (Giovanni ventitreesimo oder ventesimoterzo oder vigesimoterzo)

206 Die Ordinalzahlen stehen gewöhnlich **vor dem Nomen.**

Abbiamo viaggiato in **prima** classe.
*Wir sind in der ersten Klasse gereist.*
Abito al **terzo** piano. *Ich wohne im dritten Stock.*

In einzelnen Fällen werden die Ordinalzahlen jedoch **nachgestellt,** z. B. bei Angaben von Kapiteln, Abschnitten usw.

capitolo **nono** *neuntes Kapitel* — atto **quarto** *vierter Akt*
paragrafo **settimo** *Paragraph sieben* — scena **prima** *erste Szene*

207 Es gibt im Italienischen zwei Arten, das Jahrhundert anzugeben:

a) mit der vorangestellten (seltener nachgestellten) Ordnungszahl

il primo secolo *das erste Jh.* — il secolo nono *das neunte Jh.*
il tredicesimo secolo *das dreizehnte Jh.* — il ventesimo secolo *das zwanzigste Jh.*

b) mit der (großgeschriebenen) Kardinalzahl ab dem 13. Jahrhundert

il secolo XIII = il Duecento (1201–1300) *dreizehntes Jahrhundert*
il secolo XIV = il Trecento (1301–1400) *vierzehntes Jahrhundert*
il secolo XV = il Quattrocento (1401–1500) *fünfzehntes Jahrhundert*
il secolo XVI = il Cinquecento (1501–1600) *sechzehntes Jahrhundert*
il secolo XVII = il Seicento (1601–1700) *siebzehntes Jahrhundert*
il secolo XVIII = il Settecento (1701–1800) *achtzehntes Jahrhundert*
il secolo XIX = l'Ottocento (1801–1900) *neunzehntes Jahrhundert*
il secolo XX = il Novecento (1901–2000) *zwanzigstes Jahrhundert*

Die Bezeichnungen **Duecento, Trecento** usw. finden vor allem in kulturhistorischen Zusammenhängen Verwendung.

208

## Die Vervielfältigungszahlen
(i numerali moltiplicativi)

Die Vervielfältigungszahlen drücken eine zwei- oder mehrfache Menge aus oder zeigen an, aus wie vielen Elementen eine Sache besteht.

| Grundzahl | Vervielfältigungszahl | | |
|---|---|---|---|
| 2 | doppio | duplice | due volte |
| 3 | triplo | triplice | tre volte |
| 4 | quadruplo | quadruplice | quattro volte |
| 5 | quintuplo | quintuplice | cinque volte |

un doppio whisky *ein doppelter Whisky*
un triplice scopo *ein dreifacher Zweck*

NB La Triplice Alleanza *die Tripelentente*

Gelegentlich werden die beiden Arten unterschiedslos gebraucht.

una fattura in doppia/duplice copia
*eine Rechnung in zweifacher Ausfertigung*

Gewöhnlich geht man im Gebrauch der Vervielfältigungszahlen über **quadruplo/quadruplice** nicht hinaus, man verwendet dann **cinque volte, sei volte** usw.

Questa strada ha una lunghezza **cinque volte** maggiore dell'altra.
*Diese Straße hat die fünffache Länge der anderen.*

Mit dem bestimmten Artikel werden die Vervielfältigungszahlen zu **Nomina.**

Quest'orologio vale **il doppio** dell'altro.
*Diese Uhr ist doppelt so viel wert wie die andere.*

Ce ne voleva **il triplo.** *Das Dreifache wäre notwendig gewesen.*

Auch die zusammengesetzten Formen können auf diese Weise verwendet werden.

Quest'orologio vale **tre volte** l'altro. *Diese Uhr ist dreimal so viel wert wie die andere.*

Ce ne voleva **tre volte** tanto. *Es wäre dreimal so viel notwendig gewesen.*

209 ## Die Sammelzahlen
(i numerali collettivi)

| Grundzahl | Sammelzahl | Erläuterungen/Beispiel |
|---|---|---|
| 2 | coppia/paio | *Paar:*<br>**paio** nur für Gegenstände:<br>un paio di guanti *ein Paar Handschuhe*<br>**coppia** für Menschen und Tiere:<br>una coppia di fidanzati *ein verlobtes Paar*<br>una coppia di buoi *ein Ochsenpaar*<br>**paio** kann auch *ein paar, einige* bedeuten:<br>Vorremmo restare un paio di giorni.<br>*Wir möchten ein paar Tage bleiben.* |
| 10 | d(i)ecina | *ungefähr zehn*<br>Te l'ho ripetuto una **d(i)ecina di** volte!<br>*Ich hab dir's schon zehnmal gesagt.*<br>C'erano **una d(i)ecina** di persone nella sala d'attesa.<br>*Im Warteraum waren etwa zehn Personen.* |
| 12 | dozzina | *Dutzend*<br>Bezeichnet genau *zwölf* bei Dingen, die zu zwölft verkauft oder verwendet werden:<br>**una dozzina** di uova *1 Dutzend Eier*<br>In den übrigen Fällen bedeutet es *ungefähr zwölf.*<br>Ti ho telefonato **una dozzina** di volte.<br>*Ich hab dich etwa ein Dutzend Mal angerufen.* |
| 20 | ventina | *ungefähr zwanzig*<br>In questa sala ci sono **una ventina** di persone.<br>*In diesem Raum sind ungefähr zwanzig Personen.* |
| 100 | centinaio | *ungefähr hundert*<br>**un centinaio** di persone *etwa hundert Personen* |
| 1000 | migliaio | *ungefähr tausend*<br>Ho in tasca **un migliaio** di lire.<br>*Ich habe ungefähr tausend Lire in der Tasche.* |

Vor den Sammelzahlen im S. steht immer der unbestimmte Artikel. Folgt auf die Sammelzahl ein Nomen, so muss zwischen den beiden die Präposition **di** stehen.

210 **D(i)ecina, dozzina** usw. bilden einen Plural auf **-e.** Sie bezeichnen dann eine nicht näher bestimmte Anzahl, die ein Vielfaches von 10, 12 usw. darstellt.

**D(i)ecine di** persone erano venute.

**Dozzine di** persone erano venute.

Im Dt. in beiden Fällen: *Dutzende Menschen waren gekommen.*

211 **Centinaio** und **migliaio** bilden einen Plural auf **-a.**

**Centinaia/migliaia** di persone erano venute.
*Hunderte/Tausende Menschen waren gekommen.*

Zur Verstärkung können die Sammelzahlen wiederholt werden.

C'erano **d(i)ecine e d(i)ecine** di morti.
*Es gab Dutzende und Aberdutzende Tote.*

Die ungefähre Anzahl kann auch mit Hilfe der **Kardinalzahl,** vor die man **circa** oder **più o meno** setzt, ausgedrückt werden.

C'erano **circa venticinque** persone nella sala.
*Es waren etwa fünfundzwanzig Personen im Raum.*

212 Zu den Sammelzahlen zählen noch folgende Formen:

a) zur Bezeichnung von Zeiträumen von zwei, drei usw. Jahren: **biennio, triennio, quadriennio, decennio, ventennio.**

**un triennio di** ricerche *drei Jahre Nachforschungen*

Dazu die Adjektive: **biennale** (auch duennale) *zweijährlich*, **triennale** *dreijährlich*, **ventenne** *zwanzigjährig*, **novantenne** *neunzigjährig*, **settuagenario** *siebzigjährig*, **nonagenario** *neunzigjährig*, **centenario** *hundertjährig*.

un'esposizione **triennale** *eine Ausstellung, die alle drei Jahre stattfindet*

una ragazza **tredicenne** *ein dreizehnjähriges Mädchen*

un albero **centenario** *ein hundertjähriger Baum*

b) zur Bezeichnung von Zeiträumen von zwei, drei usw. Monaten: **bimestre, trimestre, quadrimestre, semestre.**

Dazu die Adjektive: **bimestrale, trimestrale** usw.

un periodico **bimestrale** *Zweimonatszeitschrift*

un corso di studi **trimestrale** *ein dreimonatiger Studienlehrgang*

213 ## Die Bruchzahlen

(i numeri frazionali)

Im **Zähler** (numeratore) steht die **Kardinalzahl,** im **Nenner** (denominatore) die **Ordinalzahl.**

1/3 = un terzo, 1/4 = un quarto, 3/20 = tre ventesimi usw.

NB! 1/2 = un mezzo, la metà: 4 è la metà (un mezzo) di 8.

*4 ist die Hälfte von 8.*

1/2 l = mezzo litro

NB! **un** mezzo litro = *ca. 1/2 l*

214 ## Mengenangaben, Maße, Gewichte

| | | | |
|---|---|---|---|
| 1 g | un grammo | 1 m | un metro |
| 100 g | un etto(grammo) | 1 cm | un centimetro |
| 300 g | tre etti | 1 mm | un millimetro |
| 1 kg | un chilo(grammo) | 1 km | un chilometro |
| 3 kg | tre chili | 1 $m^2$ | un metro quadrato |
| 100 kg | un quintale | 1 $m^3$ | un metro cubo |
| 1 t | una tonnellata | | |

Folgt auf Mengenangaben, Maße oder Gewichte ein Nomen, so muss die Präposition **di** stehen.

| | |
|---|---|
| due metri **di** cavo | *zwei Meter Kabel* |
| una tazza **di** caffè | *eine Tasse Kaffee* |
| un bicchiere **di** vino | *ein Glas Wein* |
| due litri **di** latte | *zwei Liter Milch* |
| tre quarti **d'**ora | *Dreiviertelstunde* |
| due etti **di** salame | *200 g Wurst* |
| un chilo **di** pesche | *ein Kilo Pfirsiche* |
| due metri cubi **di** acqua | *zwei Kubikmeter Wasser* |
| un po' **di** sale | *etwas Salz* |
| auch mit abstrakten Begriffen: | |
| un po' **di pazienza** | *etwas Geduld* |
| una certa quantità **di** ferro | *eine bestimmte Menge Eisen* |

215 # Die adjektivischen (unselbständigen) Pronomina
(gli aggettivi indicativi)

Dazu zählen die (adjektivisch gebrauchten) Possessiv-, Demonstrativ- und Indefinitpronomina. Im weiteren Sinne zählen dazu auch die Interrogativpronomina und die Numeralia (s. 16 u. 197 ff.).

216 # Das adjektivische (unselbständige) Possessivpronomen
(l'aggettivo possessivo)

**Übersicht über die Possessivpronomina**

| Besitzer | | ein Besitz | | mehr als ein Besitz | | Übersetzung |
|---|---|---|---|---|---|---|
| | Person | m. | f. | m. | f. | |
| ein Besitzer | 1.<br>2.<br>3. | mio<br>tuo<br>suo | mia<br>tua<br>sua | miei<br>tuoi<br>suoi | mie<br>tue<br>sue | *mein*<br>*dein*<br>*sein/ihr* |
| mehr als ein Besitzer | 1.<br>2.<br>3. | nostro<br>vostro<br>loro | nostra<br>vostra | nostri<br>vostri | nostre<br>vostre | *unser*<br>*euer/Ihr*<br>*ihr/Ihr* |

217 Das Possessivpronomen wird in der Person mit dem Besitzer/den Besitzern, in Numerus und Genus mit dem Besitz übereingestimmt. Nur **loro** ist unveränderlich. In der 3. Pers. S. ist das Genus des Besitzers aus dem Possessivpronomen nicht ersichtlich (kein Unterschied, der dem deutschen **sein/ihr** entspricht).

| | |
|---|---|
| **il mio** gatto | *meine Katze* |
| **il suo** gatto | *seine/ihre Katze* |
| **i suoi** gatti | *seine/ihre Katzen* |
| **i miei** gatti | *meine Katzen* |
| **la mia** macchina | *mein Auto* |
| **la sua** macchina | *sein/ihr Auto* |
| **le sue** macchine | *seine/ihre Autos* |
| **il loro** gatto | *ihre Katze* (mehrere Besitzer, ein Besitz) |
| **i loro** gatti | *ihre Katzen* (mehrere Besitzer, mehrere Besitze) |
| **la loro** macchina | *ihr Auto* (mehrere Besitzer, ein Besitz) |
| **le loro** macchine | *ihre Autos* (mehrere Besitzer, mehrere Besitze) |

Wenn die Unterscheidung *sein*/vs/*ihr* nicht aus dem Zusammenhang hervorgeht, verwendet man **di lui, di lei:**

il gatto **di lui** *seine Katze*

il gatto **di lei** *ihre Katze*

Im älteren It. und in der modernen Amtssprache verwendet man auch
**il di lui/di lei fratello** *sein/ihr Bruder*

218 Bezieht sich **suo/a** auf das Subjekt, so kann man das Possessivpronomen durch **proprio/a** ersetzen:

Ugo prese **le proprie** carte.
*Ugo hat seine eigenen/die eigenen Karten genommen.*

219 Bei den **unpersönlichen Wendungen** verwendet man meist **proprio/a:**

Bisogna difendere le **proprie** idee.
*Man muss seine Ideen verteidigen.*

220 Ist das Subjekt ein **Indefinitpronomen,** so ist gleichfalls **proprio** vorzuziehen:

**Ciascuno** è artefice del **proprio** destino.
*Jeder ist seines Glückes Schmied.*

**Tutti** possono esprimere il **proprio** pensiero.
*Alle können/dürfen ihre eigenen Gedanken ausdrücken.*

221 **Proprio** dient auch zur Verstärkung des Possessivpronomens:

L'ho visto con i **miei propri** occhi.
*Ich habe es mit (meinen) eigenen Augen gesehen.*

222 Das adjektivische Possessivpronomen verhält sich zum Artikel, zum adjektivischen Demonstrativpronomen oder zu den Numeralia wie das Adjektiv. Nur gewisse Verwandtschaftsbeziehungen stehen ohne bestimmten Artikel.

**il** mio amico *mein Freund*

**un** mio amico *ein Freund von mir/einer meiner Freunde*

**questo** vostro sbaglio *dieser Fehler von euch*

NB mio fratello/un mio fratello/due miei fratelli/questo mio fratello

*mein Bruder/einer meiner Brüder/zwei Brüder von mir, zwei meiner Brüder/dieser Bruder von mir*

(s. 131, 222, 223)

223 Der bestimmte Artikel wird ferner weggelassen, wenn das durch das Possessivpronomen bestimmte Nomen Gleichsetzungsglied des Objektes ist:

Li consideriamo **nostri amici.** *Wir betrachten sie als unsere Freunde.*

L'hai accettata come **tua collega?** *Hast du sie als deine Kollegin akzeptiert?*

224 # Das adjektivische (unselbständige) Demonstrativpronomen
(l'aggettivo dimostrativo)

| Singular | | Plural | | Übersetzung |
|---|---|---|---|---|
| m. | f. | m. | f. | |
| questo<br>(quest') | questa<br>(quest') | questi | queste | *dieser/-e/-es* |
| quel<br>quell'<br>quello | quella<br>quell' | quei<br>quegli<br>(quegl') | quelle | *jener/-e/-es* |

225 **Questo** bezieht sich auf die Sphäre des Sprechers, auf eine Person oder Sache, die sich in der Nähe des Sprechers befindet.

**Questa bambina** cresce a vista d'occhio.
*Diesem Mädchen kann man beim Wachsen zuschauen.* örtliche Nähe

**Questo pomeriggio** vado al cinema.
*Heute Nachmittag gehe ich ins Kino.* zeitliche Nähe

**Queste bugie** non mi piacciono.
*Diese Lügen gefallen mir nicht.* Nähe im Gespräch

**Questo/a** kann vor Vokal zu **quest'** verkürzt werden.

**Quest'**anno *in diesem Jahr* **Quest'**isola *diese Insel*

Im It. p. werden oft die Formen auf **sto, sta, sti** und **ste** verkürzt. Mit diesen Kurzformen werden einige Adverbien gebildet: stamattina *heute Morgen*, stasera *heute Abend*, stavolta *diesmal*, stanotte *heute Nacht.*

226 **Quello/a** bezieht sich auf die Sphäre der zweiten und dritten Person, also auf alles, was nicht die Sphäre des Sprechers ist, auf eine Person oder Sache, die vom Sprecher (weiter) entfernt ist.

Conosci **quel signore?**
*Kennst du jenen Herrn dort?* örtliche Entfernung

**Quell'anno,** la raccolta fu abbondantissima.
*Damals (= in jenem Jahr) war die Ernte sehr reichlich.* zeitliche Entfernung

Cercherò di seguire **quei consigli.**
*Ich werde versuchen, diese/jene Ratschläge zu befolgen.* Entfernung in der Rede

**Quel** steht vor M. mit Konsonant im Anlaut, soweit sie nicht unter **quello** angeführt sind: quel cavallo *dieses/jenes Pferd*, quel tavolo *dieser/jener Tisch*

**Quello** steht vor M., die mit **z-, s + Konsonant, gn-, ps-, pn-** oder **i/y + Vokal** anlauten: quello zio *dieser/jener Onkel*, quello scolaro *dieser/jener Schüler* (s. 119)

**Quell'** steht vor m. bzw. f. Nomina, die mit Vokal anlauten:
quell' orologio *diese/jene Uhr*, quell'energia *diese/jene Energie*

**Quella** steht vor F., die mit **Konsonant** anlauten:
quella camera *dieses/jenes Zimmer*, quella zia *diese/jene Tante*

**Quei** steht vor M. im Pl., die im S. **quel** haben:
quei cavalli *diese/jene Pferde*, quei tavoli *diese/jene Tische*

**Quegli** steht vor jenen M. im Pl., die im S. **quell'** oder **quello** haben:
quegli amici *diese/ jene Freunde*, quegli scolari *diese/jene Schüler*, quegli zii *diese/jene Onkel*

**Quegl'** kann vor M. im Pl. stehen, die mit **i-** anlauten:
quegl'individui *diese/jene Individuen*

**Quelle** steht vor allen F. im Pl.:
quelle amiche *diese/jene Freundinnen*, quelle persone *diese/jene Personen*

Ob im Deutschen *dieser, jener, der da/dort* usw. für **quello** steht, kann nur aus dem jeweiligen Zusammenhang bzw. aus der jeweiligen Situation hervorgehen.

Das It. kennt noch ein drittes adjektivisches Demonstrativpronomen, **codesto/a,** dessen Gebrauch heute jedoch auf die **Toskana** und auf das **It. lett.** beschränkt ist. Es gehört in die Sphäre des **Angeredeten,** des **Gesprächspartners.**

Dove vai con **codesta pipa** in bocca?
*Wo gehst du mit dieser Pfeife im Mund hin?*

227 Die adjektivischen Demonstrativpronomina können verstärkt werden durch

**questo/a** + Nomen + **qui/qua** *diese – da/dort*
**quello/a** + Nomen + **lì/là** *jene – da/dort*

Voglio **questo gelato qui.** *Ich möchte dieses Eis da.*

Prenda **questa penna qua.** *Nehmen Sie die(se) Feder dort.*

Chi è **quel tipo là?** *Wer ist denn dieser Kerl dort?*

228 Auch **stesso/a, medesimo/a** und **tale** sind adjektivische Demonstrativpronomina.

**stesso/a:** bedeutet vor dem Nomen *der-/die-/dasselbe.*

Marco e Paolo hanno **la stessa età.** *Marco und Paolo sind gleich alt.*
Siamo dello **stesso segno** zodiacale. *Wir haben dasselbe Sternzeichen.*

Nachgestellt hat **stesso** verstärkende Wirkung (selbst, sogar, persönlich):

Ti ha dato una copia? – No, mi ha dato **l'originale stesso.**
*„Hat er dir eine Kopie gegeben?" „Nein, er hat mir das Original gegeben."*

**medesimo/a** hat dieselbe Funktion wie **stesso,** gehört aber dem It. lett. an.

**tale:** *derartig, solch.*

**Tali cose** non si dicono tra amici.
*Solche Sachen sagt man unter Freunden nicht.*

229 **Das adjektivische (unselbständige) Indefinitpronomen**

(l'aggettivo indefinito)

Die adjektivischen Indefinitpronomina bezeichnen eine nicht näher bestimmte Menge, Anzahl, Größe, Identität. Einige davon werden nur im S. verwendet, einige bilden auch einen Pl., wobei ein gewisser Bedeutungsunterschied zwischen S. und Pl. bestehen kann.

230 **Übersicht über die adjektivischen Indefinitpronomina**

| Singular | | Plural | |
|---|---|---|---|
| ogni | *jede-* | – | |
| ciascuno/a | *jede- einzelne* | – | |
| qualunque | *irgendein-* *welche- auch immer* | – | |
| qualsiasi | *jegliche-* | – | |
| qualsivoglia | *irgendein-* | – | |
| nessuno/a | *kein-* | – | |
| qualche | *irgendein-* | – | |
| alcuno/a | *kein-* | alcuni/e | *einige* |
| taluno/a, certuno/a | *gewisse-* | taluni/e, certuni/e | *gewisse* |
| certo/a | *gewisse-* | certi/e | *gewisse* |
| tale | *solch ein-* | tali | *solche* |
| poco/a | *wenig* | pochi/e | *wenige* |
| alquanto/a | *ziemlich viel* | alquanti/e | *ziemlich viele* |
| parecchio/a | *ziemlich viel* | parecchi/ie | *ziemlich viele* |
| molto/a | *viel* | molti/e | *viele* |
| tanto/a | *so/sehr viel* | tanti/e | *so/sehr viele* |
| troppo/a | *zu viel* | troppi/e | *zu viele* |
| altrettanto/a | *ebenso viel* | altrettanti/e | *ebenso viele* |
| tutto/a | *ganz-* | tutti/e | *alle* |
| altro/a | *ander-* | altri/e | *andere* |
| diverso/a | *verschieden-* | diversi/e | *verschiedene* |
| vario/a | *verschieden-* *ziemlich viel* | vari/ie | *verschiedene* *ziemlich viele* |

Erläuterungen zu den adjektivischen Indefinitpronomina:

231 **ogni:** ist unveränderlich. Vor dem Nomen im S. bedeutet es *jeder*

**Ogni** mattina mi alzo alle sette. *Jeden Morgen stehe ich um 7 Uhr auf.*

ogni + Numerale + Nomen im Pl. hat distributive Bedeutung:

Vado a Napoli **ogni tre settimane.** *Ich fahre alle drei Wochen nach Neapel.*

232 **Ciascuno/a:** nur im S., Formen wie unbestimmter Artikel (s. 147)

Ho fatto un regalo a **ciascuna** ragazza. *Ich habe jedem Mädchen etwas geschenkt.*

233 **Qualunque:** unveränderlich; steht es vor dem Nomen, bedeutet es *welche/r... auch immer, jede/r... beliebige*

Telefonami a **qualunque ora.** *Ruf mich an, wann immer du willst.*

Una **qualunque risposta** bisogna dargliela.
*Irgendeine Antwort muss man ihm geben.*

Nachgestellt kann es abschätzige Bedeutung haben.

E' un uomo **qualunque.** *Er ist ein nichts sagender Mensch.*

234 **Qualsiasi, qualsivoglia:** wie **qualunque,** aber seltener gebraucht.

235 **Qualunque, qualsiasi, qualsivoglia** können auch dem Nomen im **Pl.** nachgestellt werden.

Sono piatti di porcellana, non piatti **qualsiasi.**
*Das sind Porzellanteller, nicht irgendwelche Teller.*

236 **Nessuno:** nur S., Formen wie unbestimmter Artikel (s. 147)

**Nessun** uomo è perfetto. *Kein Mensch ist vollkommen.*

**Nessuna/Nessun'**impresa è priva di ostacoli.
*Es gibt kein Vorhaben ohne Hindernisse.*

237 **Qualche:** unveränderlich, nur vor zählbarem Nomen im S.

Per le strade c'era solo **qualche** persona.
*Auf der Straße waren nur einige Leute.*

238 **Alcuno/a:** im S. Formen wie der unbestimmte Artikel (s. 147), im Pl. wie ein gewöhnliches Adjektiv. Im S. nur **negativ** gebraucht in Verbindung mit **non** oder **senza.**

**Non** posso darti **alcun** aiuto. *Ich kann dir keinerlei Hilfe leisten.*

E' una cosa **senza alcuna/alcun'**importanza.
*Das ist eine Angelegenheit ohne die geringste Bedeutung.*

Gli ho parlato **alcuni giorni** fa.
*Ich habe vor einigen Tagen mit ihm gesprochen.*

239 **Taluno/a, certuno/a:** fast ausschließlich im Pl. im It. lett.

E' meglio non parlare di **talune** persone.
*Von gewissen Personen spricht man besser nicht.*

240 **tale:** je eine Form für S. und Pl., im S. meist mit unbestimmtem Artikel. Steht bei Personen, über die der Sprecher keine genaueren Angaben machen kann oder will; bei Sachen bedeutet es *derart.*

C'è di là **un tale signor** Bianchi che desidera parlarti.
*Da ist ein gewisser Herr Bianchi, der mit dir zu sprechen wünscht.*

Non devi neppure pensare **tali cose.** *So etwas darfst du nicht einmal denken.*

241 **Tale** kann auch als adjektivisches Demonstrativpronomen verwendet werden. (s. 228)

242 **Poco/a:** bezeichnet eine geringe Menge.

C'è solo **poco pane.** *Es gibt nur wenig Brot.*

Mancano **pochi minuti** alla partenza del treno.
*Es fehlen (nur) noch wenige Minuten bis zur Abfahrt des Zuges.*

243 **Alquanto/a:** bezeichnet eine größere Menge zwischen **poco** und **molto.**

C'erano **alquante persone.** *Es waren einige/ziemlich viele Leute da.*

244 **Parecchio/a:** bezeichnet eine größere Menge, jedoch weniger als **molto.**

In questo periodo abbiamo **parecchio lavoro.** *Derzeit haben wir ziemlich viel Arbeit.*

Si fermerà da noi **parecchi giorni.** *Er wird sich etliche Tage bei uns aufhalten.*

245 **Tanto:** mehr als **molto.**

Abbiamo sprecato **tanto tempo.** *Wir haben so/sehr viel Zeit vergeudet.*

Gliel'ho detto **tante volte.** *Ich habe es ihm/ihr so oft gesagt.*

246 **Troppo/a:** drückt Überschuss aus.

Beve **troppo vino.** *Er/Sie trinkt zu viel Wein.*

Non mangiare **troppi dolci!** *Iss nicht zu viele Süßigkeiten!*

247 **Altrettanto/a:** zum Ausdruck gleicher Menge(n).

Domani dovrò fare **altrettanti compiti.**
*Morgen muss ich genauso viele Hausaufgaben machen.*

248 **Tutto/a:** Zwischen **tutto/a** und dem Nomen steht der **bestimmte Artikel** oder ein **adjektivisches Demonstrativpronomen.**

Ha girato **tutto il mondo.** *Er/Sie hat die ganze Welt bereist.*

Chi ti ha dato **tutte queste cose?** *Wer hat dir all(e) diese Sachen gegeben?*

Bei **Orts-** und **Personennamen** steht tutto **ohne Artikel** bzw. **Demonstrativpronomen:**

L'ho cercato per **tutta Roma.** *Ich habe ihn/es in ganz Rom gesucht.*

Conosce alla perfezione **tutto Dante.**
*Er/Sie kennt den ganzen Dante in- und auswendig.*

In einigen **stehenden Wendungen** bleibt der **Artikel** gleichfalls weg:

di tutto cuore *von ganzem Herzen* in tutta confidenza *ganz im Vertrauen*
a tutta velocità *mit voller Geschwindigkeit*

**tutti/e in Verbindung mit einem Numerale** tutt'e + Numerale

tutt'e due (fratelli) *beide (Brüder)* tutt'e tre (sorelle) *alle drei (Schwestern)*

Seltener findet man eine Vollform von **tutti/e:**

tutti e due, tutte e tre

Gelegentlich findet man auch die Formen tutti due, tutte tre usw.

249 **Altro/a:** drückt die Idee einer nicht näher bestimmten Zusatzmenge aus.

Occorre **altro sale?** *Wird noch Salz benötigt?*

Es drückt ferner die Idee von **neu** aus:

Ho comprato **un'altra macchina.** *Ich habe mir ein neues Auto gekauft.*

Es drückt auch die Differenz, den Unterschied aus:

Erano **altri tempi.** *Das waren andere Zeiten.*

250 **Diverso/a, vario/a:** Mit einem Sammelbegriff oder einem Pl. kann es eine größere, nicht näher bestimmte Menge ausdrücken (wie **parecchio**).

Alla festa c'era **diversa gente.** *Auf dem Fest waren verschiedene/mehrere Leute.*
Ho **varie cose** da dirti. *Ich habe dir Verschiedenes zu sagen.*

Zu den Fragewörtern **che, quale, quanto/a** s. 16 ff.

## 251 Die (selbständigen) Pronomina

(i pronomi)

Sie stehen anstelle eines Nomens, eines Pronomens oder eines Adjektivs oder aber einer größeren Einheit (Satzteil, Teilsatz, Satz). Das selbständige Pronomen kann alle Satzfunktionen des Nomens innehaben. Es kann im Textzusammenhang rückverweisende, ankündigende, in der Gesprächssituation auch hinweisende Funktion haben beziehungsweise Sprecher und Hörer bezeichnen.

Vuoi leggere il nuovo libro? – Sì, dam**melo** per favore.
*„Möchtest du das neue Buch lesen?" „Ja, gib es mir bitte!"*
**Me** weist auf den Sprecher hin, **lo** nimmt **il nuovo libro** wieder auf, hat also rückverweisende Funkion.

Ieri il tempo era buono, ma oggi non **lo** è.
*Gestern war das Wetter gut, aber heute ist es das nicht.*
**Lo** steht hier für das Adjektiv **buono.**

Aveva studiato e **lo** dimostrò nell'interrogazione.
*Er hatte gelernt und hat es bei der Prüfung gezeigt.*
**Lo** steht hier für das Prädikat **aveva studiato.**

**Come ha detto di chiamarsi? –** Non **lo** ricordo più.
*„Wie hat er gesagt, dass er heißt?" „Ich erinnere mich nicht mehr."*
**Lo** steht hier für den gesamten Fragesatz.

Dam**mi questo,** non **quello.**
*Gib mir den da, nicht den anderen.*
**Mi** steht für den Sprecher, **questo** und **quello** haben hinweisende Funktion; was sie tatsächlich bezeichnen und wer der Sprecher ist, ist nur in der konkreten Gesprächssituation verständlich, es setzt eine Geste des Sprechers voraus.

252 # Die Personalpronomina

(i pronomi personali)

Die Formen des Personalpronomens lassen sich in **fünf** Gruppen einteilen.

1. Die Subjektspronomina.
2. Die betonten Objektspronomina. Sie sind entweder präpositionsloses Objekt (complemento diretto) oder Präpositionalobjekt (complemento di termine/indiretto).
3. Die unbetonten Objektspronomina, die die Funktion eines complemento diretto haben.
4. Die unbetonten Objektspronomina, die die Funktion eines complemento indiretto haben.
5. Die unbetonten Pronominaladverbien, die Orts- und Zeitergänzungen ersetzen.

253 **Übersicht über die Personalpronomina**

| | Betont | | | Unbetont | |
|---|---|---|---|---|---|
| | Subjekt | Direktes Objekt | Präpositionalobjekt | Direktes Objekt | Indirektes Objekt |
| | | | Präp + | | |
| **Singular** | 1 io | me | me | mi | mi |
| | 2 tu | te | te | ti | ti |
| Maskulinum | 3 egli / esso / lui | lui | lui / esso | lo | gli / ne |
| Femininum | ella / essa / lei | lei | lei / essa | la | le / ne |
| Reflexivum | | sé | sé | si | si |
| **Plural** | 1 noi | noi | noi | ci | ci |
| | 2 voi | voi | voi | vi | vi |
| Maskulinum | 3 essi / loro | loro | loro / essi | li | loro / gli / ne |
| Femininum | esse / loro | loro | loro / esse | le | loro / ne |
| Reflexivum | | sé | sé | si | si |

254 Wird ein Verb von zwei Objektspronomina begleitet, so sehen die Formen folgendermaßen aus

| | | | | |
|---|---|---|---|---|
| me lo | me la | me li | me le | me ne |
| te lo | te la | te li | te le | te ne |
| se lo | se la | se li | se le | se ne |
| ce lo | ce la | ce li | ce le | ce ne |
| ve lo | ve la | ve li | ve le | ve ne |

Werden die Pronomina **gli** und **le** mit **lo, la, li, le** verbunden, so bilden sie **glielo, gliela, glieli** und **gliele.** Diese Formen stehen auch gewöhnlich für **loro** in Verbindung mit **lo, la, li, le.**

**Glielo** comprerò. *Ich werde es ihm/ihr/ihnen kaufen.*

Die Form „**Lo** comprerò **loro**“ *(Ich werde es ihnen kaufen.)* findet sich heute nur mehr im It. lett., und zwar vor allem dann, wenn der Satz mit glielo nicht eindeutig wäre.

255 
# Die Subjektspronomina
(i pronomi soggetto)

Das Subjektspronomen wird in der Regel weggelassen. Man verwendet es nur zur Hervorhebung, zur Kontrastierung und zur Vermeidung von Unklarheiten.
In der 1. und 2. Pers. S. und Pl. gibt es nur jeweils **eine** Form (io, tu, noi, voi) für beide Geschlechter. In der 3. Pers. S. und Pl. gibt es hingegen mehrere Formen (s. 253).

**Singular:**

256 **Lui:** steht für m. Personen, im It. p. auch für Tiere.

Ho parlato con il direttore, **lui** mi ha assicurato il suo interessamento.
*Ich habe mit dem Direktor gesprochen, er hat mich seines Interesses versichert.*

257 **Egli:** steht nur für m. Personen und gehört dem It. lett. an.

Ho parlato con il direttore ed **egli** mi ha assicurato il suo interessamento.

258 **Esso:** steht für m. Gegenstände und Tiere.

Cercai di trattenere il cavallo, ma **esso** continuò la corsa.
*Ich versuchte, das Pferd aufzuhalten, aber es lief weiter.*

Un importante compito vi è stato affidato; **esso** dovrà essere eseguito.
*Es wurde euch eine wichtige Aufgabe anvertraut; sie muss durchgeführt werden.*

259 **Lei:** steht für f. Personen.

Avverti tua sorella, può darsi che **lei** non lo sappia ancora.
*Sag es deiner Schwester, vielleicht weiß sie es noch nicht.*

260 **Essa:** steht – seltener als **lei** – für f. Personen, ansonsten für f. Gegenstände.

Con questa vecchia macchina ho girato mezzo mondo, ma ora **essa** non funziona più.
*Mit diesem Auto bin ich um die halbe Welt gefahren, aber jetzt funktioniert es nicht mehr.*

261 **Ella:** für f. Personen, vor allem in (älteren) lit. Texten.

**Plural:**

262 **Loro:** steht für m. und f. Personen; ist heute die gebräuchlichste Form.

**Loro** arrivano domani. *Sie kommen morgen an.*

263 **Essi, esse:** Pl. von **egli, esso/a:** steht für m. bzw. f. Personen, Sachen und Tiere.

Li ho guardati in viso, **essi** (= loro) abbassarono gli occhi.
*Ich habe ihnen ins Gesicht geschaut, sie haben die Augen niedergeschlagen.*

Il parlamento ha emanato nuove leggi: **esse** prevedono la modifica del sistema scolastico.
*Das Parlament hat zwei neue Gesetze beschlossen: sie sehen die Änderung des Schulsystems vor.*

264 **Lui, lei** und **loro** müssen verwendet werden, wenn das Subjektspronomen **nachgestellt** ist.

Ci va **lui.** *Er geht hin.*

L'ha detto **lei.** *Sie hat es gesagt.*

Sono stati **loro.** *Sie sind es gewesen.*

Essendoci **lui,** eravamo tranquilli.
*Da er dort war, waren wir beruhigt.*
oder:
*Da er dort war, waren wir…*

Beata **lei!** *Die Glückliche!*

**Lui, lei** und **loro** müssen ferner stehen nach **come, quando** (im Vergleich), **anche, neanche, pure, nemmeno** und **neppure.**

Sei bravo **come lui.** *Du bist genauso tüchtig wie er.*

Ho studiato **quanto lei.** *Ich habe genauso viel gelernt wie sie.*

Non lo sa **neanche lei** quello che vuole. *Nicht einmal sie (selbst) weiß, was sie will.*

**Nemmeno loro** l'hanno visto. *Nicht einmal sie haben es/ihn gesehen.*

265 Die Subjektspronomina **aller Personen** müssen stehen

a) nach **come, quanto, anche, neanche, pure, nemmeno**, **neppure.** (Für die 3. Pers. s. oben.) **Io** und **tu** werden dabei durch **me** und **te** ersetzt.

Sono contento **quanto te.** *Ich bin genauso froh wie du.*

Siamo contenti **quanto voi.** *Wir sind genauso froh wie ihr.*

b) in der 1. u. 2. Pers. S. sowie 1. Pers. Pl. beim congiuntivo, da die Verbalformen allein nicht eindeutig sind:

Voglio che **tu venga.** *Ich möchte, dass du kommst.*

Vuole che **io te lo dica.** *Er will, dass ich es dir sage.*

Voleva che **io lo dicessi.** *Er wollte, dass ich es sage.*

c) in allen Personen bei Gegenüberstellungen:

**Lui** dice di sì, **lei** di no. *Er sagt ja, sie nein.*

**Io** dico una cosa, **voialtri** ne dite un altra. *Ich sage so, ihr so.*

266 Das unpersönliche **man** wird durch die 3. Pers. S. bzw. Pl. der reflexiven Form des Verbs ausgedrückt:

**Si parla** italiano. *Man spricht Italienisch.*

**Si crede** che i nostri calciatori riporteranno una brillante vittoria.
*Man glaubt, dass unsere Fußballer einen brillanten Sieg davontragen werden.*

Quando **si** è in ballo, bisogna ballare.
*Wenn man auf einem Ball ist, muss man auch tanzen.*

**Si servono** le bibite. *Man trägt Getränke auf.*

Verb im **Pl.,** da das **Subjekt** im **Pl.** steht. (s. 42–45).

267 Die Übereinstimmung des **participio passato:**
Wird das intransitive Verb in der persönlichen Form mit **avere** abgewandelt, so steht mit dem **si impersonale** das p.p. im **m. S.** Wird das intransitive Verb in der persönlichen Form mit **essere** konjugiert, so steht das p.p. im **m. Pl.** Steht das Subjekt im Pl., wird das p.p. mit diesem übereingestimmt. Das transitive Verb wird mit dem Subjekt übereingestimmt.

**Si è detto** che si sarebbe lavorato tutta la notte.
*Man hat gesagt, dass man die ganze Nacht arbeiten werde.*

**Dire** verlangt bei persönlicher Konstruktion **avere.**

**Si è venuti** tardi. *Man ist zu spät gekommen.*

**Venire** wird in der persönlichen Konstruktion mit **essere** konjugiert.

**Si sono servite** le bibite. *Man hat Getränke aufgetragen.*

Das p.p. wird mit dem Subjekt im Pl. übereingestimmt.

Bei Verben, deren persönliche Form bereits **reflexiv** ist, steht **ci si:**

**Ci si** vergogna. *Man schämt sich.*

**Vergognarsi** ist ein reflexives Verb.

(s. 287 ff.)

268 Die unpersönliche Konstruktion mit **si** wird vor allem in der Umgangssprache oft für die 1. Pers. Pl. **noi** verwendet:

(Noi) **si pensa…** *Wir glauben…*

Im Deutschen gibt es keine entsprechende unpersönliche Konstruktion.

(Noi) **ci si** alza. *Wir stehen auf.*

Io speravo che oggi **si sarebbe stati** allegri insieme.
*Ich hoffte, dass wir heute miteinander fröhlich sein würden.*

269 # Die Objektspronomina
(i pronomi personali complemento)

270 ## Die unbetonten Objektspronomina
(i pronomi atoni)

| Person | | | Singular | Plural |
|---|---|---|---|---|
| 1. Person | | | mi *mir, mich* | ci *uns* |
| 2. Person | | | ti *dir, dich* | vi *euch* |
| 3. Person | Direktes Objekt | m. | lo/l' *ihn, es* | li *sie* |
| | | f. | la/l' *ihr* | le *sie* |
| | Indirektes Objekt | m. | gli *ihm* | loro/gli *ihnen* |
| | | | ci/ne[1]) | |
| | | f. | le *ihr* | |
| | Reflexivpronomen | | si *sich* | si *sich* |

[1]) alle möglichen Kombinationen mit *da... davon, darüber* usw.

Die angegebenen Übersetzungen sind nur Orientierungshilfen, im Textzusammenhang sind auch oft andere Übersetzungen möglich (s. 278–286).

271 In der 1. und 2. Pers. S. und Pl. gibt es keine Unterscheidung zwischen COD und COI. In der 3. Person unterscheidet man jeweils eigene Formen für m. und f., im Pl. hat nur das COD nach Geschlechtern unterschiedene Formen. Nur in der 3. Pers. gibt es eigene Formen für das Reflexivpronomen (s. 411 ff.).

272 Gebrauch von **mi, ti, ci, vi.** Sie können COD und COI sein. Sie entsprechen den Subjektspronomina **io, tu, noi, voi.**

**Mi** racconta tutto. *Er/Sie erzählt mir alles.*

**Ci** hanno scritto. *Sie haben uns geschrieben.*

**Ti** manderò un bel regalo. *Ich werde dir ein schönes Geschenk schicken.*

**Vi** ascolto con piacere. *Ich höre euch mit Vergnügen zu.*

273 Der Gebrauch der Objektspronomina der **3. Pers.**

274 **lo, la, l'** (S.) und **li, le** (Pl.) sind **COD** und stehen für

a) ein Nomen, das eine Person oder eine Sache bezeichnet:

Dov'è **Giovanni?** – Non l'ho ancora visto stamattina.
*„Wo ist Giovanni?" „Ich habe ihn heute noch nicht gesehen."*

Dove hai parcheggiato **la macchina? – L'**ho lasciata davanti al panificio.
*„Wo hast du das Auto geparkt?" „Ich habe es vor dem Bäcker hingestellt."*

b) ein anderes Pronomen:

**Questa qua,** non voglio veder**la** adesso. *Ach die, die möchte ich jetzt nicht sehen.*

275 Als neutrale Form dient **lo** *es*. Es steht für

a) ein Adjektiv:

Gina si crede **bella,** ma non **lo** è. *Gina hält sich für schön, aber sie ist es nicht.*

b) einen Objektsinfinitiv:

Voleva **partire. Lo** desiderava di tutto cuore.
*Er/Sie wollte wegfahren. Er/Sie wünschte es von ganzem Herzen.*

c) einen ganzen Satz oder Teilsatz:

Vuoi **che Carlo venga stasera?** – Sì, **lo** voglio!
*„Möchtest du, dass Carlo heute Abend kommt?" „Ja, ich möchte es."*

276 **Gli, le** (S.) und **loro** (Pl., nur eine Form) stehen für COI. Meist vertreten sie Personen, gelegentlich finden sie sich auch für Sachen.

**Il bimbo** piange, che cosa **gli** hai fatto?
*Das Kind weint, was hast du ihm getan?*

**L'orologio** non funziona, che cosa **gli** hai fatto?
*Die Uhr funktioniert nicht, was hast du damit gemacht?*

Dove sono **Anna e Fabio?** Ho detto **loro** di venire subito!
*Wo sind Anna und Fabio? Ich habe ihnen gesagt, sie sollen sofort kommen!*

Im It. p., aber auch mehr und mehr im It. lett. steht heute **gli** für **loro.**

Dove sono **Anna e Fabio? Gli** ho detto di venire subito!

277 Die Objektspronomina **lo, la** können vor Vokal zu **l'** verkürzt werden:

**L'**ho aiutato/a. *Ich habe ihm/ihr geholfen.*

Die Form **l'** ist nicht möglich, wenn dadurch Unklarheiten entstehen können.

l'odio = *der Hass*; io odio = *ich hasse*

**Lo/La** odio. *Ich hasse ihn/sie.* **Nicht:** l'odio.

278 **Ci** und **vi** (immer unveränderlich) sind die Objektspronomina der 1. und 2. Pers. Pl. Sie entsprechen den Subjektspronomina **noi** und **voi.** Außerdem stehen **ci** und **vi** für:

279 a) Ortsergänzungen, soweit diese nicht mit **di** oder **da** eingeleitet werden.

Domani parto **per Roma. Ci** sono già stato più volte e **vi** tornerò ancora molte volte.
*Morgen fahre ich nach Rom. Ich war schon öfters dort und werde auch noch oft hinfahren.*

**Ci** passo ogni giorno. *Ich gehe dort jeden Tag vorbei.*

Quando vai a teatro? – **Ci** vado domani.
*„Wann gehst du ins Theater?" „Ich gehe morgen."*

280 b) ein COI, das nicht mit **di** eingeleitet wird und das eine Sache vertritt (im Dt. meist da(r) + Präp.).

Potresti **venire con me.** – E' vero, non **ci** ho mai pensato.
*„Du könntest mit mir gehen." „Das ist wahr, daran habe ich nie gedacht."*

**Ci** puoi contare. *Darauf kannst du dich verlassen.*

281 Ist die Ortsergänzung oder das COI am Satzanfang, steht vor dem Verbum **ci** oder **vi.**

**In questa casa** non **ci** si può vivere.
*In diesem Haus kann man nicht wohnen.*

**A scuola,** quando **ci** vai?
*Wann gehst du in die Schule?*

**Ci** und **vi** haben dieselbe Bedeutung, **vi** kommt jedoch vor allem im It. lett. vor.

282 **Ne** (m., f., S., Pl.): unveränderlich, steht für:

283 a) Ortsergänzungen mit **di** oder **da.**

Arrivai **a Roma** il mattino e **ne** ripartii la sera.
*Ich kam am Morgen in Rom an und fuhr (von dort) am Abend wieder weg.*

(**Ne** steht hier für **da Roma.**)

284 b) COI und Nominalattribute mit **di.**

Ho **un'amica** in questa città, ma da tempo non **ne** ho più notizie.
*Ich habe eine Freundin in dieser Stadt, aber seit langem habe ich keine Nachricht mehr von ihr.*

(Da **ne** sich auf eine f. Person bezieht, könnte es auch durch **di lei** ersetzt werden: Non ho più notizie **di lei**.)

Volevo che mi parlasse **dei suoi problemi,** e **ne** abbiamo parlato.
*Ich wollte, dass er mit mir über seine Probleme spricht, und wir haben darüber gesprochen.*

Ho letto **il libro,** ora te **ne** faccio un riassunto.
*Ich habe das Buch gelesen, und jetzt mache ich dir eine Zusammenfassung (davon).*

(**Ne** steht für ein Nominalattribut: un riassunto **del libro.**)

285 c) bei partitiven Konstruktionen (in Verbindung mit Zahlen oder Mengenangaben und/oder dem Teilungsartikel).

Ho **molte pesche, ne** vuoi?
*Ich habe viele Pfirsiche, willst du welche (davon)?*

Ho portato **dei panini.** – Quanti **ne** hai presi?
*„Ich habe Brötchen gebracht." „Wie viele hast du genommen?"*

**Ne** ho presi tre. *„Ich habe drei genommen."*

(Das **ne** steht für ein von einem Numerale begleitetes Nomen.)

Ho bevuto **della birra fresca. – Ne** ho bevuta.
*Ich habe kühles Bier getrunken. – Ich habe welches getrunken.*

**NB** Parlavamo **della lezione successiva. – Ne** parlavamo.
*Wir haben von der darauf folgenden Stunde gesprochen. – Wir haben davon gesprochen.*

Die Form **ne** parlavamo della successiva ist nicht möglich: Während im obigen Satz ein partitives **ne** vorliegt, handelt es sich in diesem um ein **Objektspronomen** COI mit **di:** parlare **di.**

286 d) den Agens des Passivums.

Non vide **la macchina** e **ne** fu investito.
*Er sah das Auto nicht und wurde (davon) überfahren.*

Die Pronomina **mi, ti, ci, vi** sind auch Reflexivpronomina. In der 3. Pers. S. und Pl. lautet das Reflexivpronomen **si.**

287 **Die Anordnung der unbetonten Objektspronomina**

Stehen zwei unbetonte Objektspronomina beim Verb, so befinden sie sich in einer ganz bestimmten, nicht veränderbaren Reihenfolge. Stehen die beiden Pronomina **vor** dem Verb, so werden sie **getrennt geschrieben,** stehen sie **nach** dem Verb, werden sie mit diesem **in einem Wort** geschrieben.

288 **Mi, ti, si, ci, vi, si + lo, la, l', li, le** werden zu **me lo, te lo, se lo** usw. (s. Tabelle 254).

| **Reflexivpronomen** (comprarsi una cosa) | **Objektspronomen** (comprare una cosa a uno) |
|---|---|
| **Me lo** compro. *Ich kaufe es mir.* | **Me lo** compra. *Er/Sie kauft es mir.* |
| **Te lo** compri. *Du kaufst es dir.* | **Te lo** compra. *Er/Sie kauft es dir.* |
| **Se lo** compra. *Er/Sie kauft es sich.* | **Glielo** compra. *Er/Sie kauft es ihm/ihr.* |
| **Ce lo** compriamo. *Wir kaufen es uns.* | **Ce lo** compra. *Er/Sie kauft es uns.* |
| **Ve lo** comprate. *Ihr kauft es euch.* | **Ve lo** compra. *Er/Sie kauft es euch.* |
| **Se lo** comprano. *Sie kaufen es sich.* | **Glielo** compra. **Lo** compra **loro.** *Er/Sie kauft es ihnen.* |

In der rechten Kolonne können die Verben auch in anderen Personen stehen, z. B.

**Me lo** comprate. *Ihr kauft es mir.*
**Ve lo** compro. *Ich kaufe es euch.* usw.

(Zu **glielo** und **lo… loro** s. 276)

289 **Mi, ti, gli/le, ci, vi + ne** werden zu **me ne, te ne, gliene, ce ne, ve ne,** das reflexive **si + ne** ergibt **se ne.**

Objektspronomina me, te usw.: parlare di una cosa a uno

| | |
|---|---|
| **Me ne** parla. *Er/Sie spricht mit mir darüber.* | **Ce ne** parla. *… mit uns …* |
| **Te ne** parla. *… mit dir …* | **Ve ne** parla. *… mit euch …* |
| **Gliene** parla. *… mit ihm/ihr …* | **Gliene** parla. *… mit ihnen …* |
| | **Ne** parla **loro.** *… mit ihnen …* |

Bei der Kombination **gliene** wird der Unterschied zwischen **gli** und **le** aufgehoben. Die 3. Pers. Pl. ist mit dem S. identisch, die Form mit **loro** wird nur mehr im It. lett. verwendet.

290 Reflexivpronomina **me, te, se** usw.: ricordarsi di uno/una cosa

**Me ne** ricordo. *Ich erinnere mich daran.*

**Te ne** ricordi. *Du erinnerst dich daran.*

**Se ne** ricorda. *Er/Sie erinnert sich daran.*

**Ce ne** ricordiamo. *Wir erinnern uns daran.*

**Ve ne** ricordate. *Ihr erinnert euch daran.*

**Se ne** ricordano. *Sie erinnern sich daran.*

**Ci** (dort, da), Ortsergänzung, + **lo, la, l', li, le** ergibt **ce lo, ce la** usw.

**Ce lo** lascio. *Ich lasse es/ihn da.*
**Ce la** lascio. *Ich lasse sie da.*
**Ce li** lascio.
**Ce le** lascio. *Ich lasse sie da.*

291 **Mi, ti, si, ci, vi, si + ci** (Ortsergänzung) ergibt **mi ci, ti ci, ci si, ci…lì, vi ci, ci si,** wobei **mi, ti** usw. Objekts- oder Reflexivpronomina sein können.

| **Reflexivpronomen** | **Objektspronomen** |
|---|---|
| **Mi ci** fermo. *Ich bleibe dort stehen.* | **Mi ci** vedrà. *Er/Sie wird mich dort sehen.* |
| **Ti ci** fermi. *Du bleibst dort stehen.* | **Ti ci** vedrà. *Er/Sie wird dich dort sehen.* |
| **Ci si** ferma. *Er/Sie bleibt dort stehen.* | **Ce lo** vedrà. *Er/Sie wird ihn dort sehen.* |
| **Ci** fermiamo **lì.** *Wir bleiben dort stehen.* | **Ci** vedrà **lì.** *Er/Sie wird uns dort sehen.* |
| **Vi ci** fermate. *Ihr bleibt dort stehen.* | **Vi ci** vedrà. *Er wird euch dort sehen.* |
| **Ci si** fermano. *Sie bleiben dort stehen.* | **Ce li** vedrà. *Er wird sie dort sehen.* |

292 Unpersönliches **si** (man) in Verbindung mit den Objektspronomina:

**COD:**

| | | |
|---|---|---|
| **mi si:** | Mi si vede. | *Man sieht mich.* |
| **ti si:** | Ti si vede. | *Man sieht dich.* |
| **lo si:** | Lo si vede. | *Man sieht ihn/es.* |
| **la si:** | La si vede. | *Man sieht sie.* |
| **ci si:** | Ci si vede. | *Man sieht uns. / Man sieht sich/einander.* |
| **vi si:** | Vi si vede. | *Man sieht euch.* |
| **li si:** | Li si vede. | *Man sieht sie.* |
| **le si:** | Le si vede. | *Man sieht sie.* |

**COI:**

| | | |
|---|---|---|
| **mi si:** | Mi si risponde. | *Man antwortet mir.* |
| **ti si:** | Ti si risponde. | *Man antwortet dir.* |

| | | |
|---|---|---|
| **gli si:** | Gli si risponde. | *Man antwortet ihm.* |
| **le si:** | Le si risponde. | *Man antwortet ihr.* |
| **ci si:** | Ci si risponde. | *Man antwortet uns.* |
| **vi si:** | Vi si risponde. | *Man antwortet euch.* |
| **gli si:** | Gli si risponde. | *Man antwortet ihnen.* |
| | Si risponde loro. | *Man antwortet ihnen.* (Nur It. lett.) |

Die Folge ***si si** ist nicht möglich, sie wird durch **ci si** ersetzt.

**Ci si** capisce bene. *Man versteht sich gut.*

(**Ci** entspricht dem unpersönlichen **si** (*man*), **si** hingegen ist das Reflexivpronomen in reziproker Funktion *„einander"*.)

**Si** (*man*) **+ ne** ergibt **se ne.**

**Se ne** parlerà. *Man wird darüber/davon sprechen.*

**293** **Die Stellung der unbetonten Objektspronomina**
(la collocazione dei pronomi oggetto atoni)

Grundsätzlich steht das Objektspronomen/stehen die Objektspronomina **vor der Personalform des Verbs.**

Parlate, **vi** ascolto! *Sprecht, ich höre euch zu!*

Appena **lo** vidi, **ne** fui affascinato.
*Kaum erblickte ich ihn/es, war ich auch schon fasziniert von ihm/davon.*

**294** In folgenden Fällen steht das Objektspronomen/stehen die Objektspronomina **hinter dem Verb** und wird/werden mit diesem **in einem Wort geschrieben.**

**295** a) beim Imperativ (2. Pers. S., 1. und 2. Pers. Pl.):

Legg**imi** questa lettera! *Lies mir diesen Brief vor!*

Leggiamo**la!** *Lesen wir ihn!*

Date**ci** qualche giorno di tempo! *Gebt uns ein paar Tage Zeit!*

Beim **negativen** Imperativ der 2. Pers. S. kann das Objektspronomen davor stehen oder hinten angefügt werden:

Non **mi** leggere la lettera! = Non legger**mi** la lettera! *Lies mir den Brief nicht vor!*

Non **ti** muovere! = Non muover**ti!** *Beweg dich nicht!*

Wird das Objektspronomen an einen der einsilbigen Imperative **da', di', fa', sta', va'** angefügt, so wird der Anfangskonsonant des (ersten) Pronomens verdoppelt.

Da**cci** tutto! *Gib uns alles!*

Di**mmi** la verità! *Sag mir die Wahrheit!*

Va**ttene!** *Geh weg!*

Da**mmelo!** *Gib es mir!*

296 b) beim Infinitiv. Das **-e** der Infinitivendung fällt dabei aus:

Sei venuta per parlar**mi?** *Bist du gekommen, um mit mir zu sprechen?*

Nessuno cerca di aiutar**ci.** *Niemand trachtet, uns zu helfen.*

Sono contento di veder**la.** *Ich freue mich, sie zu sehen.*

Folgt der Infinitiv auf eines der Modalverben **dovere, potere, sapere, volere,** auf ein **Verb der Wahrnehmung** (sentire, ascoltare, vedere, guardare usw.) sowie auf **andare** und **venire,** so kann das Objektspronomen vor der Personalform des Modalverbs stehen oder an den Infinitiv angefügt werden.

**Lo** voglio vedere. = Voglio veder**lo.** *Ich möchte ihn/es sehen.*

Val**lo** a vedere! = Va a veder**lo!** *Geh und schau es dir an!*

Vado a parlar**gli.** = **Gli** vado a parlare. *Ich gehe jetzt zu ihm, um mit ihm zu sprechen.*

Sento cantar**la.** = **La** sento cantare. = Sento cantare la canzone.
*Ich höre, wie es (= das Lied) gesungen wird.*

Bei den Verben der Wahrnehmung gibt es Zusatzregeln zu beachten: Ist das Pronomen Subjekt des Infinitivs, kann es nicht an diesen angefügt werden.

**L'**ho sentito gridare.
*Ich habe gehört, wie er gerufen hat./Ich habe gehört, wie es gerufen worden ist.*

Ho sentito gridar**lo.** nur: *Ich habe gehört, wie es gerufen worden ist.*

297 c) beim gerundio:

Non vedendo**vi** arrivare, cominciammo a preoccuparci.
*Da wir euch nicht kommen sahen, wurden wir unruhig.*

298 d) beim participio passato, wenn es satzwertig ist:

Salutato**lo,** si allontanò. *Sobald er ihn gegrüßt hatte, entfernte er sich.*

Ceduto**gli,** si riconciliarono. *Nachdem er ihm nachgegeben hatte, versöhnten sie sich.*

La merce consegnat**ami** è molto cara.
*Die Ware, die mir ausgehändigt wurde, ist sehr teuer.*

299 e) bei **ecco:**

Ecco**mi** pronto. *Ich bin (schon) fertig.*

Das Objektspronomen **loro** steht gewöhnlich hinter dem Verb.

Voglio dare **loro** il libro. *Ich möchte ihnen das Buch geben.*

Do **loro** il libro. *Ich gebe ihnen das Buch.*

Diese Stellungsregeln gelten auch, wenn **zwei Objektspronomina** beim Verb stehen. (Zur Reihenfolge der Pronomina untereinander s. 254.)

**Me lo** spieghi. *Du erklärst es mir. Erklären Sie es mir!*

Non spiegar**melo!** *Erklär es mir nicht!*

Spiega**melo!** *Erklär es mir!*

Spiegato**melo,** mi rise in faccia.
*Nachdem er es mir erklärt hatte, lachte er mir ins Gesicht.*

Spiegando**melo,** mi mostrò che era intelligente.
*Indem er es mir erklärte, zeigte er mir, dass er intelligent war.*

Voleva parlar**mene,** ma io non volevo che **me ne** parlasse.
*Er wollte mit mir darüber reden, aber ich wollte nicht, dass er mit mir darüber spricht.*

Gli ho chiesto di lasciar**celo.** *Ich habe ihn gebeten, es uns zu überlassen.*

300 In der Kombination mit **ci** ist ein Anfügen an die infiniten Formen nur möglich, wenn **ci** Personalpronomen der 1. Pers. Pl. ist.

**Ce lo** lascia. *Er überlässt es uns.*

Vorrebbe lasciar**celo.** *Er möchte es uns überlassen.*

**aber: Ce lo** lascia. *Er lässt es da./Er überlässt es uns.*

**Ce lo** vorrebbe lasciare. = Vorrebbe lasciarlo lì. *Er möchte es dalassen.*

301 Ebenso können die Kombinationen mit **unpersönlichem si** nicht an Verbalformen angefügt werden.

**Mi si** vede. *Man sieht mich.*

**Mi si** potrebbe vedere. *Man könnte mich sehen.*

**Si** potrebbe veder**mi.** *Man könnte mich sehen.*

302 Mit dem **unpersönlichen si** (man) sind auch Dreiergruppen von Pronomina möglich.

**Glielo si** vede scritto in faccia. *Es steht ihm ins Gesicht geschrieben.*

**Gli se ne** attacca un po'. *Es bleibt ein wenig (davon) an ihm haften.*

Diese Dreiergruppen können nicht an eine infinite Form angefügt werden.

**Glielo si** potrebbe vedere scritto in faccia.
*Es könnte ihm ins Gesicht geschrieben stehen.*

## 303 Die betonten Objektspronomina

(i pronomi oggetto tonici)

(Übersicht s. 253.)

304 Die betonten Formen der Objektspronomina können COD oder, mit Präposition, COI sein.

Cercavano **me.** *Sie suchten mich.* COD

Stanno parlando **di me.** *Sie sprechen gerade von mir.* COI

E' venuto **da me.** *Er ist zu mir gekommen.* COI

Vogliono **te.** *Sie verlangen dich.* COD

Ha paura **di te.** *Er hat Angst vor dir.* COI

Hanno parlato **di voi** e **di noi.** *Sie haben von euch und von uns gesprochen.* COI

305 Die betonten Pronomina der **3. Pers.** haben mehrere Formen.

a) **sé** (m., f., S., Pl.): ist reflexiv, bezieht sich immer auf das Subjekt.

Margherita pensa solo **a sé.** *Margherita denkt nur an sich.*

Parlano sempre **di sé.** *Sie reden immer von sich.*

Pensavano **tra sé** che sarebbe meglio cedere.
*Sie dachten bei sich, dass es besser wäre, nachzugeben.*

**Aber:** Essi sono sempre in lotta **fra loro.** *Sie liegen immer im Streit miteinander.*

Hat **fra/tra** wechselseitige Bedeutung, so folgt **loro,** nicht sé.

b) **Lui, lei** (S. m. u. f.) und **loro** (Pl. m. u. f.) stehen als COD oder als COI nur für **Personen.**

Vedo soprattutto **lui.** *Ich sehe vor allem ihn.*

Vado con **lei.** *Ich gehe mit ihr.*

Mi fido di **loro.** *Ich vertraue ihnen.*

c) **Esso/a, essi/e** beziehen sich auf Tiere und Sachen und können nur COI sein.

L'aereo è il mezzo più veloce. **Con esso** è facile raggiungere paesi lontani.
*Das Flugzeug ist das schnellste Verkehrsmittel. Mit ihm ist es leicht, in weit entfernte Länder zu gelangen.*

306 Für das COD muss die unbetonte Form verwendet werden.

Vedi quel libro? Porta**melo.** *Siehst du dieses Buch? Bring es mir!*

307 Die betonten Objektspronomina können durch **stesso** oder **proprio** verstärkt werden.

Non sono contento **di me stesso.** *Ich bin mit mir selbst nicht zufrieden.*

Pensavo **proprio a lui.** *Gerade an ihn habe ich gedacht.*

## 308 Die Anredeformen

(i pronomi allocutivi)

### 309 Die Subjektsformen

| Vertraulich | Höflichkeitsform (cortesia) |
|---|---|
| **Singular** | |
| tu *du* | lei *Sie* |
| **Plural** | |
| voi *ihr* | loro, häufiger voi *Sie* |

Die vertrauliche Anrede ist **tu/voi.**

**Tu** non hai niente in contrario? *Hast du nichts dagegen?*

**Voi** non avete niente in contrario? *Habt ihr nichts dagegen?*

Die Höflichkeitsform ist **lei** (S.), **voi,** seltener **loro** (Pl.).

**Lei** non ha niente in contrario? *Haben Sie nichts dagegen?*

**Voi/Loro** non avete/hanno niente in contrario? *Haben Sie nichts dagegen?*

Die Übereinstimmung des participio passato erfolgt meist mit dem Genus der Person, nicht mit dem des Pronomens.

Anche **lei,** direttore, è invitat**o.** (Invitat**a** ist möglich, aber selten.)
*Auch Sie, Herr Direktor, sind eingeladen.*

## 310 Die Objektsformen

| Subjekt | Objekt | | |
|---|---|---|---|
| | unbetont | | betont |
| | COD | COI | COD COI |
| tu | ti | | (di, a) te |
| lei | la | le | (di, a) lei |
| voi | vi | | (di, a) voi |
| loro | li/le | loro | (di, a) loro |

Stavo cercando proprio **lei,** ingegnere.
*Gerade Sie habe ich gesucht, Herr Ingenieur.*

**A lei,** signore, non devo nessuna spiegazione.
*Ihnen, mein Herr, bin ich keine Erklärung schuldig.*

**La** prego di scusarmi. *Ich bitte Sie, mich zu entschuldigen.*

**Le** esprimo tutta la mia gratitudine.
*Erlauben Sie, dass ich meinem tiefsten Dank Ausdruck verleihe.*

## 311 Die selbständigen Possessivpronomina
(i pronomi possessivi)

Das selbständige Possessivpronomen steht im Satz anstelle eines Nomens mit adjektivischem Possessivpronomen. Es hat dieselben Formen wie das adjektivische Possessivpronomen (s. 216).

Viene mio figlio ed anche **il tuo.** *Da kommt mein Sohn und auch deiner/der deine.*

**Mio** figlio è molto studioso. – Purtroppo non posso dire altrettanto **del mio.**
*„Mein Sohn studiert sehr eifrig." „Leider kann ich das von meinem nicht behaupten."*

**Mia** madre è più severa **della tua.** *Meine Mutter ist strenger als (die) deine.*

I **miei** interessi contrastano con **i loro.** *Meine Interessen stehen den ihren entgegen.*

312 **Proprio** und **altrui** können die Funktion des Possessivpronomens übernehmen.

Vi ho portato i compiti in classe. Ognuno venga a prendere **il poprio/il suo.**
*Ich habe euch eure Aufgaben mitgebracht. Jeder soll sich seine (eigene) holen.*

Soffro non della **mia** infelicità ma di quella **altrui.**
*Ich leide nicht an meinem eigenen Unglück, sondern an dem der anderen.*

313 Einige Possessivpronomina sind echte Nomina geworden, wobei das Nomen, das sie einmal begleitet hatten, weggefallen ist.

**il mio, il tuo** (avere): *das Mein(ig)e, das Dein(ig)e…*

A ciascuno **il suo.** *Jedem das Seine.* Vive **del suo.** *Er lebt von seinem Besitz.*

**i miei, i tuoi** usw.: *die Mein(ig)en, die Dein(ig)en*

Vivo con **i miei.** *Ich wohne bei meiner Familie.* Salutami **i tuoi.** *Grüß mir die Deinen.*

**la mia, la tua** usw. (lettera): *mein/dein/usw. Brief/Schreiben*

In riscontro alla stimata **sua…** *In Beantwortung Ihres geschätzten Schreibens…*

**uno dei nostri** (amici, compagni): *ein Unsriger/einer der Unsrigen*

Egli è uno **dei nostri.** *Er ist einer von den Unsrigen.*

**la mia, la tua** (opinione): *meine/deine Meinung*

Ciascuno dica **la sua!** *Jeder soll seine Meinung sagen!*

**dalla mia, dalla sua** (parte): *auf meiner/deiner Seite*

Noi stiamo tutti **dalla tua.** *Wir sind alle auf deiner Seite.*

**alla mia, alla tua** usw. (salute): *auf meine/deine Gesundheit*

Su, beviamo! **Alla vostra!** *Los, trinken wir! Auf eure Gesundheit!*

314 # Die selbständigen Demonstrativpronomina
(i pronomi dimostrativi)

315 **Questo, codesto, stesso** und **medesimo** sind formengleich den adjektivischen Demonstrativpronomina (s. 224). **Quello** hat nur die Formen **quello/a und quel.** Hinsichtlich der Bedeutung sind sie dem adjektivischen Demonstrativpronomen gleich.

Quel lavoro è riuscito meglio **di questo.**
*Diese Arbeit (dort) ist besser gelungen als die (hier).*

Vedi **quella?** E' la nuova professoressa d'italiano.
*Siehst du die dort? Das ist die neue Italienischlehrerin.*

Sono indeciso sulla strada da fare: **questa** è più breve, **quella** ha meno curve.
*Ich zögere, welche Straße ich nehmen soll. Die hier ist kürzer, die dort hat weniger Kurven.*

316 Das deutsche **neutrale Subjekt** *(das)* wird im It. durch **questo/a** wiedergegeben.

**Questa** è mia moglie. *Das ist meine Frau.*

**Questo** non è vero. *Das ist nicht wahr.*

317 **Questo** und **quello** können auch Beziehungswort eines Relativpronomens sein. **Quello che** kann zu **quel che** verkürzt werden.

Non prendere questa riga. Prendi **quella** che si trova sulla mia scrivania.
*Nimm nicht dieses Lineal, nimm das, das auf meinem Schreibtisch liegt.*

**Quello** ist auch neutrales Beziehungswort eines Relativpronomens, wenn sich dieses auf einen ganzen Text, auf einen Satz, Teilsatz oder eine ganze Aussage bezieht.

Ricorda **quello/quel che** ho detto.
*Erinnere dich an das, was ich dir gesagt habe.*

318 **Stesso/a, medesimo/a** (Letzteres ist weniger gebräuchlich) stehen gewöhnlich mit dem bestimmten Artikel.

I problemi sono **gli stessi/i medesimi** dell'anno scorso.
*Die Probleme sind dieselben wie im vergangenen Jahr.*

Sei sempre **la stessa.** *Du bleibst immer dieselbe.*

A protestare è stato **lo stesso** dell'altra volta.
*Protestiert hat wieder derselbe wie das letzte Mal.*

319 Es gibt auch eine Reihe von Demonstrativpronomina, die nicht adjektivisch verwendet werden können.

| Singular | | Plural |
|---|---|---|
| m. | f. | m./f. |
| questi *dieser, der* | – | |
| quegli *jener* | – | |
| costui *der da* | costei *die da* | costoro *die da* |
| colui *der dort, jener* | colei *die dort, jene* | coloro *die dort, jene* |
| ciò *das* | | |

320 **Questi, quegli** gibt es nur als m. S. in Subjektsfunktion, und zwar fast ausschließlich im It. lett. **Questi** bezieht sich auf die **nähere** (im Text zuletzt genannte) Person, **quegli** auf die entferntere (im Text zuerst genannte) Person.

Sono giunti alla villa Mario e Franco: **questi** era atteso, **quegli** no.
*Mario und Franco kamen zur Villa: dieser wurde erwartet, jener nicht.*

**Questi** allein nimmt eine am Ende des vorhergehenden Satzes genannte Person wieder auf.

Roma era già stata del resto nella retorica di **Napoleone.**
**Questi** l'aveva definita 'la seconda città dell'Impero'.
*Rom war in der Phrasendrescherei Napoleons schon vorgekommen.*
*Er hatte es als ‚die zweite Stadt des Imperiums' bezeichnet.*

321 **Costui, costei, costoro, colui, coloro** bezeichnen nur Personen und können sowohl **Subjekt** als auch **Objekt** sein. Sie werden vor allem im It. lett. verwendet. Sie haben oft eine abschätzige Nuance.

Chi è **costei?** *Wer ist denn die da?*

Chi ha detto a **costui** di entrare?
*Wer hat denn dem da gesagt, dass er hereinkommen soll?*

Non parlarmi **di costoro!** *Rede mir nicht von denen!*

322 Häufiger werden **colui, colei** und **coloro** in Verbindung mit den Relativpronomina **che** und **il quale** verwendet.

**Colui che** arriva in ritardo non sarà ammesso alla riunione.
*Derjenige, der zu spät kommt, wird zur Versammlung nicht zugelassen.*

La madre è **colei** alla quale puoi sempre dire tutto.
*Die Mutter ist diejenige, der du immer alles sagen kannst.*

323 **Ciò** bezieht sich auf eine ganze Aussage, einen Text, einen Satz oder einen Satzteil.

**Ciò/Questo** è giusto. *Das ist richtig.*

**Tutto ciò/Questo** è vero. *Das alles ist wahr.*

Non fare caso **a ciò!** *Beachte das nicht!*

**Ciò** steht auch in Verbindung mit dem Relativpronomen **che.**

**Ciò/Quel(lo) che** dici è grave. *Was du sagst, ist schlimm.*

In **Objektsfunktion** kann es meist durch das entsprechende unbetonte Personalpronomen ersetzt werden.

ciò ——► lo
a ciò ——► ci
da ciò ——► ci/ne
di ciò ——► ne

Non sapevo **ciò.** = Non **lo** sapevo. *Ich wusste das/es nicht.*

Non credo **a ciò.** = Non **ci** credo. *Ich glaube nicht an das/daran.*

Cosa guadagni **da ciò?** = Cosa **ci** guadagni? *Was hast du davon?*

Deduco **da ciò** che non siete stati attenti. = **Ne** deduco che…
*Ich schließe aus dem/daraus, dass ihr nicht aufgepasst habt.*

Discutemmo a lungo **di ciò.** = **Ne** discutemmo a lungo.
*Wir diskutierten lange darüber.*

324 **Quanto** ist Demonstrativ- und Relativpronomen zugleich. Im Pl. hat es die Formen **quanti/e** und bezieht sich auf Personen und Sachen.

Farò **quanto/tutto quello che** è possibile. *Ich werde alles nur Mögliche tun.*

C'è molto di vero **in quanto** dici. *Es ist viel Wahres an dem, was du sagst.*

**Quanti** desiderano iscriversi devono presentare la domanda.
*Diejenigen, die sich anmelden wollen, müssen einen Antrag stellen.*

325 # Die selbständigen Indefinitpronomina
(i pronomi indefiniti)

Mit Ausnahme von **ogni, qualunque, qualsiasi, qualsivoglia** und **certo** können alle unter 230 angeführten adjektivischen Indefinitpronomina auch als selbständige Pronomina verwendet werden. Dazu treten noch folgende Pronomina:

| m. | f. | Bedeutung |
|---|---|---|
| uno | una | *jemand, eine(r), man* |
| qualcuno | qualcuna | *(irgend)jemand* |
| ognuno | ognuna | *jede(r)* |
| chiunque | | *jeder(mann)* |
| chicchessia | | *jede(r)* |
| altri | – | *ein anderer* |
| qualcosa | – | *etwas* |
| alcunché | – | *etwas* |
| checché | – | *alles* |
| checchessia | – | *alles* |
| niente | – | *nichts* |
| nulla | – | *nichts* |

326 **Ciascuno** *jeder*

**Ciascuno** voleva fare a modo suo. *Jeder wollte auf seine Weise handeln.*

327 **Nessuno** *niemand.* Nur in negativen Sätzen

**Nessuno** è profeta in patria. *Der Prophet gilt nichts im eigenen Land.*

328 **Tale** *jemand*

E' in corrispondenza con **un tale** a Roma.
*Er steht in Rom mit jemand im Briefwechsel.*

329 **Alcuno** *jemand.* Wird heute vor allem im Pl. verwendet *(einige).*

**Alcuni** arrivano sempre in ritardo. *Einige haben immer Verspätung*

330 **Taluno, certuno** (selten) *manch, einige, manche*

**Taluni** non la pensano così. *Manche (Leute) sind nicht dieser Meinung.*

331 **Molto, tanto, parecchio, troppo, vario, diverso.** Nur im Pl.

**Molti/Tanti/Parecchi/Troppi/Vari/Diversi** non dicono quello che pensano.
*Viele/So viele/Ziemlich viele/Zu viele/Verschiedene/So manche sagen nicht, was sie denken.*

332 **Tutto** *alles*

**Tutto** è pronto. *Alles ist fertig.*

**Tutti** *alle*

Questo lo dicono **tutti/e.** *Das sagen alle.*

Così fan **tutte.** *So machen sie's alle (Frauen).*

333 **Uno** *irgendein(er)*

Quando **uno** vuole, può tutto. *Wenn einer/man will, kann er/man alles.*

334 **Qualcuno** *jemand, irgendjemand*

Fra tanti troverò **qualcuno** che mi possa dare l'informazione necessaria.
*Bei so vielen werde ich jemand finden, der mir die nötige Auskunft geben kann.*

335 **Ognuno** *jeder (Einzelne)*

**Ognuno** deve conoscere i suoi doveri. *Jeder muss seine Pflichten kennen.*

**ognuno** per sé *jeder für sich*

336 **Chiunque/chicchessia** *jeder(mann).* Die zweite Form ist viel seltener.

Sono disposto a parlarne **con chiunque.**
*Ich bin bereit, mit jedem/jedermann darüber zu sprechen.*

Sono pronto a ripeterlo **a chicchessia.**
*Ich bin bereit, es vor jedermann zu wiederholen, wer immer das sei.*

337 **Altri** *ein anderer, andere.* Unveränderlich. Das Verb steht immer im S.

**Altri** sarà di opinione diversa. *Andere werden anderer Meinung sein.*

Non vorrei che **altri** mi giudicasse male.
*Ich möchte nicht, dass andere schlecht über mich urteilen.*

338 **Qualcosa** *etwas.* Wird wie ein m. S. behandelt. Nur in affirmativen Sätzen (negative Form: **niente**).

Posso fare **qualcosa** per te? *Kann ich etwas für dich tun?*

Hai **qualcos'altro** da dirmi? *Hast du mir sonst noch etwas zu sagen?*

C'è **qualcosa** di nuovo? *Gibt's etwas Neues?*

339 **Alcunché.** Wie **qualcosa,** jedoch seltener. Kann auch in negativen Sätzen stehen.

Notò **alcunché** di strano nella sua condotta.
*Er bemerkte etwas Befremdendes in seinem/ihrem Benehmen.*

**Non** c'è **alcunché** di difficile in questo problema.
*Da ist nichts Schwieriges bei diesem Problem.*

340 **Checché** *was immer.* Nur im It. lett.

Partirò, **checché** succeda. *Ich reise ab, was immer geschehen mag.*

341 **Checchessia** *was immer es sei.* Im It. p. selten.

Si accontenta di **checchessia.** *Er ist mit allem zufrieden, was immer es sei.*

342 **Niente, nulla** *nichts.* (s. dazu Verneinung 59.)

Relativpronomen (s. 671.) Fragepronomen (s. 16.)

# Die Verbalgruppe (VG)

**(il gruppo verbale)**

343 Die VG besteht aus dem Verb (verbaler Kern), das durch verschiedene Bestimmungen erweitert und ergänzt werden kann.
Wir unterscheiden die **finiten** und die **infiniten** Formen des Verbs. Die Endungen der finiten Formen kennzeichnen die **Person** (daher auch **Personalform),** den **Numerus,** das **Tempus,** den **Modus** und den **Aspekt.** Die infiniten Formen hingegen tragen nie das Kennzeichen der Person.

## 344 Übersicht über die Tempora, Modi und Aspekte

<table>
<tr><th></th><th>Presente</th><th>Passato</th><th>Futuro</th></tr>
<tr><td rowspan="3">INDICATIVO</td><td>presente<br>(canto)</td><td>imperfetto<br>(cantavo)</td><td rowspan="3">futuro<br>(canterò)<br><br>futuro anteriore<br>(avrò cantato)</td></tr>
<tr><td colspan="2">passato prossimo<br>(ho cantato)</td></tr>
<tr><td></td><td>passato remoto<br>(cantai)<br><br>trapassato prossimo<br>(avevo cantato)<br><br>trapassato remoto<br>(ebbi cantato)</td></tr>
<tr><td>CONGIUNTIVO</td><td>presente<br>(io canti)</td><td>imperfetto<br>(io cantassi)<br><br>passato<br>(io abbia cantato)<br><br>trapassato<br>(io avessi cantato)</td><td></td></tr>
<tr><td>CONDIZIONALE</td><td>presente<br>(canterei)</td><td>passato<br>(avrei cantato)</td><td></td></tr>
<tr><td>IMPERATIVO</td><td>presente<br>(canta!)</td><td></td><td></td></tr>
<tr><td>INFINITO</td><td>presente<br>(cantare)</td><td>passato<br>(aver cantato)</td><td></td></tr>
<tr><td>PARTICIPIO</td><td>presente<br>(cantante)</td><td>passato<br>(cantato)</td><td></td></tr>
<tr><td>GERUNDIO</td><td>presente<br>(cantando)</td><td>passato<br>(avendo cantato)</td><td></td></tr>
</table>

345 **Imperfetto, passato prossimo** und **passato remoto** bezeichnen dieselbe **Zeitstufe,** aber verschiedene Aspekte (s. 431 ff.). Dasselbe gilt für **trapassato prossimo** und **trapassato remoto** sowie für die drei Tempora des **congiuntivo** (s. 431 ff.).

46 **Indicativo, congiuntivo, condizionale** und **imperativo** tragen die **Kennzeichen der Person,** sind also die **Personalformen.** Wie im Deutschen gibt es im It. je drei Personen in S. und Pl., die durch die Endung gekennzeichnet werden.

| Person | S. | Pl. |
|---|---|---|
| 1. | (io) am-**o** | (noi) am-**iamo** |
| 2. | (tu) am-**i** | (voi) am-**ate** |
| 3. | (egli) am-**a** | (essi) am-**ano** |

Der **infinito,** das **participio** und das **gerundio** haben **kein Kennzeichen der Person.**

47 Um falsche Analogien zur deutschen Grammatik zu vermeiden, werden im Weiteren für die Tempora und Modi ausschließlich die italienischen Bezeichnungen verwendet. Diese Bezeichnungen dürfen nicht wörtlich genommen werden, sie drücken nur zum Teil die Bedeutung oder die Funktion der jeweiligen Form aus. So kann zum Beispiel ein **imperfetto** ein Vergangenheitstempus des Indikativs, aber auch ein Modus sein (im Bedingungssatz). Keineswegs aber darf die wörtliche Bedeutung „unvollendet" auf die Funktion dieser Form übertragen werden.

Durante le vacanze **veniva** a trovarci ogni giorno.
*Während der Ferien kam er jeden Tag zu uns.* – Tempus der Vergangenheit

Se **veniva** ogni giorno saremmo potuti andare in spiaggia.
*Wenn er jeden Tag gekommen wäre, hätten wir an den Strand gehen können.* – Modus des Bedingungssatzes.

48

# Die Konjugation
(la coniugazione)

Das It. unterscheidet drei Konjugationsgruppen. Die Zuordnung der Verben erfolgt nach den Endungen des **infinito -are, -ere, -ire.**

Bei der Konjugationsgruppe auf **-ere** kann die Endung des infinito betont oder unbetont sein. Auf die Konjugation hat das keinen Einfluss.

349 # Die Bildung der einzelnen Tempora und Modi

## L'indicativo

350 **presente**

An den Stamm werden die unten stehenden Endungen angefügt.

| Person | Konjugationsklasse | | |
|---|---|---|---|
| S. | **-are** | **-ere** | **-ire** |
| 1. (io) | -o | | |
| 2. (tu) | -i | | |
| 3. (egli) | -a | -e | |
| Pl. | | | |
| 1. (noi) | -iamo | | |
| 2. (voi) | -ate | -ete | -ite |
| 3. (essi) | -ano | -ono | |

351

| **cantare** *singen* | **temere** *fürchten* | **servire** *dienen* |
|---|---|---|
| cant-**o** | tem-**o** | serv-**o** |
| cant-**i** | tem-**i** | serv-**i** |
| cant-**a** | tem-**e** | serv-**e** |
| cant-**iamo** | tem-**iamo** | serv-**iamo** |
| cant-**ate** | tem-**ete** | serv-**ite** |
| cạnt-**ano** | tẹm-**ono** | sẹrv-**ono** |

352 Bei vielen Verben auf **-ire** findet sich im gesamten S. und in der 3. Pers. Pl. eine Stammerweiterung mit **-sc-**.

**finire**
fini-**sc**-o
fini-**sc**-i
fini-**sc**-e
finiamo
finite
finị-**sc**-ono

Zu dieser Gruppe gehören u.a.
agire *handeln*, capire *verstehen*, costruire *bauen*, ferire *verletzen*, ubbidire *gehorchen*, preferire *vorziehen*, pulire *reinigen*, sparire *verschwinden*.

53 Die wichtigsten Verben, die wie **servire** abgewandelt werden, sind:
aprire *aufmachen*, bollire *kochen*, coprire *bedecken*, cucire *nähen*, divertire *unterhalten*, dormire *schlafen*, fuggire *fliehen*, offrire *anbieten*, partire *abreisen*, pentirsi *bereuen*, seguire *folgen*, sentire *hören, fühlen*, soffrire *leiden*, vestire *anziehen, kleiden*.

54 Bei einigen Verben gibt es beide Möglichkeiten:
apparire (appaio/apparisco) *erscheinen*, applaudire (applaudo/applaudisco) *applaudieren*, assorbire *aufnehmen*, avvertire *benachrichtigen*, comparire *erscheinen*, convertire *bekehren*, tossire *husten*.
Die Formen ohne Stammerweiterung sind gewöhnlich die häufigeren.

55 **imperfetto**

Die Infinitivendung **-re** wird ersetzt durch die Endungen **-vo, -vi, -va, -vamo, -vate, -vano.**

| **cantare**<br>*singen* | **temere**<br>*fürchten* | **servire**<br>*dienen* |
|---|---|---|
| canta-**vo** | teme-**vo** | servi-**vo** |
| canta-**vi** | teme-**vi** | servi-**vi** |
| canta-**va** | teme-**va** | servi-**va** |
| canta-**vamo** | teme-**vamo** | servi-**vamo** |
| canta-**vate** | teme-**vate** | servi-**vate** |
| cantạ-**vano** | temẹ-**vano** | servị-**vano** |

56 Ein **unregelmäßiges imperfetto** findet sich bei

**essere:** ero, eri, era, eravamo, eravate, erano
**dire** (und Komposita): **dice**vo, **dice**vi usw.
**fare** (und Komposita): **face**vo, **face**vi usw.
**condurre** (und anderen Komposita mit **-durre**): **conduce**vo, **conduce**vi usw.
**porre** (und Komposita): **pone**vo, **pone**vi usw.

57 **passato remoto**

Die Infinitivendung **-re** wird durch die Endungen des passato remoto ersetzt, die für die drei Gruppen verschieden sind.

| **cantare**<br>*singen* | **temere**<br>*fürchten* | **servire**<br>*dienen* |
|---|---|---|
| canta-**i** | teme-**tti**/teme-**i** | servi-**i** |
| canta-**sti** | teme-**sti** | servi-**sti** |
| cant-**ò** (!) | teme-**tte**/tem-**è** | serv-**ì** |
| canta-**mmo** | teme-**mmo** | servi-**mmo** |
| canta-**ste** | teme-**ste** | servi-**ste** |
| cantạ-**rono** | temẹ-**ttero**/temẹ-**rono** | servị-**rono** |

Die 1. und 3. Pers. S. sowie die 3. Pers. Pl. der Verben auf **-ere** haben zwei Formen, die völlig unterschiedslos verwendet werden. Die Formen auf **-etti** sind gebräuchlicher. Nur wenn der Stamm des Verbs auf **-t** endet, vermeidet man das passato remoto auf **-etti** usw.

pot-**ere** pote-**i,** nicht *pote-tti usw.

358 Viele Verben vor allem der Konjugation auf **-ere** bilden ein **unregelmäßiges** passato remoto, wobei im Allgemeinen nur die 1. u. 3. Person S. und die 3. Pers. Pl. unregelmäßig sind.

**prendere** *nehmen*
**presi**
prendesti
**prese**
prendemmo
prendeste
**presero**

(s. Verzeichnis der unregelmäßigen Verben 410.)

359 passato prossimo

Das **passato prossimo** ist eine zusammengesetzte Zeit. Es wird gebildet mit dem **presente** von **essere** oder **avere** und dem **participio passato** (Perfektpartizip).

Laura **è partita.** *Laura ist weggefahren.*
Franco **ha fatto** il suo lavoro. *Franco hat seine Arbeit getan.*
Carla **si è cambiata.** *Carla hat sich umgezogen.*

360 **Die Bildung des participio passato**

Anstelle der Endungen des infinito **-are, -ere, -ire** treten die Endungen **-ato, -uto** oder **-ito.** Man unterscheidet m. und f., S. und Pl.

| **cantare** *singen* | **temere** *fürchten* | **servire** *dienen* |
|---|---|---|
| cant-**ato/a/i/e** | tem-**uto/a/i/e** | serv-**ito/a/i/e** |

Viele Verben vor allem der Klasse auf **-ere** bilden ein unregelmäßiges p.p., wobei meist p.p. und passato remoto denselben Stamm haben.

| | **decidere** *entscheiden* | **esprimere** *ausdrücken* |
|---|---|---|
| p.p. | **decis**-o | **espress**-o |
| p.r. | **decis**-i | **espress**-i |

(S. dazu die Liste der unregelmäßigen Verben 410.)

361 **Die Verwendung von avere und essere**

362 Die **reflexiven** Verben haben ausnahmslos **essere.**

Mariagrazia **si è lavata.** *Mariagrazia hat sich gewaschen.*

I due amici **si sono salutati.** *Die beiden Freunde haben einander begrüßt.*

Verben, die ein **COD** haben (verbi transitivi diretti), bilden das passato prossimo ausnahmslos mit **avere,** außer sie sind reflexiv.

**Ho pagato il conto.** *Ich habe die Rechnung bezahlt.*

Questa fabbrica **ha prodotto buone macchine.**
*Diese Fabrik hat gute Maschinen erzeugt.*

**Aber:** Cornelia **si è lavata le mani.** *Cornelia hat sich die Hände gewaschen.*

Das Verb hat zwar ein COD, ist aber reflexiv.

363 Die Verben des **Ortswechsels** bilden das p. pr. mit **essere**

andare – venire *gehen – kommen*
arrivare/giungere – partire *ankommen – abfahren*
entrare – uscire *eintreten – hinausgehen*
salire – scendere *hinaufgehen, -fahren – hinuntergehen, -fahren*
nascere – morire/decedere *zur Welt kommen – sterben*
scappare *entkommen*
restare/rimanere *bleiben*
(ri)tornare *zurückkehren*
cascare/cadere *fallen*
diventare/divenire *werden*

Ieri sera **siamo andati** a teatro. *Gestern Abend sind wir ins Theater gegangen.*

Mamma, vieni, **è arrivato** il postino! *„Mama, komm, der Briefträger ist da!"*

Einige dieser Verben können durch ein COD ergänzt werden. Sie werden dann mit **avere** konjugiert (s. 362).

**Abbiamo salito** in fretta **la collina.** *Wir sind rasch den Hügel hinaufgelaufen.*

364 Die **Bewegungsverben** bilden das p. pr. meist mit

**avere,** wenn sie ohne Zielangabe verwendet werden,
**essere,** wenn eine Zielangabe dabeisteht. (Hier findet sich aber auch avere.)

**Siamo** corsi **in giardino.** *Wir sind in den Garten gelaufen.*

**Abbiamo** corso **per dieci minuti.** *Wir sind zehn Minuten lang gelaufen.*

365 Für die übrigen **verbi transitivi indiretti** (mit COI) und die **verbi intransitivi** (ohne Objekt) gibt es keine Regeln, jedoch werden sie eher mit **essere** als mit **avere** konjugiert. (Im Zweifelsfall ist das Wörterbuch heranzuziehen.)

Führt das Subjekt die Handlung nicht wirklich aus, sondern „erleidet" es diese, verwendet man gewöhnlich **essere.**

crescere *wachsen*
maturare *reifen*
ringiovanire *sich verjüngen*
invecchiare *altern*
costare *kosten*
valere *wert sein*
cominciare *anfangen*
terminare/finire *enden*

Durante le vacanze i bambini **sono cresciuti** molto.
*Während der Ferien sind die Kinder sehr gewachsen.*

**E' molto invecchiato.** *Er ist sehr gealtert.*

Lo spettacolo **è cominciato.** *Die Aufführung hat begonnen.*

Verben, die das **Sich-Ereignen** bezeichnen, werden mit **essere** konjugiert, z. B. accadere/avvenire/succedere/capitare *sich ereignen, vorfallen, passieren*
toccare *drankommen*

Cos'**è successo?** *Was ist passiert?*

Poi **è toccato** a me. *Dann bin ich drangekommen.*

Führt das Subjekt die Handlung tatsächlich aktiv aus, steht meist **avere.**

parlare *sprechen*
gridare *schreien*
dormire *schlafen*
sorridere *lächeln*
ridere *lachen*
piangere *weinen*
russare *schnarchen*
pranzare *mittagessen*
cenare *abendessen*
mormorare *murmeln*
abbaiare *bellen*
nitrire *wiehern* usw.

**Ho** già **parlato** con lui. *Ich habe schon mit ihm gesprochen.*

**Ha dormito** bene tutta la notte. *Er hat die ganze Nacht gut geschlafen.*

Quando mi sono avvicinato, il cane **ha abbaiato.**
*Als ich näher heranging, bellte der Hund.*

366 Die Verben der **atmosphärischen Erscheinungen** können mit **essere** oder mit **avere** abgewandelt werden.

nevicare *schneien*
tuonare *donnern*
piovere *regnen*
diluviare *schütten*
lampeggiare *blitzen*
annottare *Nacht werden*
albeggiare *dämmern (am Morgen)*
grandinare *hageln* usw.

**E'/Ha piovuto** tutta la notte. *Es hat die ganze Nacht geregnet.*

**E'/Ha tuonato** più volte. *Es hat mehrmals gedonnert.*

367 Die Modalverben **potere, volere, dovere, sapere:**

**Ohne Objektsinfinitiv** verlangen sie **avere.**

Perché non sei venuto? – Perché non **ho voluto/potuto.**
*„Warum bist du nicht gekommen?" „Weil ich nicht wollte/konnte."*

Sei rimasto fino alla fine? – No, non **ho potuto.**
*„Bist du bis zum Ende geblieben?" „Nein, ich habe nicht können."*

Folgt ein Objektsinfinitiv, so verlangt das Modalverb dasselbe Hilfsverb wie der Infinitiv.

Non **sono potuto tornare.** *Ich habe nicht zurückkommen können.*

Tornare verlangt **essere.** (Jedoch ist hier auch avere zulässig.)

Non **ho potuto dirglielo** in tempo.
*Ich habe es ihm nicht rechtzeitig sagen können.* – Dire verlangt **avere.**

Ist der Objektsinfinitiv **essere,** ist das Hilfsverb **avere.**

**Ho voluto essere** generoso. *Ich habe großzügig sein wollen.*

Bei **reflexiven** Verben sind folgende zwei Konstruktionen möglich:

Non **si è potuto/a** riposare. – Non **ha potuto** riposar**si.**
*Er/Sie hat sich nicht ausruhen können.*

**Ci siamo dovuti** affrettare. – **Abbiamo dovuto** affrettar**ci.**
*Wir haben uns beeilen müssen.*

Das heißt: Steht das Reflexivpronomen vor dem Modalverb, so wird das p.pr. mit **essere** gebildet, wird es an den Objektsinfinitiv angefügt, verwendet man **avere.**

368 Das p.pr. von **avere** wird mit **avere,** das p.pr. von **essere** wird mit **essere** gebildet.

Quando l'ho visto, **ho avuto** paura.
*Als ich ihn erblickt habe, habe ich Angst bekommen.*

Ieri **siamo stati** da Elisabetta. *Gestern sind wir bei Elisabetta gewesen.*

369 **Die Übereinstimmung des participio passato**
(L'accordo del participio passato)

370 **Das passato prossimo wird mit essere gebildet**

371 a) Das Verb ist **nicht reflexiv:** das p.p. wird mit dem Subjekt übereingestimmt wie ein Adjektiv.

Ada è venut**a.** *Ada ist gekommen.*
Ada e Alda sono venut**e.** *Ada und Alda sind gekommen.*
Ugo è venut**o.** *Ugo ist gekommen.*
Ugo e Franco sono venut**i.** *Ugo und Franco sind gekommen.*
Ada e Ugo sono venut**i.** *Ada und Ugo sind gekommen.*

(Zur Übereinstimmung mit mehreren Nomina s. 182.)

372 b) Das Verb ist **reflexiv:** Das p.p. wird mit dem Subjekt übereingestimmt, kann aber auch, falls vorhanden, mit dem COD übereingestimmt werden (selten).

Franco si è comprat**o**/comprat**a** una cravatta.
*Franco hat sich eine Krawatte gekauft.*

La cravatta che Franco si è comprat**o/**comprat**a** era bella.
*Die Krawatte, die sich Franco gekauft hat, war schön.*

Monica si è comprat**a/**comprat**i** due libri.
*Monica hat sich zwei Bücher gekauft.*

I due libri che Monica si è comprat**a/**comprat**i** erano interessanti.
*Die beiden Bücher, die sich Monica gekauft hat, waren interessant.*

Ci siamo comprat**i/**comprat**a** una cravatta.
*Wir haben uns eine Krawatte gekauft.*

Steht vor dem Hilfsverb **lo, la, l', li** oder **le** (COD), so muss das p.p. **mit diesen Pronomina übereingestimmt werden.**

Franco si è comprat**o** (comprat**a**) una cravatta.

Franco se la è comprat**a.** *Franco hat sie sich gekauft.*

Franco e Monica si sono comprat**i** (comprat**a**) una macchina.
*Franco und Monica haben sich ein Auto gekauft.*

Franco e Monica se la sono comprat**a.** *Franco und Monica haben es sich gekauft.*

Ci siamo comprat**i** (comprat**a**) una cravatta. Ce la siamo comprat**a.**
*Wir haben sie uns gekauft.*

Die Übereinstimmung mit partitivem **ne** wird meist gemacht, kann aber auch unterbleiben.

Monica si è comprat**a** (comprat**i**) molti libri.

Monica se **ne** è comprat**i** (comprat**a**) molti. *Monica hat sich viele (davon) gekauft.*

373 c) Das unpersönliche **si**

Die Endung des p.p. ist **-o,** wenn das Verb bei persönlicher Konstruktion mit **avere** konjugiert wird, und **-i,** wenn es bei persönlicher Konstruktion mit **essere** abgewandelt wird.

In fabbrica si è lavorat**o** molto. *In der Fabrik hat man viel gearbeitet.*

– Die Endung ist **-o,** da **lavorare** mit **avere** konjugiert wird.

Si è partit**i** alle tre. *Man ist um drei Uhr abgereist.*

– Die Endung ist **-i,** da **partire** mit **essere** konjugiert wird.

Diese Regeln gelten auch dann, wenn das **unausgedrückte** Subjekt f. ist. In Verbindung mit einem f. Nomen ist jedoch die Endung **-e.**

Eine Frau spricht von sich oder von mehreren Frauen:
Si è sfruttat**i.** *Man wird ausgenützt.*

Quando si è **donne,** si è sfruttat**e.** *Wenn man eine Frau ist, wird man ausgenützt.*

– Das si bezieht sich auf ein **ausgedrücktes** f. Nomen.

Bei transitiven Verben ist die Endung **-i** bzw. **-o,** je nachdem ob der Satz im **passiven Präsens** (Endung **-i**) oder im **aktiven unpersönlichen passato prossimo** steht.

Si è capiti. *Man wird verstanden.* – Unpersönliches Präsens passiv

Si è capito. *Man hat verstanden.* – Unpersönliches passato prossimo aktiv

**374** **Das passato prossimo wird mit avere gebildet.**

Das p.p. muss mit vorausgehendem **lo, la, l', li** und **le** (COD) übereingestimmt werden.

Franco ha mangiato **la mela.** *Franco hat den Apfel gegessen.*

Franco **l'**ha mangiat**a.** *Franco hat ihn gegessen.* – **l'** = la mela

Franco ha mangiato **le mele.** *Franco hat die Äpfel gegessen.*

Franco **le** ha mangiat**e.** *Franco hat sie gegessen.* – **le** = le mele

Monica ha mangiato **i fichi.** *Monica hat die Feigen gegessen.*

Monica **li** ha mangiat**i.** *Monica hat sie gegessen.* – **li** = i fichi

**375** Wird in der Partizipialkonstruktion das Objektspronomen **lo, la, li** und **le** an das p.p. angefügt, muss ebenfalls übereingestimmt werden.

Mangiat**ili,** Monica se n'è andata.
*Sobald sie sie gegessen hatte, ging Monica weg.* – **li** = i fichi

Bevut**ala,** si è addormentato.
*Sobald er es getrunken hatte, schlief er ein.* – **la** = la coca cola

Auch mit **ne** wird gewöhnlich übereingestimmt, die Übereinstimmung kann aber auch unterbleiben.

**Ne** hanno mangiat**i/o** molti.
*Sie haben viele (davon) gegessen.* – **ne** = fichi

**Ne** hanno mangiat**a/o** la metà.
*Sie haben die Hälfte (davon) gegessen.* – **ne** = la mela

**376** In allen anderen Fällen ist die Übereinstimmung mit dem COD fakultativ, bleibt jedoch heute meist weg. Mit dem Subjekt wird bei Verben, die mit **avere** konjugiert werden, nie übereingestimmt.

**Quante gioie** gli hanno dat**o/e!** *Wie viel Freude haben sie ihm doch gemacht!*

**La gente** che ho vist**o/a.** *Die Leute, die ich gesehen habe.* – Che, Relativpronomen, steht für la gente.

Franco ha mangiat**o/a una mela.** *Franco hat einen Apfel gegessen.*

Monica ha mangiat**o/i due fichi.** *Monica hat zwei Feigen gegessen.*

Wird das p.p. mit dem darauf folgenden COD übereingestimmt, so erfährt dieses eine gewisse Hervorhebung.

377 **trapassato prossimo**
(„Vorvergangenheit“)

Wird gebildet mit Hilfe des **imperfetto** von **avere** oder **essere** und dem **participio passato.**

Quando sono arrivato, Erica **era** già **partita.**
*Als ich angekommen bin, war Erika schon weggegangen.*

Non **avevo** ancora **terminato** i miei compiti che sono arrivati i miei amici per invitarmi a giocare con loro.
*Ich hatte meine Aufgaben noch nicht fertig gemacht, als auch schon meine Freunde kamen und mich einluden, mit ihnen zu spielen.*

Die Verwendung von **avere** und **essere** ist wie beim **passato prossimo** (s. 366 ff.).

378 **trapassato remoto**
(„Vorvergangenheit“)

Das It. hat noch ein weiteres Tempus, um die zweite Vergangenheitsstufe auszudrücken: das **trapassato remoto.** Dieses wird jedoch anders als das **trapassato prossimo** verwendet (s. 448).

Es wird gebildet mit dem **passato remoto des Hilfsverbs** und dem **participio passato.** Der Gebrauch von **avere** und **essere** ist wie beim **passato prossimo** (s. 361 ff.).

Non appena **se ne fu andato,** vennero a cercarlo.
*Kaum war er weggegangen, kamen sie (schon), um ihn zu holen.*

379 
## Il congiuntivo
(Der „Konjunktiv“)

380 **congiuntivo presente**

Bei der **-are**-Konjugation ist der Endungsvokal **-i-,** bei den anderen Konjugationen **-a-.** Der **Stamm** des **congiuntivo** ist der der **1. Pers. S. Präs. Indikativ;** in der **1. u. 2. Pers. Pl.** ist der Stamm der des Infinitivs.

| | **cantare** | **temere** | **servire** | **finire** |
|---|---|---|---|---|
| | *singen* | *fürchten* | *dienen* | *aufhören* |
| 1. Pers. Ind. | **canto** | **temo** | **servo** | **finisco** |
| (io) | canti | tema | serva | finisca |
| (tu) | canti | tema | serva | finisca |
| (egli) | canti | tema | serva | finisca |
| (noi) | canti**amo** | tem**iamo** | serv**iamo** | fin**iamo** |
| (voi) | canti**ate** | tem**iate** | serv**iate** | fin**iate** |
| (essi) | cant**ino** | tẹm**ano** | sẹrv**ano** | finịsc**ano** |

Credo che Anna **canti** bene. *Ich glaube, dass Anna gut singt.*

Non vuole che tu **finisca** prima di lui. *Er/Sie möchte nicht, dass du vor ihm aufhörst.*

381 **congiuntivo imperfetto**

Die Infinitivendung **-re** wird durch die entsprechenden Konjunktivendungen ersetzt.

| | **cantare** | **temere** | **servire** | **finire** |
|---|---|---|---|---|
| (io) | canta**ssi** | teme**ssi** | servi**ssi** | fini**ssi** |
| (tu) | canta**ssi** | teme**ssi** | servi**ssi** | fini**ssi** |
| (egli) | canta**sse** | teme**sse** | servi**sse** | fini**sse** |
| (noi) | canta**ssimo** | teme**ssimo** | servi**ssimo** | fini**ssimo** |
| (voi) | canta**ste** | teme**ste** | servi**ste** | fini**ste** |
| (essi) | cantạ**ssero** | temẹ**ssero** | servị**ssero** | finị**ssero** |

Non volevo che **tu cantassi**. *Ich wollte nicht, dass du singst.*
Chiedeva che **tu finissi** prima di lui. *Er verlangte, dass du vor ihm aufhören solltest.*

382 Einige Verben haben einen unregelmäßigen **congiuntivo presente.**

| **essere**<br>*sein* | **avere**<br>*haben* | **stare**<br>*bleiben* | **dovere**<br>*müssen* |
|---|---|---|---|
| sia | abbia | stia | debba/deva |
| sia | abbia | stia | debba/deva |
| sia | abbia | stia | debba/deva |
| siamo | abbiamo | stiamo | dobbiamo |
| siate | abbiate | stiate | dobbiate |
| sịano | ạbbiano | stịano | dẹbbano/dẹvano |

| **sapere**<br>*wissen* | **andare**<br>*gehen* | **dare**<br>*geben* |
|---|---|---|
| sappia | vada | dia |
| sappia | vada | dia |
| sappia | vada | dia |
| sappiamo | andiamo | diamo |
| sappiate | andiate | diate |
| sạppiano | vạdano | dịano |

383 Einige Verben bilden einen unregelmäßigen **congiuntivo imperfetto.**

| **essere**<br>*sein* | **stare**<br>*bleiben* | **dare**<br>*geben* |
|---|---|---|
| fossi | stessi | dessi |
| fossi | stessi | dessi |
| fosse | stesse | desse |
| fọssimo | stẹssimo | dẹssimo |
| foste | steste | deste |
| fọssero | stẹssero | dẹssero |

384 **congiuntivo passato**

Wird gebildet mit dem **congiuntivo presente** von **avere** oder **essere** und dem **participio passato.** Gebrauch des Hilfsverbs wie bei p.pr. (s. 361 ff.).

Non credo che Carlo **abbia** già **finito.** *Ich glaube nicht, dass Carlo schon fertig ist.*

Spero che Mariagrazia **sia arrivata.**
*Ich hoffe, dass Mariagrazia schon (an)gekommen ist.*

385 **congiuntivo trapassato**

Wird gebildet mit dem **congiuntivo imperfetto** des Hilfsverbs und dem **participio passato.** Gebrauch des Hilfsverbs wie beim passato prossimo (s. 361 ff.).

Non credevo che Carlo **avesse** già **finito.** *Ich glaubte nicht, dass Carlo schon fertig sei.*

Speravo che Mariagrazia **fosse arrivata.**
*Ich hoffte, dass Mariagrazia angekommen sei.*

386 **futuro**
(Das Futur)

An das **-r-** des Infinitivs werden die Endungen **-ò, -ai, -à, -emo, -ete, -anno** angefügt, wobei das **-a-** von **-are** zu **-e-** wird.

| **cantare** | **temere** | **servire** |
|---|---|---|
| cant-**e-rò** | teme-**rò** | servi-**rò** |
| cant-**e-rai** | teme-**rai** | servi-**rai** |
| cant-**e-rà** | teme-**rà** | servi-**rà** |
| cant-**e-remo** | teme-**remo** | servi-**remo** |
| cant-**e-rete** | teme-**rete** | servi-**rete** |
| cant-**e-ranno** | teme-**ranno** | servi-**ranno** |

387 Einige Verben bilden ein unregelmäßiges futuro.

**essere** *sein*

| | |
|---|---|
| sarò | saremo |
| sarai | sarete |
| sarà | saranno |

Bei den unregelmäßigen Formen fällt der Vokal vor dem **-r-** der Endung aus. Dadurch kann es zu Bildung von **-rr-** vor der Endung kommen.

| | | | | | |
|---|---|---|---|---|---|
| andare | *gehen* | andrò | parere | *scheinen* | pa**rr**ò |
| avere | *haben* | avrò | rimanere | *bleiben* | rima**rr**ò |
| cadere | *fallen* | cadrò | tenere | *halten* | te**rr**ò |
| dovere | *müssen* | dovrò | valere | *wert sein* | va**rr**ò |
| godere | *genießen* | godrò | venire | *kommen* | ve**rr**ò |
| potere | *können* | potrò | volere | *wollen* | vo**rr**ò |
| sapere | *wissen* | saprò | dolere | *schmerzen* | do**rr**ò |
| vedere | *sehen* | vedrò | morire | *sterben* | mo**rr**ò<br>auch: morirò |
| vivere | *leben* | vivrò | | | |
| bere | *trinken* | be**rr**ò | udire | *hören* | udrò<br>auch: udirò |

388 **futuro anteriore**
(Die „Vorzukunft“)

wird mit dem **futuro** des Hilfsverbs **essere** oder **avere** und dem **participio passato** gebildet. (Zum Gebrauch von **essere** und **avere** s. 361 ff.)

Quando verrai tu, io **avrò** già **fatto** tutto.
*Wenn du kommst, werde ich schon alles gemacht haben.*

Quando verrai tu, io **sarò** già **partito/a.**
*Wenn du kommst, werde ich schon weg(gegangen) sein.*

389 **condizionale I (= condizionale presente)**
(Der Konditionalis I)

Die Bildung erfolgt wie beim **futuro,** jedoch mit den Endungen des **passato remoto** des Hilfsverbs **avere.** Nur die 1. Pers. S. hat die Endung **-ei.**

| **cantare** | **essere** | **sapere** |
|---|---|---|
| *singen* | *sein* | *wissen* |
| canter-**ei** | sar-**ei** | sapr-**ei** |
| canter-**esti** | sar-**esti** | sapr-**esti** |
| canter-**ebbe** | sar-**ebbe** | sapr-**ebbe** |
| canter-**emmo** | sar-**emmo** | sapr-**emmo** |
| canter-**este** | sar-**este** | sapr-**este** |
| canter-**ebbero** | sar-**ebbero** | sapr-**ebbero** |
| *(Ich würde singen)* | *(Ich würde sein)* | *(Ich würde wissen)* |

390 **condizionale II (= condizionale passato)**
(Der Konditionalis II)

wird mit dem condizionale I des Hilfsverbs **avere** oder **essere** und dem **participio passato** gebildet. (Gebrauch des Hilfsverbs s. 361 ff.)

Te l'**avrei mostrato** con molto piacere.
*Ich hätte es dir mit großem Vergnügen gezeigt.*

Anna **sarebbe partita** prima del tuo arrivo.
*Anna würde vor deiner Ankunft weggefahren sein/Anna wäre vor deiner...*

391 **imperativo**
(Der Imperativ)

Für die Verben der **-are**-Konjugation ist der **imperativo** der 2. Pers. S. gleich der 3. Pers. S. **indicativo presente.**
Die 1. und 2. Pers. des Pl. der **-are**-Konjugation sind gleich dem **indicativo presente.**
In den anderen Konjugationen sind die 2. Pers. S. und die 1. und 2. Pers. Pl. des **imperativo** gleich dem **indicativo presente**.

| | | |
|---|---|---|
| **cantare** | **prendere** | **finire** |
| canta! *Sing!* | Prendi! *Nimm!* | Finisci! *Hör auf!* |
| Cantiamo! *Singen wir!* | Prendiamo! *Nehmen wir!* | Finiamo! *Hören wir auf!* |
| Cantate! *Singt!* | Prendete! *Nehmt!* | Finite! *Hört auf!* |

Der **imperativo** der 3. Pers. S. und Pl. (indirekter Befehl oder Höflichkeitsform) ist gleich dem **congiuntivo presente.**

**Credere** *glauben* Creda! *Glauben Sie!*
Credano! *Glauben Sie!* – Pl. NB! Gebräuchlicher: *Credete!*

392 Einige Verben haben einen **unregelmäßigen imperativo** in der 2. Pers. S. und Pl.

| | | | |
|---|---|---|---|
| **avere** | *haben* | Abbi! | Abbiate! |
| **essere** | *sein* | Sii! | Siate! |
| **stare** | *bleiben* | Sta/Sta'/Stai! | State! |
| **dare** | *geben* | Dà/Da'/Dai! | Date! |
| **fare** | *machen* | Fa/Fa'/Fai! | Fate! |
| **sapere** | *wissen* | Sappi! | Sappiate! |
| **volere** | *wollen* | Vogli! | Vogliate! |
| **dire** | *sagen* | Di'! Dì! | Dite! |

Bei **stare, fare, dare** gibt es in der 2. Pers. S. zwei Formen. **Stai, fai** und **dai** können jedoch nur **ohne** Objektspronomina verwendet werden.

Sii gentile! *Sei lieb!*

Fai attenzione/Fa' attenzione! *Pass auf!*

Aber: **Fammelo!** *Mach es mir!* – **Fai** ist hier unzulässig, da Objektspronomina folgen. (s. auch 295a.)

393 **L'infinito**
(Der Infinitiv)

Es gibt drei Infinitivendungen: **-are, -ere, -ire.** Von **-ere** gibt es zwei Varianten: das erste **-e-** kann **betont** (vedere) oder **unbetont** sein (prendere). In der Konjugation gibt es jedoch zwischen diesen beiden keinen Unterschied. Der **infinito** hat zwei Tempora, **presente** und **passato;** die **verbi transitivi diretti** haben außerdem noch für jedes der beiden Tempora eine **aktive** und eine **passive** Form.

| attivo | | passivo | |
|---|---|---|---|
| inf. pres. | inf. passato | inf. pres. | inf. passato |
| battere | avere battuto | essere battuto | essere stato battuto |
| venire | essere venuto | – | – |
| ricordarsi | essersi ricordato | – | – |

394 **I participi**
(Die Partizipien)

395 **participio presente** (Das Präsenspartizip)

Anstelle der Endung **-re** des infinito wird **-nte** angefügt. Das **-i-** von **-ire** wird dabei zu **-e-.**

| **cantare** | **temere** | **seguire** |
|---|---|---|
| canta**nte** *singend* | teme**nte** *fürchtend* | segue**nte** *folgend* |

Einige Verben auf **-ire** haben ein participio presente auf **-iente,** bei einigen ist die Form auf **-ente** ebenfalls gebräuchlich.

| **ubbidire** | **dormire** | **udire** | **venire** |
|---|---|---|---|
| ubbid**iente** *gehorchend* | dorm**ente/iente** *schlafend* | ud**ente/iente** *hörend* | ven**ente/iente** *kommend* |

Einige Sonderformen:

**fare** – facente *machend*, **dire** – dicente *sagend*, **bere** – bevente *trinkend*
**condurre** – conducente *führend* – ebenso die anderen Verben auf **-durre**
**porre** – ponente *hinlegend* usw. – ebenso die anderen Komposita von **porre**
**trarre** – traente *ziehend* und Komposita.

396 **participio passato** (Das Perfektpartizip)

Bei den Verben auf **-are** und **-ire** endet das p.p. auf **-ato** bzw. **-ito,** bei den Verben auf **-ere** endet es auf **-uto.**

| **cantare** | **temere** | **finire** |
|---|---|---|
| cant**ato** | tem**uto** | fin**ito** |

Bei einer großen Anzahl von Verben auf **-ere** (unbetont) ist das p.p. unregelmäßig (s. 410 Liste der unregelmäßigen Verben).

**mettere** – messo **correre** – corso **redigere** – redatto usw.

Es gibt für das m. und f. p.p. je eine Form in S. und Pl.
cantat**o** – cantat**a** – cantat**i** – cantat**e**

397 **gerundio**

Die Endung des infinito **-are** wird durch **-ando,** die anderen Endungen des infinito werden durch **-endo** ersetzt.

| **cantare** | **vedere** | **finire** |
|---|---|---|
| cant**ando** *singend* | ved**endo** *sehend* | fin**endo** *aufhörend* |

Das gerundio ist **unveränderlich.**

Das gerundio hat auch eine **zusammengesetzte Form** (gerundio passato oder composto). Es wird gebildet mit dem **gerundio des Hilfsverbs** essere oder avere und dem **participio passato.** (Zum Gebrauch von **avere/essere** s. 361 ff.)

| | | |
|---|---|---|
| **cantare** | **vedere** | **finire** |
| **avendo** cantato | **avendo** visto | **avendo** finito |
| **andare** | **scendere** | **lavarsi** |
| **essendo** andato | **essendo** sceso | **essendosi lavato** |

398 Modell: **cantare** *singen* Ausiliare: **avere**

| persona | infinito | participio | | gerundio |
|---|---|---|---|---|
| | | presente | passato | |
| | cantare | cantante | cantato | cantando |
| | | indicativo | | |
| | presente | imperfetto | passato remoto | futuro |
| io | canto | cantavo | cantai | canterò |
| tu | canti | cantavi | cantasti | canterai |
| egli | canta | cantava | cantò | canterà |
| noi | cantiamo | cantavamo | cantammo | canteremo |
| voi | cantate | cantavate | cantaste | canterete |
| essi | cạntano | cantạvano | cantạrono | canteranno |
| | | Gli altri modi | | |
| | condizionale | congiuntivo | | imperativo |
| | | presente | imperfetto | |
| io | canterei | canti | cantassi | |
| tu | canteresti | canti | cantassi | canta! |
| egli | canterebbe | canti | cantasse | canti! |
| noi | canteremmo | cantiamo | cantassimo | cantiamo! |
| voi | cantereste | cantiate | cantaste | cantate! |
| essi | canterẹbbero | cạntino | cantạssero | cạntino! |

399 Die Verben auf **-care** und **-gare** schieben vor Endungen, die mit **-e-** oder **-i-** beginnen, ein **-h-** ein.

| | |
|---|---|
| **caricare**<br>*beladen* | **pregare**<br>*beten/bitten* |
| carico | prego |
| cari**ch**i | pre**gh**i |
| cari**ch**erò usw. | pre**gh**erò usw. |

400 Die Verben auf **-ciare** und **-giare** verlieren das **-i-,** wenn die Endung mit **-e-** beginnt; sie schreiben nur **ein -i-,** wenn die Endung mit **-i-** beginnt.

| **falciare** *mähen* | **mangiare** *essen* |
|---|---|
| falcio | mangio |
| falc**e**rò | mang**e**rò |
| falc**i** | mang**i** |
| falc**i**amo usw. | mang**i**amo usw. |

401 Die Verben auf **-gliare** schreiben nur **ein -i-,** wenn die Endung mit **-i-** beginnt.

**consigliare**
*raten*

consiglio
consigl**i**
consigl**i**amo usw.

402 Modell: **temere** *fürchten* Ausiliare: **avere**

| persona | infinito | participio | | gerundio |
|---|---|---|---|---|
| | | presente | passato | |
| | temere | temente | temuto | temendo |
| | indicativo | | | |
| | presente | imperfetto | passato remoto | futuro |
| io | temo | temevo | temei/temetti | temerò |
| tu | temi | temevi | temesti | temerai |
| egli | teme | temeva | temè/-ette | temerà |
| noi | temiamo | temevamo | tememmo | temeremo |
| voi | temete | temevate | temeste | temerete |
| essi | tẹmono | temẹvano | temẹrono/-ẹttero | temeranno |
| | Gli altri modi | | | |
| | condizionale | congiuntivo | | imperativo |
| | | presente | imperfetto | |
| io | temerei | tema | temessi | |
| tu | temeresti | tema | temessi | temi! |
| egli | temerebbe | tema | temesse | tema! |
| noi | temeremmo | temiamo | temẹssimo | temiamo! |
| voi | temereste | temiate | temeste | temete! |
| essi | temerẹbbero | tẹmano | temẹssero | tẹmano! |

403 Die Verben auf **-cere** und **-gere** ändern die Aussprache des /tʃ/ und /dʒ/ in /k/ und /g/, wenn auf das **-c-** bzw. das **-g-** ein **-a-** oder **-o-** folgt.

| **vincere** *siegen* | **porgere** *reichen* |
|---|---|
| vinco | porgo |
| vinci | porgi |
| vinca usw. | porga usw. |

Bei **cuocere** bleibt das /tʃ/ in allen Formen erhalten, das heißt, vor **-a-** oder **-o-** muss ein **-i-** eingefügt werden: (io) cuoc**i**o, io cuoc**i**a usw.

Vor der Endung des p.p. **-uto** bleibt der Laut /tʃ/ immer erhalten (**-i-** einfügen!).

| **tacere** *schweigen* | **piacere** *gefallen* |
|---|---|
| tac**i**uto | piac**i**uto usw. |

404 Modell: **servire** *dienen* Ausiliare: **avere/essere**

| persona | infinito | participio | | gerundio |
|---|---|---|---|---|
| | | presente | passato | |
| | servire | servente | servito | servendo |
| | | indicativo | | |
| | presente | imperfetto | passato remoto | futuro |
| io | servo | servivo | servii | servirò |
| tu | servi | servivi | servisti | servirai |
| egli | serve | serviva | servì | servirà |
| noi | serviamo | servivamo | servimmo | serviremo |
| voi | servite | servivate | serviste | servirete |
| essi | sẹrvono | servịvano | servịrono | serviranno |
| | | Gli altri modi | | |
| | condizionale | congiuntivo | | imperativo |
| | | presente | imperfetto | |
| io | servirei | serva | servissi | |
| tu | serviresti | serva | servissi | servi! |
| egli | servirebbe | serva | servisse | serva! |
| noi | serviremmo | serviamo | servịssimo | serviamo! |
| voi | servireste | serviate | serviste | servite! |
| essi | servirẹbbero | sẹrvano | servịssero | sẹrvano! |

405 Modell: **unire** *vereinen* Ausiliare: **avere**

| persona | infinito | participio | | gerundio |
|---|---|---|---|---|
| | | presente | passato | |
| | unire | unente | unito | unendo |

| | indicativo | | | |
|---|---|---|---|---|
| | presente | imperfetto | passato remoto | futuro |
| io | unisco | univo | unii | unirò |
| tu | unisci | univi | unisti | unirai |
| egli | unisce | univa | unì | unirà |
| noi | uniamo | univamo | unimmo | uniremo |
| voi | unite | univate | uniste | unirete |
| essi | unịscono | unịvano | unịrono | uniranno |

| | Gli altri modi | | | |
|---|---|---|---|---|
| | condizionale | congiuntivo | | imperativo |
| | | presente | imperfetto | |
| io | unirei | unisca | unissi | |
| tu | uniresti | unisca | unissi | unisci! |
| egli | unirebbe | unisca | unisse | unisca! |
| noi | uniremmo | uniamo | unịssimo | uniamo! |
| voi | unireste | uniate | uniste | unite! |
| essi | unirẹbbero | unịscano | unịssero | unịscano! |

406 Modell: **lavarsi** *sich waschen* Ausiliare: **essere**

| persona | infinito | participio | | gerundio |
|---|---|---|---|---|
| | | presente | passato | |
| | lavarsi | lavantesi | lavatosi | lavandosi |

| | indicativo | | | |
|---|---|---|---|---|
| | presente | imperfetto | passato remoto | futuro |
| io | mi lavo | mi lavavo | mi lavai | mi laverò |
| tu | ti lavi | ti lavavi | ti lavasti | ti laverai |
| egli | si lava | si lavava | si lavò | si laverà |
| noi | ci laviamo | ci lavavamo | ci lavammo | ci laveremo |
| voi | vi lavate | vi lavavate | vi lavaste | vi laverete |
| essi | si lạvano | si lavạvano | si lavạrono | si laveranno |

| | Gli altri modi | | | |
|---|---|---|---|---|
| | condizionale | congiuntivo | | imperativo |
| | | presente | imperfetto | |
| io | mi laverei | mi lavi | mi lavassi | |
| tu | ti laveresti | ti lavi | ti lavassi | lạvati! |
| egli | si laverebbe | si lavi | si lavasse | si lavi! |
| noi | ci laveremmo | ci laviamo | ci lavạssimo | laviạmoci! |
| voi | vi lavereste | vi laviate | vi lavaste | lavạtevi! |
| essi | si laverẹbbero | si lạvino | si lavạssero | si lạvino! |

407 **avere** *haben* Ausiliare: **avere**

| persona | infinito | participio | | gerundio |
|---|---|---|---|---|
| | | presente | passato | |
| | avere | avente | avuto | avendo |
| | | indicativo | | |
| | presente | imperfetto | passato remoto | futuro |
| io | ho | avevo | ebbi | avrò |
| tu | hai | avevi | avesti | avrai |
| egli | ha | aveva | ebbe | avrà |
| noi | abbiamo | avevamo | avemmo | avremo |
| voi | avete | avevate | aveste | avrete |
| essi | hanno | avẹvano | ẹbbero | avranno |
| | | Gli altri modi | | |
| | condizionale | congiuntivo | | imperativo |
| | | presente | imperfetto | |
| io | avrei | abbia | avessi | |
| tu | avresti | abbia | avessi | abbi! |
| egli | avrebbe | abbia | avesse | abbia! |
| noi | avremmo | abbiamo | avẹssimo | abbiamo! |
| voi | avreste | abbiate | aveste | abbiate! |
| essi | avrẹbbero | ạbbiano | avẹssero | ạbbiano! |

408 **essere** *sein* Ausiliare: **essere**

| persona | infinito | participio | | gerundio |
|---|---|---|---|---|
| | | presente | passato | |
| | essere | essente | stato | essendo |
| | | indicativo | | |
| | presente | imperfetto | passato remoto | futuro |
| io | sono | ero | fui | sarò |
| tu | sei | eri | fosti | sarai |
| egli | è | era | fu | sarà |
| noi | siamo | eravamo | fummo | saremo |
| voi | siete | eravate | foste | sarete |
| essi | sono | ẹrano | fụrono | saranno |
| | | Gli altri modi | | |
| | condizionale | congiuntivo | | imperativo |
| | | presente | imperfetto | |
| io | sarei | sia | fossi | |
| tu | saresti | sia | fossi | sii! |
| egli | sarebbe | sia | fosse | sia! |
| noi | saremmo | siamo | fọssimo | siamo! |
| voi | sareste | siate | foste | siate! |
| essi | sarẹbbero | sịano | fọssero | sịano! |

 **stare** *bleiben, sein* Ausiliare: **essere**

| persona | infinito | participio | | gerundio |
|---|---|---|---|---|
| | | presente | passato | |
| | stare | stante | stato | stando |
| | indicativo | | | |
| | presente | imperfetto | passato remoto | futuro |
| io | sto | stavo | stetti | starò |
| tu | stai | stavi | stesti | starai |
| egli | sta | stava | stette | starà |
| noi | stiamo | stavamo | stemmo | staremo |
| voi | state | stavate | steste | starete |
| essi | stanno | stavano | stettero | staranno |
| | Gli altri modi | | | |
| | condizionale | congiuntivo | | imperativo |
| | | presente | imperfetto | |
| io | starei | stia | stessi | |
| tu | staresti | stia | stessi | sta/sta'/stai! |
| egli | starebbe | stia | stesse | stia! |
| noi | staremmo | stiamo | stessimo | stiamo! |
| voi | stareste | stiate | steste | state! |
| essi | starebbero | stiano | stessero | stiano! |

| infinito | indicativo | | | | |
|---|---|---|---|---|---|
| | pers. | presente | imperfetto | futuro | passato rem. |
| ACCADERE<br>s. **cadere** | | | | | |
| ACCENDERE<br>*anzünden* | io<br>tu<br>egli<br>noi<br>voi<br>essi | accendo | accendevo | accenderò | **accesi**<br>accendesti<br>**accese**<br>accendemmo<br>accendeste<br>**accesero** |
| ACCOGLIERE<br>*empfangen*<br>s. **cogliere** | | | | | |
| ACCORGERSI<br>*bemerken* | io<br>tu<br>egli<br>noi<br>voi<br>essi | **mi accorgo**<br>ti accorgi<br>si accorge<br>ci accorgiamo<br>vi accorgete<br>**si accorgono** | mi accorgevo | mi accorgerò | **mi accorsi**<br>ti accorgesti<br>**si accorse**<br>ci accorgemmo<br>vi accorgeste<br>**si accorsero** |
| ACCORRERE<br>*herbeilaufen*<br>s. **correre** | | | | | |
| AFFLIGGERE<br>*betrüben* | io<br>tu<br>egli<br>noi<br>voi<br>essi | **affliggo**<br>affliggi<br>affligge<br>affliggiamo<br>affliggete<br>**affliggono** | affliggevo | affliggerò | **afflissi**<br>affliggesti<br>**afflisse**<br>affliggemmo<br>affliggeste<br>**afflissero** |
| AGGIUNGERE<br>*hinzufügen*<br>s. **giungere** | | | | | |
| AMMETTERE<br>*annehmen*<br>s. **mettere** | | | | | |
| ANDARE<br>*gehen* | io<br>tu<br>egli<br>noi<br>voi<br>essi | **vado**<br>**vai**<br>**va**<br>andiamo<br>andate<br>**vanno** | andavo | **andrò** | andai |
| APPARIRE<br>*erscheinen*<br>(s. 354) | io<br>tu<br>egli<br>noi<br>voi<br>essi | **appaio**<br>appari<br>appare<br>appariamo<br>apparite<br>**appaiono** | apparivo | apparirò<br>auch: **apparrò** | **apparvi**<br>apparisti<br>**apparve**<br>apparimmo<br>appariste<br>**apparvero** |

| congiuntivo | | imperativo | participio | | gerundio |
|---|---|---|---|---|---|
| presente | imperfetto | | presente | passato | |
| | | | | | |
| accenda | accendessi | accendi! | accendente | **acceso** | accendendo |
| | | | | | |
| **mi accorga**<br>**ti accorga**<br>**si accorga**<br>ci accorgiamo<br>vi accorgiate<br>**si accorgano** | mi accorgessi | accorgiti!<br>**si accorga!**<br>accorgiamoci!<br>accorgetevi!<br>**si accorgano!** | accorgentesi | **accortomi** | accorgendomi |
| | | | | | |
| **affligga**<br>**affligga**<br>**affligga**<br>affliggiamo<br>affliggiate<br>**affliggano** | affliggessi | affliggi!<br>**affligga!**<br>affliggiamo!<br>affliggete!<br>**affliggano!** | affliggente | **afflitto** | affliggendo |
| | | | | | |
| | | | | | |
| **vada**<br>**vada**<br>**vada**<br>andiamo<br>andiate<br>**vadano** | andassi | **va/va'/vai!**<br>**vada!**<br>andiamo!<br>andate!<br>**vadano!** | andante | andato | andando |
| **appaia**<br>**appaia**<br>**appaia**<br>appariamo<br>appariate<br>**appaiano** | apparissi | appari!<br>**appaia!**<br>appariamo!<br>apparite!<br>**appaiano!** | apparente | **apparso** | apparendo |

| infinito | indicativo | | | | |
| --- | --- | --- | --- | --- | --- |
| | pers. | presente | imperfetto | futuro | passato rem. |
| APPENDERE<br>*hängen* | io<br>tu<br>egli<br>noi<br>voi<br>essi | appendo | appendevo | appenderò | **appesi**<br>appendesti<br>**appese**<br>appendemmo<br>appendeste<br>**appesero** |
| APPRENDERE<br>*lernen, erfahren*<br>s. **prendere** | | | | | |
| APRIRE<br>*öffnen* | io<br>tu<br>egli<br>noi<br>voi<br>essi | apro | aprivo | aprirò | **apersi**/aprii<br>apristi<br>**aperse**/aprì<br>aprimmo<br>apriste<br>**apersero**/aprirono |
| ASSISTERE<br>*beistehen*<br>s. **esistere** | | | | | |
| ASSUMERE<br>*erwerben* | io<br>tu<br>egli<br>noi<br>voi<br>essi | assumo | assumevo | assumerò | **assunsi**<br>assumesti<br>**assunse**<br>assumemmo<br>assumeste<br>**assunsero** |
| ATTENDERE<br>*warten*<br>s. **tendere** | | | | | |
| ATTINGERE<br>*erreichen* | io<br>tu<br>egli<br>noi<br>voi<br>essi | **attingo**<br>attingi<br>attinge<br>attingiamo<br>attingete<br>**attingono** | attingevo | attingerò | **attinsi**<br>attingesti<br>**attinse**<br>attingemmo<br>attingeste<br>**attinsero** |
| AVVENIRE<br>*sich ereignen*<br>s. **venire** | | | | | |
| AVVOLGERE<br>*einwickeln*<br>s. **volgere** | | | | | |
| BENEDIRE<br>*segnen*<br>s. **dire** | | | | | |

| congiuntivo | | imperativo | participio | | gerundio |
|---|---|---|---|---|---|
| presente | imperfetto | | presente | passato | |
| appenda | appendessi | appendi! | appendente | **appeso** | appendendo |
| | | | | | |
| apra | aprissi | apri! | aprente | **aperto** | aprendo |
| | | | | | |
| assuma | assumessi | assumi! | assumente | **assunto** | assumendo |
| | | | | | |
| **attinga**<br>**attinga**<br>**attinga**<br>attingiamo<br>attingiate<br>**attingano** | attingessi | attingi!<br>**attinga!**<br>attingiamo!<br>attingete!<br>**attingano!** | attingente | **attinto** | attingendo |
| | | | | | |
| | | | | | |
| | | | | | |

| infinito | indicativo | | | | |
|---|---|---|---|---|---|
| | pers. | presente | imperfetto | futuro | passato rem. |
| BERE<br>*trinken* | io<br>tu<br>egli<br>noi<br>voi<br>essi | **bevo**<br>**bevi**<br>**beve**<br>**beviamo**<br>**bevete**<br>**bevono** | **bevevo** | **berrò** | **bevvi/bevetti**<br>**bevesti**<br>**bevve/bevette**<br>**bevemmo**<br>**beveste**<br>**bevvero/**<br>**bevettero** |
| CADERE<br>*fallen* | io<br>tu<br>egli<br>noi<br>voi<br>essi | cado | cadevo | **cadrò** | **caddi**<br>cadesti<br>**cadde**<br>cademmo<br>cadeste<br>**caddero** |
| CHIEDERE<br>*fragen* | io<br>tu<br>egli<br>noi<br>voi<br>essi | chiedo | chiedevo | chiederò | **chiesi**<br>chiedesti<br>**chiese**<br>chiedemmo<br>chiedeste<br>**chiesero** |
| CHIUDERE<br>*schließen* | io<br>tu<br>egli<br>noi<br>voi<br>essi | chiudo | chiudevo | chiuderò | **chiusi**<br>chiudesti<br>**chiuse**<br>chiudemmo<br>chiudeste<br>**chiusero** |
| CINGERE<br>*umgeben* | io<br>tu<br>egli<br>noi<br>voi<br>essi | **cingo**<br>cingi<br>cinge<br>cingiamo<br>cingete<br>**cingono** | cingevo | cingerò | **cinsi**<br>cingesti<br>**cinse**<br>cingemmo<br>cingeste<br>**cinsero** |
| COGLIERE<br>*pflücken* | io<br>tu<br>egli<br>noi<br>voi<br>essi | **colgo**<br>cogli<br>coglie<br>cogliamo<br>cogliete<br>**colgono** | coglievo | coglierò | **colsi**<br>cogliesti<br>**colse**<br>cogliemmo<br>coglieste<br>**colsero** |
| COMMETTERE<br>*begehen*<br>s. **mettere** | | | | | |
| COMMUOVERE<br>*rühren*<br>s. **muovere** | | | | | |

| congiuntivo | | imperativo | participio | | gerundio |
|---|---|---|---|---|---|
| presente | imperfetto | | presente | passato | |
| **beva**<br>**beva**<br>**beva**<br>**beviamo**<br>**beviate**<br>**bevano** | **bevessi** | **bevi!**<br>**beva!**<br>**beviamo!**<br>**bevete!**<br>**bevano!** | **bevente** | **bevuto** | **bevendo** |
| cada | cadessi | cadi! | cadente | caduto | cadendo |
| chieda | chiedessi | chiedi! | chiedente | **chiesto** | chiedendo |
| chiuda | chiudessi | chiudi! | chiudente | **chiuso** | chiudendo |
| **cinga**<br>**cinga**<br>**cinga**<br>cingiamo<br>cingiate<br>**cingano** | cingessi | cingi!<br>**cinga!**<br>cingiamo!<br>cingete!<br>**cingano!** | cingente | **cinto** | cingendo |
| **colga**<br>**colga**<br>**colga**<br>cogliamo<br>cogliate<br>**colgano** | cogliessi | cogli!<br>**colga!**<br>cogliamo!<br>cogliete!<br>**colgano!** | cogliente | **colto** | cogliendo |
| | | | | | |
| | | | | | |

| infinito | indicativo | | | | |
|---|---|---|---|---|---|
| | pers. | presente | imperfetto | futuro | passato rem. |
| COMPIACERE<br>*entgegenkommen*<br>s. **piacere** | | | | | |
| CONCEDERE | io | concedo | concedevo | concederò | **concessi** |
| *zugestehen* | tu | | | | concedesti |
| | egli | | | | **concesse** |
| | noi | | | | concedemmo |
| | voi | | | | concedeste |
| | essi | | | | **concessero** |
| CONDURRE | io | **conduco** | **conducevo** | **condurrò** | **condussi** |
| *führen* | tu | **conduci** | **conducevi** | **condurrai** | **conducesti** |
| | egli | **conduce** | **conduceva** | **condurrà** | **condusse** |
| | noi | **conduciamo** | **conducevamo** | **condurremo** | **conducemmo** |
| | voi | **conducete** | **conducevate** | **condurrete** | **conduceste** |
| | essi | **conducono** | **conducevano** | **condurranno** | **condussero** |
| CONFONDERE | io | confondo | confondevo | confonderò | **confusi** |
| *verwechseln* | tu | | | | confondesti |
| | egli | | | | **confuse** |
| | noi | | | | confondemmo |
| | voi | | | | confondeste |
| | essi | | | | **confusero** |
| CONOSCERE | io | **conosco** | conoscevo | conoscerò | **conobbi** |
| *kennen* | tu | conosci | | | conoscesti |
| | egli | conosce | | | **conobbe** |
| | noi | conosciamo | | | conoscemmo |
| | voi | conoscete | | | conosceste |
| | essi | **conoscono** | | | **conobbero** |
| CONTRADDIRE<br>*widersprechen*<br>s. **dire** | | | | | |
| CONVENIRE<br>*sich schicken*<br>s. **venire** | | | | | |
| CONVINCERE<br>*überzeugen*<br>s. **vincere** | | | | | |
| COPRIRE<br>*bedecken*<br>s. **aprire** | | | | | |
| CORREGGERE<br>*richtig stellen*<br>s. **reggere** | | | | | |

| congiuntivo | | imperativo | participio | | gerundio |
|---|---|---|---|---|---|
| presente | imperfetto | | presente | passato | |
| | | | | | |
| conceda | concedessi | concedi! | concedente | **concesso** | concedendo |
| **conduca**<br>**conduca**<br>**conduca**<br>**conduciamo**<br>**conduciate**<br>**conducano** | **conducessi**<br>**conducessi**<br>**conducesse**<br>**conducessimo**<br>**conduceste**<br>**conducessero** | **conduci!**<br>**conduca!**<br>**conduciamo!**<br>**conducete!**<br>**conducano!** | **conducente** | **condotto** | **conducendo** |
| confonda | confondessi | confondi! | confondente | **confuso** | confondendo |
| **conosca**<br>**conosca**<br>**conosca**<br>**conosciamo**<br>**conosciate**<br>**conoscano** | conoscessi | conosci!<br>**conosca!**<br>conosciamo!<br>conoscete!<br>**conoscano!** | conoscente | conosciuto | conoscendo |
| | | **NB**<br>**contraddici!** | | | |
| | | | | | |
| | | | | | |
| | | | | | |
| | | | | | |

| infinito | indicativo | | | | |
|---|---|---|---|---|---|
| | pers. | presente | imperfetto | futuro | passato rem. |
| CORRERE<br>*laufen* | io<br>tu<br>egli<br>noi<br>voi<br>essi | corro | correvo | correrò | **corsi**<br>corresti<br>**corse**<br>corremmo<br>correste<br>**corsero** |
| CORRISPON-<br>DERE<br>*entsprechen*<br>s. **rispondere** | | | | | |
| COSTRINGERE<br>*zwingen*<br>s. **stringere** | | | | | |
| CRESCERE<br>*wachsen* | io<br>tu<br>egli<br>noi<br>voi<br>essi | **cresco**<br>cresci<br>cresce<br>cresciamo<br>crescete<br>**crescono** | crescevo | crescerò | **crebbi**<br>crescesti<br>**crebbe**<br>crescemmo<br>cresceste<br>**crebbero** |
| CUOCERE<br>*kochen* | io<br>tu<br>egli<br>noi<br>voi<br>essi | **cuocio**<br>cuoci<br>cuoce<br>**cociamo**<br>**cocete**<br>**cuociono** | **cuocevo** | **cuocerò** | **cossi**<br>**cocesti**<br>**cosse**<br>**cocemmo**<br>**coceste**<br>**cossero** |
| DARE<br>*geben* | io<br>tu<br>egli<br>noi<br>voi<br>essi | **do**<br>**dai**<br>**dà**<br>**diamo**<br>**date**<br>**danno** | **davo**<br>**davi**<br>**dava**<br>**davamo**<br>**davate**<br>**davano** | darò | **diedi/detti**<br>**desti**<br>**diede/dette**<br>**demmo**<br>**deste**<br>**diedero/dettero** |
| DECIDERE<br>*entscheiden* | io<br>tu<br>egli<br>noi<br>voi<br>essi | decido | decidevo | deciderò | **decisi**<br>decidesti<br>**decise**<br>decidemmo<br>decideste<br>**decisero** |
| DEPORRE<br>*ablegen*<br>s. **porre** | | | | | |
| DESCRIVERE<br>*beschreiben*<br>s. **scrivere** | | | | | |

| congiuntivo | | imperativo | participio | | gerundio |
|---|---|---|---|---|---|
| presente | imperfetto | | presente | passato | |
| corra | coressi | corri! | corrente | **corso** | correndo |
| | | | | | |
| | | | | | |
| **cresca**<br>**cresca**<br>**cresca**<br>**cresciamo**<br>**cresciate**<br>**crescano** | crescessi | cresci!<br>**cresca!**<br>cresciamo!<br>crescete!<br>**crescano!** | crescente | cresciuto | crescendo |
| **cuocia**<br>**cuocia**<br>**cuocia**<br>**cociamo**<br>**cociate**<br>**cuociano** | **cocessi** | **cuoci!**<br>**cuocia!**<br>**cociamo!**<br>**cocete!**<br>**cuociano!** | **cocente** | **cotto**<br>(cociuto)<br>(nur im übertragenen Sinn) | **cocendo** |
| **dia**<br>**dia**<br>**dia**<br>**diamo**<br>**diate**<br>**diano** | **dessi**<br>**dessi**<br>**desse**<br>**dessimo**<br>**deste**<br>**dessero** | **da'/dà/dai!**<br>**dia!**<br>**diamo!**<br>**date!**<br>**diano!** | **dante** (selten) | **dato** | dando |
| decida | decidessi | decidi! | decidente | **deciso** | decidendo |
| | | | | | |
| | | | | | |

| infinito | indicativo | | | | |
|---|---|---|---|---|---|
| | pers. | presente | imperfetto | futuro | passato rem. |
| DIFENDERE<br>*verteidigen* | io<br>tu<br>egli<br>noi<br>voi<br>essi | difendo | difendevo | difenderò | **difesi**<br>difendesti<br>d**ifese**<br>difendemmo<br>difendeste<br>d**ifesero** |
| DIFFONDERE<br>*verbreiten*<br>s. **confondere** | | | | | |
| DIPENDERE<br>*abhängen*<br>s. **appendere** | | | | | |
| DIPINGERE<br>*malen* | io<br>tu<br>egli<br>noi<br>voi<br>essi | **dipingo**<br>dipingi<br>dipinge<br>dipingiamo<br>dipingete<br>**dipingono** | dipingevo | dipingerò | **dipinsi**<br>dipingesti<br>**dipinse**<br>dipingemmo<br>dipingeste<br>**dipinsero** |
| DIRE<br>*sagen* | io<br>tu<br>egli<br>noi<br>voi<br>essi | **dico**<br>**dici**<br>**dice**<br>**diciamo**<br>**dite**<br>**dicono** | **dicevo**<br>**dicevi**<br>**diceva**<br>**dicevamo**<br>**dicevate**<br>**dicevano** | dirò | **dissi**<br>**dicesti**<br>**disse**<br>**dicemmo**<br>**diceste**<br>**dissero** |
| DIRIGERE<br>*leiten* | io<br>tu<br>egli<br>noi<br>voi<br>essi | **dirigo**<br>dirigi<br>dirige<br>dirigiamo<br>dirigete<br>**dirigono** | dirigevo | dirigerò | **diressi**<br>dirigesti<br>**diresse**<br>dirigemmo<br>dirigeste<br>**diressero** |
| DISCUTERE<br>*diskutieren* | io<br>tu<br>egli<br>noi<br>voi<br>essi | discuto | discutevo | discuterò | **discussi**<br>discutesti<br>**discusse**<br>discutemmo<br>discuteste<br>**discussero** |
| DISPIACERE<br>*missfallen*<br>s. **piacere** | | | | | |
| DISTINGUERE<br>*unterscheiden* | io<br>tu<br>egli<br>noi<br>voi<br>essi | distinguo<br>distingui<br>distingue<br>distinguiamo<br>distinguete<br>distinguono | distinguevo | distinguerò | **distinsi**<br>distinguesti<br>**distinse**<br>distinguemmo<br>distingueste<br>**distinsero** |

| congiuntivo | | imperativo | participio | | gerundio |
|---|---|---|---|---|---|
| presente | imperfetto | | presente | passato | |
| difenda | difendessi | difendi! | difendente | **difeso** | difendendo |
| | | | | | |
| | | | | | |
| **dipinga**<br>**dipinga**<br>**dipinga**<br>dipingiamo<br>dipingiate<br>**dipingano** | dipingessi | dipingi! | dipingente | **dipinto** | dipingendo |
| **dica**<br>**dica**<br>**dica**<br>**diciamo**<br>**diciate**<br>**dicano** | **dicessi**<br>**dicessi**<br>**dicesse**<br>**dicessimo**<br>**diceste**<br>**dicessero** | **di'/dì!**<br>**dica!**<br>**diciamo!**<br>**dite!**<br>**dicano!** | **dicente** | **detto** | **dicendo** |
| **diriga**<br>**diriga**<br>**diriga**<br>dirigiamo<br>dirigiate<br>**dirigano** | dirigessi | dirigi! | dirigente | **diretto** | dirigendo |
| discuta | discutessi | discuti! | discutente | **discusso** | discutendo |
| | | | | | |
| distingua | distinguessi | distingui! | distinguente | **distinto** | distinguendo |

| infinito | indicativo | | | | |
|---|---|---|---|---|---|
| | pers. | presente | imperfetto | futuro | passato rem. |
| DISTRUGGERE<br>*zerstören* | io<br>tu<br>egli<br>noi<br>voi<br>essi | **distruggo**<br>distruggi<br>distrugge<br>distruggiamo<br>distruggete<br>**distruggono** | distruggevo | distruggerò | **distrussi**<br>distruggesti<br>**distrusse**<br>distruggemmo<br>distruggeste<br>**distrussero** |
| DIVENIRE<br>*werden*<br>s. **venire** | | | | | |
| DIVIDERE<br>*teilen* | io<br>tu<br>egli<br>noi<br>voi<br>essi | divido | dividevo | dividerò | **divisi**<br>dividesti<br>**divise**<br>dividemmo<br>divideste<br>**divisero** |
| DOLERE<br>*schmerzen* | io<br>tu<br>egli<br>noi<br>voi<br>essi | **dolgo**<br>**duoli**<br>**duole**<br>do(g)liamo<br>dolete<br>**dolgono** | dolevo | **dorrò**<br>**dorrai**<br>**dorrà**<br>**dorremo**<br>**dorrete**<br>**dorranno** | **dolsi**<br>dolesti<br>**dolse**<br>dolemmo<br>doleste<br>**dolsero** |
| DOVERE<br>*müssen* | io<br>tu<br>egli<br>noi<br>voi<br>essi | **devo/debbo**<br>**devi**<br>**deve**<br>**dobbiamo**<br>dovete<br>**devono/ debbono** | dovevo | **dovrò**<br>**dovrai**<br>**dovrà**<br>**dovremo**<br>**dovrete**<br>**dovranno** | dovei/dovetti |
| ELEGGERE<br>*wählen*<br>s. **leggere** | | | | | |
| EMERGERE<br>*auftauchen* | io<br>tu<br>egli<br>noi<br>voi<br>essi | **emergo**<br>emergi<br>emerge<br>emergiamo<br>emergete<br>**emergono** | emergevo | emergerò | **emersi**<br>emergesti<br>**emerse**<br>emergemmo<br>emergeste<br>**emersero** |
| ESCLUDERE<br>*ausschließen* | io<br>tu<br>egli<br>noi<br>voi<br>essi | escludo<br>escludi<br>esclude<br>escludiamo<br>escludete<br>escludono | escludevo | escluderò | **esclusi**<br>escludesti<br>**escluse**<br>escludemmo<br>escludeste<br>**esclusero** |

| congiuntivo | | imperativo | participio | | gerundio |
|---|---|---|---|---|---|
| presente | imperfetto | | presente | passato | |
| **distrugga**<br>**distrugga**<br>**distrugga**<br>distruggiamo<br>distruggiate<br>**distruggano** | distruggessi | distruggi! | distruggente | **distrutto** | distruggendo |
| | | | | | |
| divida | dividessi | dividi! | dividente | **diviso** | dividendo |
| **dolga**<br>**dolga**<br>**dolga**<br>doliamo<br>doliate<br>**dolgano** | dolessi | duoli! | dolente | doluto | dolendo |
| **debba/deva**<br>**debba/deva**<br>**debba/deva**<br>**dobbiamo**<br>**dobbiate**<br>**debbano/ devano** | dovessi | | dovente | dovuto | dovendo |
| | | | | | |
| **emerga**<br>**emerga**<br>**emerga**<br>emergiamo<br>emergiate<br>**emergano** | emergessi | emergi!<br>**emerga!**<br>emergiamo!<br>emergete!<br>**emergano!** | emergente | **emerso** | emergendo |
| escluda | escludessi | escludi! | escludente | **escluso** | escludendo |

| infinito | indicativo | | | | |
|---|---|---|---|---|---|
| | pers. | presente | imperfetto | futuro | passato rem. |
| ESISTERE<br>*existieren* | io | esisto | esistevo | esisterò | esistei/esistetti |
| ESPRIMERE<br>*ausdrücken* | io<br>tu<br>egli<br>noi<br>voi<br>essi | esprimo | esprimevo | esprimerò | **espressi**<br>esprimesti<br>**espresse**<br>esprimemmo<br>esprimeste<br>**espressero** |
| ESTENDERE<br>*ausdehnen*<br>s. **tendere** | | | | | |
| FARE<br>*machen* | io<br>tu<br>egli<br>noi<br>voi<br>essi | **faccio/(fo)**<br>**fai**<br>**fa**<br>**facciamo**<br>**fate**<br>**fanno** | **facevo**<br>**facevi**<br>**faceva**<br>**facevamo**<br>**facevate**<br>**facevano** | **farò**<br>**farai**<br>**farà**<br>**faremo**<br>**farete**<br>**faranno** | **feci**<br>**facesti**<br>**fece**<br>**facemmo**<br>**faceste**<br>**fecero** |
| FINGERE<br>*vortäuschen* | io<br>tu<br>egli<br>noi<br>voi<br>essi | **fingo**<br>fingi<br>finge<br>fingiamo<br>fingete<br>**fingono** | fingevo | fingerò | **finsi**<br>fingesti<br>**finse**<br>fingemmo<br>fingeste<br>**finsero** |
| FRIGGERE<br>*braten* | io<br>tu<br>egli<br>noi<br>voi<br>essi | **friggo**<br>friggi<br>frigge<br>friggiamo<br>friggete<br>**friggono** | friggevo | friggerò | **frissi**<br>friggesti<br>**frisse**<br>friggemmo<br>friggeste<br>**frissero** |
| GIACERE<br>*liegen* | io<br>tu<br>egli<br>noi<br>voi<br>essi | **giaccio**<br>giaci<br>giace<br>giac(c)iamo<br>giacete<br>**giacciono** | giacevo | giacerò | **giacqui**<br>giacesti<br>**giacque**<br>giacemmo<br>giaceste<br>**giacquero** |
| GIUNGERE<br>*ankommen* | io<br>tu<br>egli<br>noi<br>voi<br>essi | **giungo**<br>giungi<br>giunge<br>giungiamo<br>giungete<br>**giungono** | giungevo | giungerò | **giunsi**<br>giungesti<br>**giunse**<br>giungemmo<br>giungeste<br>**giunsero** |

| congiuntivo | | imperativo | participio | | gerundio |
|---|---|---|---|---|---|
| presente | imperfetto | | presente | passato | |
| esista | esistessi | esisti! | esistente | **esistito** | esistendo |
| esprima | esprimessi | esprimi! | esprimente | **espresso** | esprimendo |
| | | | | | |
| **faccia**<br>**faccia**<br>**faccia**<br>**facciamo**<br>**facciate**<br>**facciano** | **facessi**<br>**facessi**<br>**facesse**<br>**facessimo**<br>**faceste**<br>**facessero** | **fa'/fa/fai!**<br>**faccia!**<br>**facciamo!**<br>**fate!**<br>**facciano!** | **facente** | **fatto** | **facendo** |
| **finga**<br>**finga**<br>**finga**<br>fingiamo<br>fingiate<br>**fingano** | fingessi | fingi! | fingente | **finto** | fingendo |
| **frigga**<br>**frigga**<br>**frigga**<br>friggiamo<br>friggiate<br>**friggano** | friggessi | friggi!<br>**frigga!**<br>friggiamo!<br>friggete!<br>**friggano!** | friggente | **fritto** | friggendo |
| **giaccia**<br>**giaccia**<br>**giaccia**<br>**giac(c)iamo**<br>**giacciate**<br>**giacciano** | giacessi | giaci!<br>**giaccia!**<br>**giac(c)iamo!**<br>**giacete!**<br>**giacciano!** | giacente | giaciuto | giacendo |
| **giunga**<br>**giunga**<br>**giunga**<br>giungiamo<br>giungiate<br>**giungano** | giungessi | giungi!<br>**giunga!**<br>giungiamo!<br>giungete!<br>**giungano!** | giungente | **giunto** | giungendo |

| infinito | indicativo | | | | |
|---|---|---|---|---|---|
| | pers. | presente | imperfetto | futuro | passato rem. |
| ILLUDERE<br>*täuschen* | io<br>tu<br>egli<br>noi<br>voi<br>essi | illudo | illudevo | illuderò | **illusi**<br>illudesti<br>**illude**<br>illudemmo<br>illudeste<br>**illusero** |
| IMMERGERE<br>*untertauchen*<br>s. **emergere** | | | | | |
| INDURRE<br>*veranlassen*<br>s. **condurre** | | | | | |
| INTERROMPERE<br>*unterbrechen*<br>s. **rompere** | | | | | |
| INTRODURRE<br>*einführen*<br>s. **condurre** | | | | | |
| INVADERE<br>*eindringen* | io<br>tu<br>egli<br>noi<br>voi<br>essi | invado | invadevo | invaderò | **invasi**<br>invadesti<br>**invase**<br>invademmo<br>invadeste<br>**invasero** |
| LEGGERE<br>*lesen* | io<br>tu<br>egli<br>noi<br>voi<br>essi | **leggo**<br>leggi<br>legge<br>leggiamo<br>leggete<br>**leggono** | leggevo | leggerò | **lessi**<br>leggesti<br>**lesse**<br>leggemmo<br>leggeste<br>**lessero** |
| MALEDIRE<br>*verfluchen*<br>s. **dire** | | | | | |
| METTERE<br>*stellen, legen* | io<br>tu<br>egli<br>noi<br>voi<br>essi | metto | mettevo | metterò | **misi**<br>mettesti<br>**mise**<br>mettemmo<br>metteste<br>**misero** |
| MORDERE<br>*beißen* | io<br>tu<br>egli<br>noi<br>voi<br>essi | mordo | mordevo | morderò | **morsi**<br>mordesti<br>**morse**<br>mordemmo<br>mordeste<br>**morsero** |

| congiuntivo | | imperativo | participio | | gerundio |
|---|---|---|---|---|---|
| presente | imperfetto | | presente | passato | |
| illuda | illudessi | illudi! | illudente | **illuso** | illudendo |
| | | | | | |
| | | | | | |
| | | | | | |
| | | | | | |
| invada | invadesse | invadi! | invadente | **invaso** | invadendo |
| **legga**<br>**legga**<br>**legga**<br>leggiamo<br>leggiate<br>**leggano** | leggessi | leggi!<br>**legga!**<br>leggiamo!<br>leggete!<br>**leggano!** | leggente | **letto** | leggendo |
| | | | | | |
| metta | mettessi | metti! | mettente | **messo** | mettendo |
| morda | mordessi | mordi! | mordente | **morso** | mordendo |

| infinito | indicativo | | | | |
|---|---|---|---|---|---|
| | pers. | presente | imperfetto | futuro | passato rem. |
| MORIRE<br>*sterben* | io<br>tu<br>egli<br>noi<br>voi<br>essi | **muoio**<br>**muori**<br>**muore**<br>moriamo<br>morite<br>**muoiono** | morivo | **morrò**/morirò | morii |
| MUOVERE<br>*bewegen* | io<br>tu<br>egli<br>noi<br>voi<br>essi | muovo<br>muovi<br>muove<br>m(u)oviamo<br>m(u)ovete<br>muovono | muovevo | muoverò | **mossi**<br>movesti<br>**mosse**<br>movemmo<br>moveste<br>**mossero** |
| NASCERE<br>*geboren werden* | io<br>tu<br>egli<br>noi<br>voi<br>essi | **nasco**<br>nasci<br>nasce<br>nasciamo<br>nascete<br>**nascono** | nascevo | nascerò | **nacqui**<br>nascesti<br>**nacque**<br>nascemmo<br>nasceste<br>**nacquero** |
| NASCONDERE<br>*verstecken* | io<br>tu<br>egli<br>noi<br>voi<br>essi | nascondo | nascondevo | nasconderò | **nascosi**<br>nascondesti<br>**nascose**<br>nascondemmo<br>nascondeste<br>**nascosero** |
| NUOCERE<br>*schaden* | io<br>tu<br>egli<br>noi<br>voi<br>essi | **n(u)occio**<br>nuoci<br>nuoce<br>**n(u)ociamo**<br>**n(u)ocete**<br>**n(u)occiono** | **nocevo** | **nocerò** | **nocqui**<br>n(u)ocesti<br>**nocque**<br>n(u)ocemmo<br>n(u)oceste<br>**nocquero** |
| OFFENDERE<br>*beleidigen*<br>s. **difendere** | | | | | |
| OFFRIRE<br>*anbieten* | io<br>tu<br>egli<br>noi<br>voi<br>essi | offro | offrivo | offrirò | **offersi**/offrii<br>offristi<br>**offerse**/offrì<br>offrimmo<br>offriste<br>**offersero**/<br>offrirono |
| OPPORRE<br>*entgegenstellen*<br>s. **porre** | | | | | |

| congiuntivo | | imperativo | participio | | gerundio |
|---|---|---|---|---|---|
| presente | imperfetto | | presente | passato | |
| **muoia**<br>**muoia**<br>**muoia**<br>moriamo<br>moriate<br>**muoiano** | morissi | **muori!**<br>**muoia!**<br>moriamo!<br>morite!<br>**muoiano!** | morente | **morto** | morendo |
| muova | m(**u**)**o**vesse | muovi! | m(**u**)**o**vente | **mosso** | m(**u**)**o**vendo |
| **nasca**<br>**nasca**<br>**nasca**<br>nasciamo<br>nasciate<br>**nascano** | nascessi | nasci!<br>**nasca!**<br>nasciamo!<br>nascete!<br>**nascano!** | nascente | **nato** | nascendo |
| nasconda | nascondessi | nascondi! | nascondente | **nascosto** | nascondendo |
| **n(u)occia**<br>**n(u)occia**<br>**n(u)occia**<br>**n(u)ociamo**<br>**n(u)ociate**<br>**n(u)occiano** | **n(u)ocessi** | nuoci!<br>**n(u)occia!**<br>**n(u)ociamo!**<br>**n(u)ocete!**<br>**n(u)occiano!** | **n(u)ocente** | **n(u)ociuto** | **n(u)ocendo** |
| | | | | | |
| offra | offrissi | offri! | **offerente** | **offerto** | **offrendo** |
| | | | | | |

| infinito | indicativo | | | | |
|---|---|---|---|---|---|
| | pers. | presente | imperfetto | futuro | passato rem. |
| OPPRIMERE<br>*unterdrücken*<br>s. **esprimere** | | | | | |
| PARERE<br>*scheinen* | io<br>tu<br>egli<br>noi<br>voi<br>essi | **paio**<br>pari<br>pare<br>**pa(r)iamo**<br>parete<br>**paiono** | parevo | **parrò** | **parvi**<br>paresti<br>**parve**<br>paremmo<br>pareste<br>**parvero** |
| PERCORRERE<br>*durchlaufen*<br>s. **correre** | | | | | |
| PERDERE<br>*verlieren* | io<br><br>tu<br>egli<br>noi<br>voi<br>essi | perdo | perdevo | perderò | **persi**/perdei/<br>perdetti<br>perdesti<br>**perse**<br>perdemmo<br>perdeste<br>**persero**/perderono<br>perdettero |
| PERMETTERE<br>*erlauben*<br>s. **mettere** | | | | | |
| PERSUADERE<br>*überzeugen* | io<br>tu<br>egli<br>noi<br>voi<br>essi | persuado | persuadevo | persuaderò | **persuasi**<br>persuadesti<br>**persuase**<br>persuademmo<br>persuadeste<br>**persuasero** |
| PIACERE<br>*gefallen* | io<br>tu<br>egli<br>noi<br>voi<br>essi | **piaccio**<br>piaci<br>piace<br>pia(c)ciamo<br>piacete<br>**piacciono** | piacevo | piacerò | **piacqui**<br>piacesti<br>**piacque**<br>piacemmo<br>piaceste<br>**piacquero** |
| PIANGERE<br>*weinen* | io<br>tu<br>egli<br>noi<br>voi<br>essi | **piango**<br>piangi<br>piange<br>piangiamo<br>piangete<br>**piangono** | piangevo | piangerò | **piansi**<br>piangesti<br>**pianse**<br>piangemmo<br>piangeste<br>**piansero** |
| PIOVERE<br>*regnen* | egli<br>essi | piove<br>piovono | pioveva<br>piovevano | pioverà<br>pioveranno | **piovve**<br>**piovvero** |

| congiuntivo | | imperativo | participio | | gerundio |
|---|---|---|---|---|---|
| presente | imperfetto | | presente | passato | |
| | | | | | |
| **paia**<br>**paia**<br>**paia**<br>**pa(r)iamo**<br>**paiate**<br>**paiano** | paressi | | **parvente** | **parso** | parendo |
| | | | | | |
| perda | perdessi | perdi! | perdente | **perso**/perduto | perdendo |
| | | | | | |
| persuada | persuadessi | persuadi! | persuadente | **persuaso** | persuadendo |
| **piaccia**<br>**piaccia**<br>**piaccia**<br>**pia(c)ciamo**<br>**piacciate**<br>**piacciano** | piacessi | piaci!<br>**piaccia!**<br>**piacciamo!**<br>piacete!<br>**piacciano!** | piacente | piaciuto | piacendo |
| **pianga**<br>**pianga**<br>**pianga**<br>piangiamo<br>piangiate<br>**piangano** | piangessi | piangi!<br>**pianga!**<br>piangiamo!<br>piangete!<br>**piangano!** | piangente | **pianto** | piangendo |
| piova<br>piovano | piovesse<br>piovessero | | **piovente** | piovuto | piovendo |

| infinito | indicativo | | | | |
|---|---|---|---|---|---|
| | pers. | presente | imperfetto | futuro | passato rem. |
| PORRE<br>*setzen, tun* | io<br>tu<br>egli<br>noi<br>voi<br>essi | **pongo**<br>**poni**<br>**pone**<br>**poniamo**<br>**ponete**<br>**pongono** | **ponevo** | porrò | **posi**<br>**ponesti**<br>**pose**<br>**ponemmo**<br>**poneste**<br>**posero** |
| POSSEDERE<br>*besitzen*<br>s. **sedere** | | | | | |
| POTERE<br>*können* | io<br>tu<br>egli<br>noi<br>voi<br>essi | **posso**<br>**puoi**<br>**può**<br>**possiamo**<br>potete<br>**possono** | potevo | **potrò** | potei |
| PREDIRE<br>*vorhersagen*<br>s. **dire** | | | | | |
| PRENDERE<br>*nehmen* | io<br>tu<br>egli<br>noi<br>voi<br>essi | prendo | prendevo | prenderò | **presi**<br>prendesti<br>**prese**<br>prendemmo<br>prendeste<br>**presero** |
| PRESCRIVERE<br>*vorschreiben*<br>s. **scrivere** | | | | | |
| PRODURRE<br>*erzeugen*<br>s. **condurre** | | | | | |
| PROMUOVERE<br>*fördern*<br>s. **muovere** | | | | | |
| PROTEGGERE<br>*schützen* | io<br>tu<br>egli<br>noi<br>voi<br>essi | **proteggo**<br>proteggi<br>protegge<br>proteggiamo<br>proteggete<br>**proteggono** | proteggevo | proteggerò | **protessi**<br>proteggesti<br>**protesse**<br>proteggemmo<br>proteggeste<br>**protessero** |
| PROVENIRE<br>*herkommen*<br>s. **venire** | | | | | |
| PUNGERE<br>*stechen*<br>s. **giungere** | | | | | |

| congiuntivo | | imperativo | participio | | gerundio |
|---|---|---|---|---|---|
| presente | imperfetto | | presente | passato | |
| **ponga**<br>**ponga**<br>**ponga**<br>**poniamo**<br>**poniate**<br>**pongano** | **ponessi** | **poni!**<br>**ponga!**<br>**poniamo!**<br>**ponete!**<br>**pongano!** | **ponente** | **posto** | **ponendo** |
| | | | | | |
| **possa**<br>**possa**<br>**possa**<br>**possiamo**<br>**possiate**<br>**possano** | potessi | | potente | potuto | potendo |
| | | | | | |
| prenda | prendessi | prendi! | prendente | **preso** | prendendo |
| | | | | | |
| | | | | | |
| | | | | | |
| **protegga**<br>**protegga**<br>**protegga**<br>proteggiamo<br>proteggiate<br>**proteggano** | proteggessi | proteggi!<br>**protegga!**<br>proteggiamo!<br>proteggete!<br>**proteggano!** | proteggente | **protetto** | proteggendo |
| | | | | | |
| | | | | | |

| infinito | indicativo | | | | |
| --- | --- | --- | --- | --- | --- |
| | pers. | presente | imperfetto | futuro | passato rem. |
| RADERE<br>*rasieren* | io<br>tu<br>egli<br>noi<br>voi<br>essi | rado | radevo | raderò | **rasi**<br>radesti<br>**rase**<br>rademmo<br>radeste<br>**rasero** |
| RAGGIUN-<br>GERE<br>*erreichen*<br>s. **giungere** | | | | | |
| REDIGERE<br>*abfassen* | io<br>tu<br>egli<br>noi<br>voi<br>essi | **redigo**<br>redigi<br>redige<br>redigiamo<br>redigete<br>**redigono** | redigevo | redigerò | **redassi**<br>redigesti<br>**redasse**<br>redigemmo<br>redigeste<br>**redassero** |
| REGGERE<br>*halten* | io<br>tu<br>egli<br>noi<br>voi<br>essi | **reggo**<br>reggi<br>regge<br>reggiamo<br>reggete<br>**reggono** | reggevo | reggerò | **ressi**<br>reggesti<br>**resse**<br>reggemmo<br>reggeste<br>**ressero** |
| RENDERE<br>*zurückgeben* | io<br>tu<br>egli<br>noi<br>voi<br>essi | rendo | rendevo | renderò | **resi**<br>rendesti<br>**rese**<br>rendemmo<br>rendeste<br>**resero** |
| RESISTERE<br>*widerstehen*<br>s. **esistere** | | | | | |
| RESTRINGERE<br>*enger machen* | io<br>tu<br>egli<br>noi<br>voi<br>essi | **restringo**<br>restringi<br>restringe<br>restringiamo<br>restringete<br>**restringono** | restringevo | restringerò | **restrinsi**<br>restringesti<br>**restrinse**<br>restringemmo<br>restringeste<br>**restrinsero** |
| RIDERE<br>*lachen* | io<br>tu<br>egli<br>noi<br>voi<br>essi | rido | ridevo | riderò | **risi**<br>ridesti<br>**rise**<br>ridemmo<br>rideste<br>**risero** |

| congiuntivo | | imperativo | participio | | gerundio |
|---|---|---|---|---|---|
| presente | imperfetto | | presente | passato | |
| rada | radessi | radi! | radente | **raso** | radendo |
| | | | | | |
| **rediga**<br>**rediga**<br>**rediga**<br>redigiamo<br>redigiate<br>**redigano** | redigessi | redigi!<br>**rediga!**<br>redigiamo!<br>redigete!<br>**redigano!** | redigente | **redatto** | redigendo |
| **regga**<br>**regga**<br>**regga**<br>reggiamo<br>reggiate<br>**reggano** | reggessi | reggi! | reggente | **retto** | reggendo |
| renda | rendessi | rendi! | rendente | **reso** | rendendo |
| | | | | | |
| **restringa**<br>**restringa**<br>**restringa**<br>restringiamo<br>restringiate<br>**restringano** | restringessi | restringi! | restringente | **ristretto** | restringendo |
| rida | ridessi | ridi! | ridente | **riso** | ridendo |

<table>
<tr><th>infinito</th><th colspan="5">indicativo</th></tr>
<tr><th></th><th>pers.</th><th>presente</th><th>imperfetto</th><th>futuro</th><th>passato rem.</th></tr>
<tr><td>RIDIRE<br>noch einmal sagen<br>s. dire</td><td></td><td></td><td></td><td></td><td></td></tr>
<tr><td>RIDURRE<br>reduzieren<br>s. condurre</td><td></td><td></td><td></td><td></td><td></td></tr>
<tr><td>RILEGGERE<br>noch einmal lesen<br>s. leggere</td><td></td><td></td><td></td><td></td><td></td></tr>
<tr><td>RIMANERE<br>bleiben</td><td>io<br>tu<br>egli<br>noi<br>voi<br>loro</td><td>rimango<br>rimani<br>rimane<br>rimaniamo<br>rimanete<br>rimangono</td><td>rimanevo</td><td>rimarrò</td><td>rimasi<br>rimanesti<br>rimase<br>rimanemmo<br>rimaneste<br>rimasero</td></tr>
<tr><td>RISCOPRIRE<br>wieder entdecken<br>s. aprire</td><td></td><td></td><td></td><td></td><td></td></tr>
<tr><td>RISOLVERE<br>lösen</td><td>io<br>tu<br>egli<br>noi<br>voi<br>essi</td><td>risolvo</td><td>risolvevo</td><td>risolverò<br><br><br><br><br><br><br>auch:</td><td>risolvei/etti<br>risolvesti<br>risolvè/ette<br>risolvemmo<br>risolveste<br>risolverono/<br>ettero<br>risolsi<br>risolvesti<br>risolse<br>risolvemmo<br>risolveste<br>risolsero</td></tr>
<tr><td>RISPONDERE<br>antworten</td><td>io<br>tu<br>egli<br>noi<br>voi<br>essi</td><td>rispondo</td><td>rispondevo</td><td>risponderò</td><td>risposi<br>rispondesti<br>rispose<br>rispondemmo<br>rispondeste<br>risposero</td></tr>
<tr><td>RISTRINGERE<br>wieder drücken<br>s. restringere</td><td></td><td></td><td></td><td></td><td></td></tr>
<tr><td>RIVOLGERE<br>wieder wenden<br>s. volgere</td><td></td><td></td><td></td><td></td><td></td></tr>
</table>

| congiuntivo | | imperativo | participio | | gerundio |
|---|---|---|---|---|---|
| presente | imperfetto | | presente | passato | |
| | | | | | |
| | | | | | |
| | | | | | |
| **rimanga**<br>**rimanga**<br>**rimanga**<br>rimaniamo<br>rimaniate<br>**rimangano** | rimanessi | rimani!<br>**rimanga!**<br>rimaniamo!<br>rimanete!<br>**rimangano!** | rimanente | **rimasto** | rimanendo |
| | | | | | |
| risolva | risolvessi | risolvi! | risolvente | **risolto** (risoluto) | risolvendo |
| risponda | rispondessi | rispondi! | rispondente | **risposto** | rispondendo |
| | | | | | |
| | | | | | |

| infinito | indicativo | | | | |
|---|---|---|---|---|---|
| | pers. | presente | imperfetto | futuro | passato rem. |
| RIPRENDERE<br>*wieder aufnehmen*<br>s. **prendere** | | | | | |
| RIUSCIRE<br>*gelingen*<br>s. **uscire** | | | | | |
| ROMPERE<br>*brechen* | io<br>tu<br>egli<br>noi<br>voi<br>essi | rompo | rompevo | romperò | **ruppi**<br>rompesti<br>**ruppe**<br>rompemmo<br>rompeste<br>**ruppero** |
| SALIRE<br>*hinaufgehen* | io<br>tu<br>egli<br>noi<br>voi<br>essi | **salgo**<br>sali<br>sale<br>saliamo<br>salite<br>**salgono** | salivo | salirò | salii |
| SAPERE<br>*wissen* | io<br>tu<br>egli<br>noi<br>voi<br>essi | **so**<br>**sai**<br>**sa**<br>**sappiamo**<br>sapete<br>**sanno** | sapevo | **saprò** | **seppi**<br>sapesti<br>**seppe**<br>sapemmo<br>sapeste<br>**seppero** |
| SCEGLIERE<br>*wählen* | io<br>tu<br>egli<br>noi<br>voi<br>essi | **scelgo**<br>scegli<br>sceglie<br>scegliamo<br>scegliete<br>**scelgono** | sceglievo | sceglierò | **scelsi**<br>scegliesti<br>**scelse**<br>scegliemmo<br>sceglieste<br>**scelsero** |
| SCENDERE<br>*hinuntergehen* | io<br>tu<br>egli<br>noi<br>voi<br>essi | scendo | scendevo | scenderò | **scesi**<br>scendesti<br>**scese**<br>scendemmo<br>scendeste<br>**scesero** |
| SCIOGLIERE<br>*loslösen* | io<br>tu<br>egli<br>noi<br>voi<br>essi | **sciolgo**<br>sciogli<br>scioglie<br>sciogliamo<br>sciogliete<br>**sciolgono** | scioglievo | scioglierò | **sciolsi**<br>sciogliesti<br>**sciolse**<br>sciogliemmo<br>scioglieste<br>**sciolsero** |

| congiuntivo | | imperativo | participio | | gerundio |
|---|---|---|---|---|---|
| presente | imperfetto | | presente | passato | |
| | | | | | |
| | | | | | |
| rompa | rompessi | rompi! | rompente | **rotto** | rompendo |
| **salga**<br>**salga**<br>**salga**<br>saliamo<br>saliate<br>**salgano** | salissi | sali!<br>**salga!**<br>saliamo!<br>salite!<br>**salgano!** | **sal(i)ente** | salito | **salendo** |
| **sappia**<br>**sappia**<br>**sappia**<br>**sappiamo**<br>**sappiate**<br>**sappiano** | sapessi | **sappi!**<br>**sappia!**<br>**sappiamo!**<br>**sappiate!**<br>**sappiano!** | **sapiente** | saputo | sapendo |
| **scelga**<br>**scelga**<br>**scelga**<br>scegliamo<br>scegliate<br>**scelgano** | scegliessi | scegli!<br>**scelga!**<br>scegliamo!<br>scegliete!<br>**scelgano!** | scegliente | **scelto** | scegliendo |
| scenda | scendessi | scendi! | scendente | **sceso** | scendendo |
| **sciolga**<br>**sciolga**<br>**sciolga**<br>sciogliamo<br>sciogliate<br>**sciolgano** | sciogliessi | sciogli!<br>**sciolga!**<br>sciogliamo!<br>sciogliete!<br>**sciolgano!** | sciogliente | **sciolto** | sciogliendo |

| infinito | indicativo | | | | |
|---|---|---|---|---|---|
| | pers. | presente | imperfetto | futuro | passato rem. |
| SCONVOLGERE<br>*erschüttern*<br>s. **volgere** | | | | | |
| SCOPRIRE<br>*entdecken*<br>s. **aprire** | | | | | |
| SCRIVERE<br>*schreiben* | io<br>tu<br>egli<br>noi<br>voi<br>essi | scrivo<br>scrivi<br>scrive<br>scriviamo<br>scrivete<br>scrivono | scrivevo | scriverò | **scrissi**<br>scrivesti<br>**scrisse**<br>scrivemmo<br>scriveste<br>**scrissero** |
| SCUOTERE<br>*schütteln* | io<br>tu<br>egli<br>noi<br>voi<br>essi | scuoto<br>scuoti<br>scuote<br>**sc(u)otiamo**<br>**sc(u)otete**<br>scuotono | sc(u)otevo | sc(u)oterò | **scossi**<br>**scotesti**<br>**scosse**<br>**scotemmo**<br>**scoteste**<br>**scossero** |
| SEDERE<br>*sitzen* | io<br>tu<br>egli<br>noi<br>voi<br>essi | **siedo/seggo**<br>**siedi**<br>**siede**<br>sediamo<br>sedete<br>**siedono/**<br>**seggono** | sedevo | s(i)ederò | sedei/sedetti |
| SEDURRE<br>*verführen*<br>s. **condurre** | | | | | |
| SOFFRIRE<br>*leiden*<br>s. **offrire** | | | | | |
| SOMMERGERE<br>*überfluten*<br>s. **emergere** | | | | | |
| SOPRAVVIVERE<br>*überleben*<br>s. **vivere** | | | | | |
| SORGERE<br>*sich erheben* | io<br>tu<br>egli<br>noi<br>voi<br>essi | **sorgo**<br>sorgi<br>sorge<br>sorgiamo<br>sorgete<br>**sorgono** | sorgevo | sorgerò | **sorsi**<br>sorgesti<br>**sorse**<br>sorgemmo<br>sorgeste<br>**sorsero** |

| congiuntivo | | imperativo | participio | | gerundio |
|---|---|---|---|---|---|
| presente | imperfetto | | presente | passato | |
| | | | | | |
| | | | | | |
| scriva | scrivessi | scrivi! | scrivente | **scritto** | scrivendo |
| scuota | **scotessi** | scuoti! | sc(u)otente | **scosso** | sc(u)otendo |
| **sieda/segga**<br>**sieda/segga**<br>**sieda/segga**<br>sediamo<br>sediate<br>**siedano/ seggano** | sedessi | siedi!<br>**sieda/segga!**<br>sediamo!<br>sedete!<br>**siedano/ seggano!** | sedente | seduto | sedendo |
| | | | | | |
| | | | | | |
| | | | | | |
| | | | | | |
| **sorga**<br>**sorga**<br>**sorga**<br>sorgiamo<br>sorgiate<br>**sorgano** | sorgessi | sorgi!<br>**sorga!**<br>sorgiamo!<br>sorgete!<br>**sorgano!** | sorgente | **sorto** | sorgendo |

| infinito | indicativo | | | | |
|---|---|---|---|---|---|
| | pers. | presente | imperfetto | futuro | passato rem. |
| SORPRENDERE<br>*überraschen*<br>s. **prendere** | | | | | |
| SORREGGERE<br>*unterstützen*<br>s. **reggere** | | | | | |
| SORRIDERE<br>*lächeln*<br>s. **ridere** | | | | | |
| SOSPENDERE<br>*aufhängen*<br>s. **appendere** | | | | | |
| SPENDERE<br>*ausgeben*<br>s. **appendere** | | | | | |
| SPEGNERE<br>*auslöschen* | io<br>tu<br>egli<br>noi<br>voi<br>essi | **spengo**<br>spegni<br>spegne<br>spegniamo<br>spegnete<br>**spengono** | spegnevo | spegnerò | **spensi**<br>spegnesti<br>**spense**<br>spegnemmo<br>spegneste<br>**spensero** |
| SPIACERE<br>*bedauern*<br>s. **piacere** | | | | | |
| SPINGERE<br>*stoßen* | io<br>tu<br>egli<br>noi<br>voi<br>essi | **spingo**<br>spingi<br>spinge<br>spingiamo<br>spingete<br>**spingono** | spingevo | spingerò | **spinsi**<br>spingesti<br>**spinse**<br>spingemmo<br>spingeste<br>**spinsero** |
| SPORGERE<br>*hinausstrecken* | io<br>tu<br>egli<br>noi<br>voi<br>essi | **sporgo**<br>sporgi<br>sporge<br>sporgiamo<br>sporgete<br>**sporgono** | sporgevo | sporgerò | **sporsi**<br>sporgesti<br>**sporse**<br>sporgemmo<br>sporgeste<br>**sporsero** |
| STENDERE<br>*ausbreiten*<br>s. **tendere** | | | | | |
| STRINGERE<br>*pressen*<br>s. **restringere** | | | | | |

| congiuntivo | | imperativo | participio | | gerundio |
|---|---|---|---|---|---|
| presente | imperfetto | | presente | passato | |
| | | | | | |
| | | | | | |
| | | | | | |
| | | | | | |
| | | | | | |
| **spenga**<br>**spenga**<br>**spenga**<br>spegniamo<br>spegniate<br>**spengano** | spegnessi | spegni!<br>**spenga!**<br>spegniamo!<br>spegnete!<br>**spengano!** | spegnente | **spento** | spegnendo |
| | | | | | |
| **spinga**<br>**spinga**<br>**spinga**<br>spingiamo<br>spingiate<br>**spingano** | spingessi | spingi!<br>**spinga!**<br>spingiamo!<br>spingete!<br>**spingano!** | spingente | **spinto** | spingendo |
| **sporga**<br>**sporga**<br>**sporga**<br>sporgiamo<br>sporgiate<br>**sporgano** | sporgessi | sporgi!<br>**sporga!**<br>sporgiamo!<br>sporgete!<br>**sporgano!** | sporgente | **sporto** | sporgendo |
| | | | | | |
| | | | | | |

| infinito | indicativo | | | | |
|---|---|---|---|---|---|
| | pers. | presente | imperfetto | futuro | passato rem. |
| SUPPORRE<br>*vermuten*<br>s. **porre** | | | | | |
| TACERE<br>*schweigen* | io<br>tu<br>egli<br>noi<br>voi<br>essi | **taccio**<br>taci<br>tace<br>**tacciamo**<br>tacete<br>**tacciono** | tacevo | tacerò | **tacqui**<br>tacesti<br>**tacque**<br>tacemmo<br>taceste<br>**tacquero** |
| TENERE<br>*halten* | io<br>tu<br>egli<br>noi<br>voi<br>essi | **tengo**<br>**tieni**<br>**tiene**<br>teniamo<br>tenete<br>**tengono** | tenevo | **terrò** | **tenni**<br>tenesti<br>**tenne**<br>tenemmo<br>teneste<br>**tennero** |
| TOGLIERE<br>*abnehmen* | io<br>tu<br>egli<br>noi<br>voi<br>essi | **tolgo**<br>togli<br>toglie<br>togliamo<br>togliete<br>**tolgono** | toglievo | toglierò | **tolsi**<br>togliesti<br>**tolse**<br>togliemmo<br>toglieste<br>**tolsero** |
| TRADURRE<br>*übersetzen*<br>s. **condurre** | | | | | |
| TRARRE<br>*ziehen* | io<br>tu<br>egli<br>noi<br>voi<br>essi | **traggo**<br>**trai**<br>**trae**<br>**traiamo**<br>**traete**<br>**traggono** | **traevo** | trarrò | **trassi**<br>**traesti**<br>**trasse**<br>**traemmo**<br>**traeste**<br>**trassero** |
| TRASMETTERE<br>*übertragen*<br>s. **mettere** | | | | | |
| UCCIDERE<br>*töten*<br>s. **decidere** | | | | | |
| UDIRE<br>*hören* | io<br>tu<br>egli<br>noi<br>voi<br>essi | **odo**<br>**odi**<br>**ode**<br>udiamo<br>udite<br>**odono** | udivo | udirò/udrò | udii |

| congiuntivo | | imperativo | participio | | gerundio |
|---|---|---|---|---|---|
| presente | imperfetto | | presente | passato | |
| | | | | | |
| **taccia**<br>**taccia**<br>**taccia**<br>**tacciamo**<br>**tacciate**<br>**tacciano** | tacessi | taci!<br>**taccia!**<br>**tacciamo!**<br>tacete!<br>**tacciano!** | tacente | taciuto | tacendo |
| **tenga**<br>**tenga**<br>**tenga**<br>teniamo<br>teniate<br>**tengano** | tenessi | **tieni!**<br>**tenga!**<br>teniamo!<br>tenete!<br>**tengano!** | tenente | tenuto | tenendo |
| **tolga**<br>**tolga**<br>**tolga**<br>togliamo<br>togliate<br>**tolgano** | togliessi | togli!<br>**tolga!**<br>togliamo!<br>togliete!<br>**tolgano!** | togliente | **tolto** | togliendo |
| | | | | | |
| **tragga**<br>**tragga**<br>**tragga**<br>**traiamo**<br>**traiate**<br>**traggano** | **traessi** | **trai!**<br>**tragga!**<br>**traiamo!**<br>**traete!**<br>**traggano!** | **traente** | **tratto** | **traendo** |
| | | | | | |
| | | | | | |
| **oda**<br>**oda**<br>**oda**<br>udiamo<br>udiate<br>**odano** | udissi | **odi!**<br>**oda!**<br>udiamo!<br>udite!<br>**odano!** | ud(i)ente | udito | udendo |

| infinito | indicativo | | | | |
|---|---|---|---|---|---|
| | pers. | presente | imperfetto | futuro | passato rem. |
| USCIRE<br>*hinausgehen* | io<br>tu<br>egli<br>noi<br>voi<br>essi | **esco**<br>**esci**<br>**esce**<br>usciamo<br>uscite<br>**escono** | uscivo | uscirò | uscii |
| VALERE<br>*wert sein* | io<br>tu<br>egli<br>noi<br>voi<br>essi | **valgo**<br>vali<br>vale<br>valiamo<br>valete<br>**valgono** | valevo | **varrò** | **valsi**<br>valesti<br>**valse**<br>valemmo<br>valeste<br>**valsero** |
| VEDERE<br>*sehen* | io<br>tu<br>egli<br>noi<br>voi<br>essi | vedo | vedevo | **vedrò** | **vidi**<br>vedesti<br>**vide**<br>vedemmo<br>vedeste<br>**videro** |
| VENIRE<br>*kommen* | io<br>tu<br>egli<br>noi<br>voi<br>essi | **vengo**<br>**vieni**<br>**viene**<br>veniamo<br>venite<br>**vengono** | venivo | **verrò** | **venni**<br>venisti<br>**venne**<br>venimmo<br>veniste<br>**vennero** |
| VINCERE<br>*gewinnen* | io<br>tu<br>egli<br>noi<br>voi<br>essi | **vinco**<br>vinci<br>vince<br>vinciamo<br>vincete<br>**vincono** | vincevo | vincerò | **vinsi**<br>vincesti<br>**vinse**<br>vincemmo<br>vinceste<br>**vinsero** |
| VIVERE<br>*leben* | io<br>tu<br>egli<br>noi<br>voi<br>essi | vivo | vivevo | **vivrò** | **vissi**<br>vivesti<br>**visse**<br>vivemmo<br>viveste<br>**vissero** |
| VOLERE<br>*wollen* | io<br>tu<br>egli<br>noi<br>voi<br>essi | **voglio**<br>**vuoi**<br>**vuole**<br>**vogliamo**<br>volete<br>**vogliono** | volevo | **vorrò** | **volli**<br>volesti<br>**volle**<br>volemmo<br>voleste<br>**vollero** |

| congiuntivo | | imperativo | participio | | gerundio |
|---|---|---|---|---|---|
| presente | imperfetto | | presente | passato | |
| **esca**<br>**esca**<br>**esca**<br>usciamo<br>usciate<br>**escano** | uscissi | <br>**esci!**<br>**esca!**<br>usciamo!<br>uscite!<br>**escano!** | uscente | uscito | uscendo |
| **valga**<br>**valga**<br>**valga**<br>valiamo<br>valiate<br>**valgano** | valessi | <br>vali!<br>**valga!**<br>valiamo!<br>valete!<br>**valgano!** | valente | **valso** | valendo |
| veda | vedessi | <br>vedi! | vedente | **visto/veduto** | vedendo |
| **venga**<br>**venga**<br>**venga**<br>veniamo<br>veniate<br>**vengano** | venissi | <br>**vieni!**<br>**venga!**<br>veniamo!<br>venite!<br>**vengano!** | **ven(i)ente** | venuto | venendo |
| **vinca**<br>**vinca**<br>**vinca**<br>vinciamo<br>vinciate<br>**vincano** | vincessi | <br>vinci!<br>**vinca!**<br>vinciamo!<br>vincete!<br>**vincano!** | vincente | **vinto** | vincendo |
| viva | vivessi | <br>vivi! | vivente | **vissuto** | vivendo |
| **voglia**<br>**voglia**<br>**voglia**<br>vogliamo<br>vogliate<br>**vogliano** | volessi | <br>**vogli!**<br>**voglia!**<br>vogliamo!<br>**vogliate!**<br>**vogliano!** | volente | voluto | volendo |

| infinito | indicativo | | | | |
|---|---|---|---|---|---|
| | pers. | presente | imperfetto | futuro | passato rem. |
| VOLGERE<br>*wenden* | io<br>tu<br>egli<br>noi<br>voi<br>essi | **volgo**<br>volgi<br>volge<br>volgiamo<br>volgete<br>**volgono** | volgevo | volgerò | **volsi**<br>volgesti<br>**volse**<br>volgemmo<br>volgeste<br>**volsero** |

411 **Die reflexiven Verben**

(I verbi riflessivi)

Kennzeichen des reflexiven Verbs ist das **Reflexivpronomen.** Es steht in derselben Person wie das Subjekt.

(Io) **mi** lavo. *Ich wasche mich.*
(Tu) **ti** diverti. *Du unterhältst dich.*
(Egli/Lei) **si** veste. *Er/Sie zieht sich an.*
(Noi) **ci** fermiamo. *Wir bleiben stehen.*
(Voi) **vi** ricordate. *Ihr erinnert euch.*
(Essi/Esse) **si** addormentano. *Sie schlafen ein.*

412 Das Reflexivpronomen kann verschiedene syntaktische Funktionen haben:

a) es ist **COD** oder **COI**

**Mi** lavo. *Ich wasche mich.* – Das Reflexivpronomen ist **COD**.
**Mi** lavo le mani. *Ich wasche mir die Hände.* – Das Reflexivpronomen ist **COI**.

b) es ist ein integraler Bestandteil des Verbs.

**Mi** addormento. *Ich schlafe ein.*

Das Reflexivpronomen kann eine **wechselseitige Beziehung** ausdrücken. Es kann dann nur mit einem **Subjekt im Pl.** stehen.

I bambini **si sono salutati.** *Die Kinder haben einander gegrüßt.*

Geht aus dem Zusammenhang nicht klar hervor, ob wechselseitige oder reflexive Bedeutung vorliegt, so kann man entsprechende Pronomina/Adverbien hinzufügen (wechselseitig: **a vicenda, reciprocamente, l'un l'altro, gli uni gli altri;** reflexiv: **se stessi/e**).

| congiuntivo | | imperativo | participio | | gerundio |
|---|---|---|---|---|---|
| presente | imperfetto | | presente | passato | |
| **volga**<br>**volga**<br>**volga**<br>volgiamo<br>volgiate<br>**volgano** | volgessi | <br>volgi!<br>**volga!**<br>volgiamo!<br>volgete!<br>**volgano!** | volgente | **volto** | volgendo |

I bambini hanno accusato **se stessi.** *Die Kinder haben sich selbst angeklagt.*

I bambini si sono accusati **a vicenda/reciprocamente/gli uni gli altri.** *Die Kinder haben einander angeklagt.*

413 Eine Anzahl wichtiger Verben ist **im Italienischen reflexiv, im Deutschen** jedoch **nicht reflexiv.**

| Verb | Bedeutung | Beispiel | Übersetzung |
|---|---|---|---|
| **abbonarsi a** | *etw. abonnieren* | Mio padre si **è abbonato alla** Stampa. | *Mein Vater hat die Stampa abonniert.* |
| **accomodarsi** | *Platz nehmen* | **S'accomodi!** | *Nehmen Sie Platz!* |
| **accorgersi di qc** | *bemerken* | L'alunno **si è accorto del suo errore.** | *Der Schüler hat seinen Irrtum bemerkt.* |
| **addentrarsi in** | *eindringen* | Le truppe **si sono addentrate nel** bosco. | *Die Truppen sind in den Wald eingedrungen.* |
| **addestrarsi** | *üben (auch: sich üben)* | Le truppe **si addestrano** nell'uso delle armi. | *Die Truppen üben den Waffeneinsatz.* |
| **addormentarsi** | *einschlafen* | Dopo la cena, il bambino **si è addormentato.** | *Nach dem Abendessen ist das Kind eingeschlafen.* |
| **affezionarsi a** | *lieb gewinnen* | A poco a poco **si affezionò al** nuovo maestro. | *Allmählich gewann er seinen neuen Lehrer lieb.* |
| **allenarsi** | *trainieren* | Gli sportivi devono **allenarsi** regolarmente. | *Sportler müssen regelmäßig trainieren.* |
| **alzarsi** | *aufstehen* | Tutti i giorni devo **alzarmi** alle sei. | *Jeden Morgen muss ich um 6 Uhr aufstehen.* |
| **ammalarsi** | *krank werden* | Vestiti bene per non **ammalarti!** | *Zieh dich ordentlich an, damit du nicht krank wirst!* |

| Verb | Bedeutung | Beispiel | Übersetzung |
|---|---|---|---|
| **andarsene** | *weggehen* | Quando **ce ne andiamo?** | *Wann gehen wir weg?* |
| **aprirsi** | *aufgehen* | Per causa del vento violento, la finestra **si aprì.** | *Infolge des heftigen Windes ging das Fenster auf.* |
| **appisolarsi** | *einnicken* | Il vecchio portinaio **si è appisolato.** | *Der alte Pförtner ist eingenickt.* |
| **arrabbiarsi** | *wütend werden* | Papà **si è arrabbiato** perché siamo tornati a casa tardi. | *Papa ist wütend geworden, weil wir spät nach Hause gekommen sind.* |
| **arrampicarsi su** | *(hinauf)klettern* | Il gatto, spaventato dal cane, **si è arrampicato** su un albero. | *Die Katze erschrak vor dem Hund und kletterte auf einen Baum.* |
| **bagnarsi** | *baden* | Durante le vacanze andiamo sull'Adriatico per **bagnarci.** | *Während der Ferien fahren wir an die Adria, um zu baden.* |
| **capovolgersi** | *kentern* | Per la grande tempesta, la piccola barca **si è capovolta.** | *Wegen des starken Sturms ist das kleine Boot gekentert.* |
| **chiamarsi** | *heißen* | Mio figlio **si chiama** Francesco. | *Mein Sohn heißt Francesco.* |
| **cicatrizzarsi** | *vernarben* | Dopo l'operazione, la ferita **si è presto cicatrizzata.** | *Nach der Operation ist die Wunde rasch vernarbt.* |
| **comporsi di** | *bestehen aus* | Questo libro **si compone di** dieci capitoli. | *Dieses Buch besteht aus zehn Kapiteln.* |
| **comunicarsi** | *zur Kommunion gehen* | E' una donna molto devota, **si comunica** quasi ogni giorno. | *Sie ist eine sehr fromme Frau, sie geht fast jeden Tag zur Kommunion.* |
| **confessarsi** | *beichten* | **Si confessa** ogni mese. | *Sie beichtet jeden Monat.* |
| **congratularsi con** | *gratulieren* | **Mi congratulo con** lei. | *Ich gratuliere Ihnen.* |
| **dimettersi da** | *zurücktreten* | Il ministro **si è dimesso da** tutte le sue funzioni. | *Der Minister ist von allen Funktionen zurückgetreten.* |
| **disperarsi** | *verzweifeln verzweifelt sein* | Giovanni **si dispera** per la sua bocciatura. | *Giovanni ist über seine missglückte Prüfung verzweifelt.* |
| **dondolarsi** | *schaukeln* | Non **dondolarti** sulla sedia! | *Schaukle nicht mit dem Stuhl!* |
| **esercitarsi** | *üben* | **Si esercita** ogni giorno al pianoforte. | *Er übt jeden Tag Klavier.* |
| **fermarsi** | *stehen bleiben halten* | L'autobus **si ferma** davanti alla nostra casa. | *Der Autobus bleibt vor unserem Haus stehen.* |
| **fidarsi di** | *(ver)trauen* | Non **mi fido** di lui. | *Ich (ver)traue ihm nicht.* |
| **fondersi** | *schmelzen* | Con il caldo, la neve **si fonderà** presto. | *Bei der Wärme wird der Schnee rasch schmelzen.* |

| Verb | Bedeutung | Beispiel | Übersetzung |
|---|---|---|---|
| **imbarcarsi** | *an Bord gehen* | Questi signori **si sono imbarcati** a Genova. | *Diese Herrschaften sind in Genua an Bord gegangen.* |
| **iscriversi** | *inskribieren* | Dopo la maturità **si è iscritto** all'università. | *Nach der Reifeprüfung hat er an der Universität inskribiert.* |
| **laurearsi** | *promovieren* | Si è **laureato** a venticinque anni. | *Er hat mit 25 Jahren promoviert.* |
| **levarsi** | *aufstehen*<br>*sich erheben* | Dopo le due, gli ospiti **si sono levati** da tavola. | *Nach zwei Uhr sind die Gäste vom Tisch aufgestanden.* |
| **licenziarsi** | *(selbst) kündigen* | La segretaria **si è licenziata.** Cosa fare adesso? | *Die Sekretärin hat gekündigt. Was soll ich jetzt machen?* |
| **mettersi a** | *anfangen*<br>*beginnen* | Quando il bambino vide il cane, **si mise a piangere.** | *Als das Kind den Hund sah, begann es zu weinen.* |
| **ostinarsi** | *bestehen (auf)* | **Si ostina** nella sua idea. | *Er besteht auf seiner Idee.* |
| **pentirsi** | *bereuen* | Dovresti **pentirti** di avermi detto cose simili. | *Du müsstest es bereuen, mir solche Sachen gesagt zu haben.* |
| **rassegnarsi** | *resignieren* | Torna sempre così tardi. **Mi sono rassegnata.** | *Er kommt immer so spät nach Hause. Ich habe schon resigniert.* |
| **ribellarsi** | *rebellieren* | Nel secolo scorso, i milanesi **si ribellarono** contro gli austriaci. | *Im vergangenen Jahrhundert rebellierten die Mailänder gegen die Österreicher.* |
| **rompersi** | *(zer)brechen* | Il bicchiere è caduto per terra e **si è rotto.** | *Das Glas ist auf den Boden gefallen und zerbrochen.* |
| **rovesciarsi** | *umstürzen* | A un colpo di vento più forte, la barca **si è rove-sciata.** | *Bei einem stärkeren Windstoß stürzte das Boot um.* |
| **scontrarsi** | *zusammenstoßen* | Le due macchine **si sono scontrate** all'incrocio. | *Die beiden Autos sind auf der Kreuzung zusammengestoßen.* |
| **sfracellarsi** | *zerschellen* | L'aereo si precipitò al suolo e **si sfracellò.** | *Das Flugzeug stürzte ab und zerschellte am Boden.* |
| **spaventarsi** | *erschrecken* | Vedendo il cane, il gatto **si è spaventato.** | *Als die Katze den Hund sah, erschrak sie.* |
| **spegnersi** | *erlöschen* | Ravviva il fuoco, **sta spegnendosi.** | *Schüre das Feuer, es ist am Erlöschen.* |
| **stancarsi** | *ermüden*<br>*müde werden* | **Si è stancata** a studiare. | *Sie ist beim Studieren müde geworden.* |

| Verb | Bedeutung | Beispiel | Übersetzung |
|---|---|---|---|
| **stupirsi** | *erstaunen erstaunt sein* | **Si è stupito** del mio ritardo. | *Er war über meine Verspätung erstaunt.* |
| **tuffarsi** | *(ins Wasser) springen* | Il ragazzo **si tuffa** dal trampolino. | *Der Junge springt vom Trampolin.* |

Einige Verben, die im **Italienischen nicht reflexiv sind,** werden **im Deutschen** gewöhnlich durch **reflexive** Verben wiedergegeben.

| Verb | Bedeutung | Beispiel | Übersetzung |
|---|---|---|---|
| **accadere avvenire capitare** | *sich ereignen* | Potrebbe anche **accadere** un incidente. | *Es könnte sich auch ein Unfall ereignen.* |
| **ammontare** | *sich belaufen auf* | Le spese di viaggio **ammontano** a mezzo milione. | *Die Reisekosten belaufen sich auf eine halbe Million.* |
| **cambiare** | *sich (ver)ändern* | La vita **è cambiata** in questi ultimi tempi. | *Das Leben hat sich in letzter Zeit verändert.* |
| **capotare** (auch capottare oder cappottare) | *sich überschlagen* | L'aereo, nel tentativo di un atterraggio di fortuna, **ha capotato.** | *Beim Versuch einer Notlandung hat sich das Flugzeug überschlagen.* |
| **gioire** | *sich freuen* | **Gioivo** del mio successo. | *Ich freute mich über meinen Erfolg.* |
| **girare** | *sich drehen* | La terra **gira** intorno al sole. | *Die Erde dreht sich um die Sonne.* |
| **migliorare** | *sich bessern* | La sua salute **è migliorata.** | *Sein Gesundheitszustand hat sich gebessert.* |
| **pazientare** | *sich gedulden* | La prego di **pazientare** ancora qualche minuto. | *Ich bitte Sie, sich noch ein paar Minuten zu gedulden.* |
| **peggiorare** | *sich verschlechtern* | Il tempo **va peggiorando.** | *Das Wetter verschlechtert sich zusehends.* |
| **ringraziare** | *sich bedanken* | Il bambino ha **ringraziato** i suoi genitori per i bei regali. | *Das Kind hat sich bei seinen Eltern für die schönen Geschenke bedankt.* |
| **(ri)tardare** | *sich verspäten* | **Ho tardato** molto? | *Habe ich mich arg verspätet?* |
| **risultare** | *sich ergeben aus* | Dalle **indagini** risulta l'innocenza dell'imputato. | *Aus den Untersuchungen ergibt sich die Unschuld des Angeklagten.* |
| **soggiornare** | *sich aufhalten* | Ogni anno **soggiorniamo** qualche giorno a Roma. | *Wir halten uns jedes Jahr ein paar Tage in Rom auf.* |

Einige italienische Verben können **ohne Unterschied reflexiv oder nicht reflexiv gebraucht werden.**

| Verb | Bedeutung | Beispiel | Übersetzung |
|---|---|---|---|
| **appassire/ appassirsi** | *(ver)welken* | Le rose cominciano già ad **appassire/appassirsi.** | *Die Rosen beginnen schon zu verwelken.* |
| **arrugginire/ arrugginirsi** | *(ver)rosten* | Sotto la pioggia il ferro **(si) arrugginirà** presto. | *Im Regen wird das Eisen bald rosten.* |
| **dimenticare qc. dimenticarsi di qc.** | *vergessen* | **Ho dimenticato/Mi sono dimenticato** di portare la lettera alla posta. | *Ich habe vergessen, den Brief auf die Post zu tragen.* |
| **familiarizzare/ familiarizzarsi** | *sich vertraut machen sich gewöhnen* | Mia figlia non **ha ancora familiarizzato/non si è ancora familiarizzata** con la nuova scuola. | *Meine Tochter hat sich noch nicht an die neue Schule gewöhnt.* |
| **gelare/gelarsi** | *gefrieren zufrieren* | Stanotte, lo stagno **(si) è gelato.** | *Heute Nacht ist der Teich zugefroren.* |
| **immaginare/ immaginarsi** | *sich vorstellen* | Il tuo giardino **(me) l'immagino** molto bello. (Die reflexive Form intensiviert die Aussage.) | *Deinen Garten stelle ich mir sehr schön vor.* |
| **inacidire/ inacidirsi** | *sauer werden* | Il latte **(si) è inacidito,** ho dimenticato di metterlo nel frigo. | *Die Milch ist sauer geworden, ich habe vergessen, sie in den Kühlschrank zu stellen.* |
| **ingelosire/ ingelosirsi** | *eifersüchtig werden* | Basta che io parli con un uomo che mio marito **ingelosisce/si ingelosisce** subito. | *Ich brauche mit einem anderen Mann nur zu reden, wird mein Mann schon eifersüchtig.* |
| **intorpidire/ intorpidirsi** | *gefühllos werden* | Dopo due ore in piedi, mi **(si) è intorpidito** il piede destro. | *Nach zwei Stunden Stehen ist mir der rechte Fuß eingeschlafen.* |
| **ricordare/ ricordarsi** (di) | *sich erinnern* | **Ricorderà** sempre questa scena. **Si ricorderà** sempre (di) questa scena. | *Er wird sich an diese Szene immer erinnern.* |
| **riposare/ riposarsi** | *sich ausruhen* | Siete stanchi dopo questa lunga marcia. Ora, **riposate(vi)!** | *Nach diesem langen Marsch seid ihr müde. Ruht euch jetzt aus!* |
| **sbagliare/ sbagliarsi** | *sich irren* | Attenzione, non **sbagliare/ sbagliarti!** | *Pass auf, dass du dich nicht irrst!* |
| **sedere/sedersi (sedere** heißt auch *sitzen*) | *sich setzen* | Sono molto stanco, **(mi) siedo** qui in poltrona. | *Ich bin müde, ich setze mich hier in den Lehnstuhl.* |

Bei einigen Verben ändert sich die Bedeutung, je nachdem, ob sie reflexiv oder nicht reflexiv gebraucht werden.

| Verb | Beispiel | Verb | Beispiel |
|---|---|---|---|
| **accendere**<br>*anzünden*<br>*einschalten* | Entrando nella camera, **ha acceso** la luce.<br>*Er trat ins Zimmer und schaltete das Licht ein.* | **accendersi**<br>*sich entzünden* | Con il grande calore, la legna **si è accesa** (da sé).<br>*Bei der großen Hitze entzündete sich das Holz (von selbst).* |
| **addormen-tare**<br>*zum Schlafen bringen* | La mamma cantava per **addormentare** il bambino.<br>*Die Mutter sang, damit das Kind einschläft.* | **addormen-tarsi**<br>*einschlafen* | Stanco morto, **mi sono addor-mentato** subito.<br>*Da ich todmüde war, schlief ich sofort ein.* |
| **alzare**<br>*(hoch)heben* | L'alunno **ha alzato** la mano per dire qualcosa.<br>*Der Schüler zeigte auf, um etwas zu sagen.* | **alzarsi**<br>*aufstehen*<br>*sich erheben* | Quando il sacerdote entrò in chiesa, tutti **si alzarono.**<br>*Als der Priester die Kirche betrat, erhoben sich alle.* |
| **ammazzare**<br>*umbringen* | **Hanno ammazzato** un poliziotto.<br>*Sie haben einen Polizisten umgebracht.* | **ammazzarsi**<br>*ums Leben kommen*<br>*sich umbringen* | **Si è ammazzato** in un incidente stradale.<br>*Er ist bei einem Verkehrsunfall ums Leben gekommen.* |
| **bagnare**<br>*nass machen* | **Ha bagnato** il suo cuscino di lacrime.<br>*Sie hat mit ihren Tränen den Polster nass gemacht.* | **bagnarsi**<br>*baden*<br>*sich nass machen* | Durante le vacanze, **ci bagne-remo** nell'Adriatico.<br>*In den Ferien werden wir in der Adria baden.* |
| **chiamare**<br>*rufen* | **Chiama** tuo fratello a tavola!<br>*Ruf deinen Bruder zu Tisch!* | **chiamarsi**<br>*heißen* | Mio fratello **si chiama** Gia-como.<br>*Mein Bruder heißt Giacomo.* |
| **fermare**<br>*anhalten* | Il vigile **ha fermato** la macchina.<br>*Der Polizist hat das Auto angehalten.* | **fermarsi**<br>*stehen bleiben*<br>*sich aufhalten* | La macchina **non si è fermata.**<br>*Das Auto ist nicht stehen geblieben.* |
| **scoraggiare**<br>*entmutigen* | Le prime difficoltà lo **hanno scoraggiato.**<br>*Die ersten Schwierigkeiten haben ihn entmutigt.* | **scoraggiarsi**<br>*den Mut ver-lieren* | Alle prime difficoltà **si è scoraggiato.**<br>*Bei den ersten Schwierigkeiten hat er den Mut verloren.* |
| **spegnere**<br>*auslöschen*<br>*ausschalten* | **Spenga** la sigaretta, per favore!<br>*Löschen Sie bitte Ihre Zigarette aus!* | **spegnersi**<br>*ausgehen*<br>*erlöschen* | La mia pipa **si è spenta.**<br>*Meine Pfeife ist ausgegangen.* |
| **svegliare**<br>*aufwecken* | Ogni mattina, devo **svegliare** i bambini alle sette.<br>*Jeden Morgen muss ich die Kinder um sieben aufwecken.* | **svegliarsi**<br>*aufwachen* | Ogni mattina, **mi sveglio** alle sei.<br>*Ich wache jeden Morgen um sechs auf.* |
| **trovare**<br>*finden* | **Hai trovato** la tua matita?<br>*Hast du deinen Bleistift gefunden?* | **trovarsi**<br>*sich befinden* | Dove **si trova** la tua matita?<br>*Wo ist (=befindet sich) dein Bleistift?* |
| **uccidere**<br>*töten* | Il cane era malato, l'**hanno ucciso.**<br>*Der Hund war krank. sie haben ihn getötet.* | **uccidersi**<br>*sich umbringen* | Malato, **si è ucciso** con una rivoltella.<br>*Da er krank war, hat er sich mit einem Revolver umgebracht.* |

14 **Die unpersönlichen Verben**
(i verbi impersonali)

werden nur in den infiniten Formen und in der 3. Pers. S. (Personalform) verwendet. Dabei gibt es folgende Möglichkeiten:

a) Verben, die sich auf atmosphärische Erscheinungen beziehen.

| | |
|---|---|
| annebbia | *Nebel fällt ein* |
| piove | *es regnet* |
| pioviggina | *es nieselt* |
| diluvia | *es schüttet* |
| nevica | *es schneit* |
| gela | *es friert* |
| balena | *es wetterleuchtet* |
| lampeggia/folgora | *es blitzt* |
| grandina | *es hagelt* |
| tuona | *es donnert* |
| albeggia | *der Morgen graut* |
| annotta | *es wird Nacht* |
| imbrunisce | *es wird dunkel* |

15 In den zusammengesetzten Zeiten verlangen diese Verben meist **essere.**

Ieri **è piovuto** tutto il giorno. *Gestern hat es den ganzen Tag geregnet.*

16 Gelegentlich steht auch mit den unpersönlichen Verben im ursprünglichen Sinn das Hilfsverb **avere.**

Ieri **ha piovuto** tutto il giorno. *Gestern hat es den ganzen Tag geregnet.*

17 Im übertragenen Sinn können diese Verben auch persönlich konstruiert werden. In den zusammengesetzten Zeiten verwendet man dann das Hilfsverb **avere.**

Intorno a lui **hanno grandinato** le pallottole.
*Um ihn herum hagelte es Kugeln.* – Die deutsche Übersetzung ist hier unpersönlich.

Il professore **ha tuonato** dalla cattedra.
*Der Professor donnerte vom Katheder herunter.*

18 Die Wendungen mit **fare + Nomen/Adjektiv** verhalten sich gleichfalls wie die unpersönlichen Verben. Die zusammengesetzten Zeiten werden mit **avere** gebildet.

| | |
|---|---|
| fa giorno | *es ist Tag* |
| fa sera, notte | *es ist Abend, Nacht* |
| fa buio | *es ist dunkel* |
| fa caldo, fresco, freddo | *es ist heiß, kühl, kalt* |

| | |
|---|---|
| fa bel tempo | *es ist schön(es Wetter)* |
| fa brutto tempo | *es ist schlechtes Wetter* |

Ebenso verhalten sich **c'è + Nomen.** In den zusammengesetzten Zeiten ist das Hilfsverb **essere.**

| | |
|---|---|
| c'è nebbia | *es ist nebelig* |
| c'è brina | *es gibt Reif* |
| c'è (una) corrente d'aria | *es zieht* |

419 b) Verben, die ein Ereignis einleiten.

| | |
|---|---|
| accade/avviene/succede | *es geschieht / fällt vor / kommt vor / passiert* |
| capita | *es passiert (zufällig, unvorhergesehen)* (s. 365) |

**Avviene** spesso che i politici non dicano la verità.
*Es kommt oft vor, dass die Politiker nicht die Wahrheit sagen.*

Se mi **capita** di vederlo, glielo dirò.
*Sollte ich ihn zufällig sehen, werde ich es ihm sagen.*

420 c) Verben, die ein – meist abgeschwächtes – Urteil ausdrücken.

| | |
|---|---|
| pare/sembra | *es scheint* |
| può darsi | *vielleicht / (es) kann sein* |
| consta | *es steht fest, es ist bekannt* |
| bisogna/fa bisogno/ occorre/ci vuole | *es ist notwendig / man muss / es ist erforderlich* |
| basta | *es genügt* |
| preme | *es eilt* |

Bei einigen Verben dieser Gruppe kann der Infinitiv ohne Präposition oder mit **di** stehen.

Mi duole **(di) sentirlo.** *Mir tut es Leid, das zu hören.*

Mit preme **(di) arrivare.** *Ich möchte möglichst bald ankommen.*

21 # Die Verwendung der Tempora und Modi
(l'uso dei tempi e dei modi)

Um Verwechslungen mit dem Deutschen zu vermeiden, werden im folgenden Abschnitt die italienischen Bezeichnungen für die Tempora und Modi verwendet.

22 ## L'indicativo
(Der Indikativ)

Zur Übersicht über die Tempora des indicativo s. 344.

23 **presente** (das Präsens)

drückt aus:

24 a) eine Handlung (einen Zustand), die (der) sich zu dem Zeitpunkt vollzieht, in dem davon gesprochen wird.

(Zwei Freunde treffen einander auf der Straße.)
Ma chi si **vede?** Che cosa **fai** tu qui? – **Faccio** una passeggiata.
*„Wen sieht man denn da? Was machst du denn da?" „Ich mache einen Spaziergang."*

25 b) eine wiederholte Handlung, eine Gewohnheit.

Il rapido per Napoli **parte** alle diciassette.
*Der Schnellzug nach Neapel fährt um 17 Uhr ab.*

Vedo Luigi **ogni** lunedì. *Ich sehe Luigi jeden Montag.*

26 c) eine wissenschaftliche Erkenntnis, eine Erfahrung, die als allgemein gültig hingestellt wird.

La luna **gira** intorno alla terra. *Der Mond kreist um die Erde.*

La rosa **è** un fiore. *Die Rose ist eine Blume.*

27 d) ein Sprichwort, ein Grundsatz.

Chi bene **comincia è** a metà dell'opera. *Frisch gewagt ist halb gewonnen.*

28 e) eine zukünftige Handlung, einen zukünftigen Zustand.

Domani **faccio** una passeggiata. *Morgen mache ich einen Spaziergang.*

429 f) eine Handlung (einen Zustand), die (der) bereits vergangen ist (presente narrativo).

Giusto ieri **faccio** una passeggiata quando ad un tratto **comincia** a piovere.
*Ausgerechnet gestern mache ich einen Spaziergang, als es zu regnen beginnt.*

Dieses **presente narrativo** wird oft beim Erzählen in der Alltagssprache, aber auch beim Berichten historischer Fakten (presente storico) verwendet.

Leopardi **nasce nel 1798** a Recanati. *Leopardi kommt 1798 in Recanati zur Welt.*

430 g) Zur Wiedergabe von Aussprüchen historischer Persönlichkeiten.

Cicerone **dice** che la storia è la maestra della vita.
*Cicero sagt, dass die Geschichte die Lehrmeisterin des Lebens sei.*

Das presente kann auch **modale Funktion** haben:

im Bedingungssatz (s. 806).

zum Ausdruck des Befehls (s. 28).

431 **Die Tempora der Vergangenheit**

Wie aus der Tabelle (s. 344) hervorgeht, hat das Italienische drei Tempora (auch: Aspekte) zum Ausdruck der Vergangenheit: passato prossimo, imperfetto, passato remoto.

**Perfektive und imperfektive Tempora**

432 **Passato prossimo** und **passato remoto** werden als die **perfektiven Tempora** (perfetto), das **imperfetto** als das **imperfektive Tempus** bezeichnet. Im Folgenden sollen perfetto und imperfetto einander gegenübergestellt werden. Auf den Unterschied zwischen den beiden perfektiven Tempora wird weiter unten eingegangen.

Andrea **faceva** tranquillamente colazione, quando **è arrivata/arrivò** la notizia.
*Andreas frühstückte in aller Ruhe, als die Nachricht kam.*

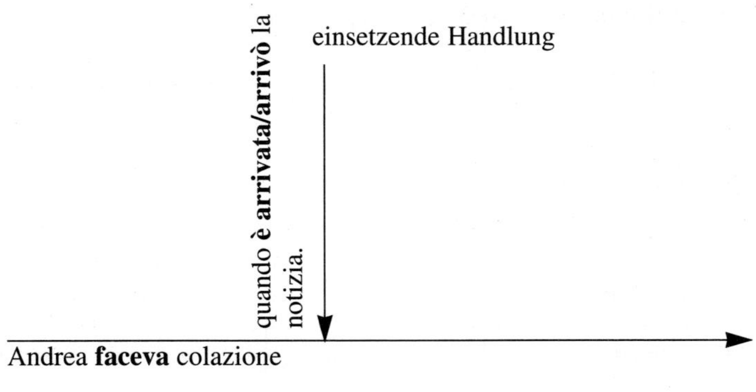


Setzt eine Handlung ein, während sich eine andere bereits im Verlauf befindet, so steht die **einsetzende Handlung im passato prossimo/passato remoto,** die sich **im Verlauf befindende Handlung im imperfetto.** (Im Deutschen findet kein Tempuswechsel statt.)

33 Während sich eine Handlung im Verlauf befindet, können mehrere Handlungen hintereinander einsetzen. Sie stehen dann gleichfalls **im passato prossimo/passato remoto**.

Andrea **faceva** tranquillamente colazione, quando **è arrivata/arrivò** la notizia. Allora il giovanotto **si è alzato/si alzò, è andato/andò** al telefono, **ha fatto/fece** il numero della sua amica e le **ha detto/disse** tutto. Poi **è tornato/tornò** a tavola.
*Andreas nahm gerade gemächlich das Frühstück ein, als die Nachricht eintraf. Da stand der junge Mann auf, ging zum Telefon, wählte die Nummer seiner Freundin und sagte ihr alles. Dann begab er sich wieder zu Tisch.*

(Im Deutschen kein Tempuswechsel.)

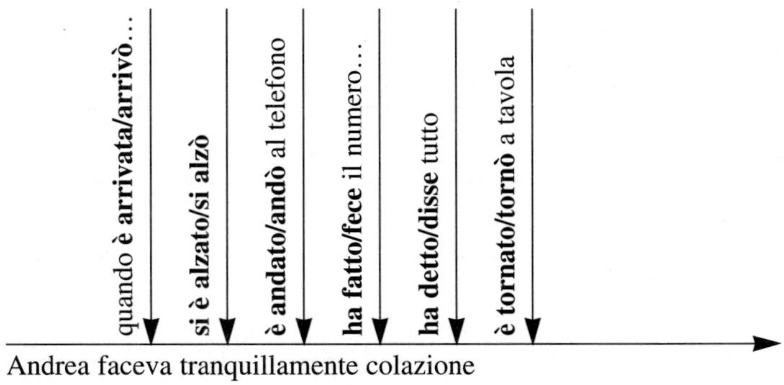


Das Einsetzen der ersten Handlung der Reihe wird durch **quando,** das der darauf folgenden Handlungen, die enger zusammengehören, durch **allora** gekennzeichnet. Der letzte Satz der Reihe wird durch **poi** eingeleitet.

34 Mehrere Handlungen können sich gleichzeitig im Verlauf befinden. Sie bilden sodann den Hintergrund, vor dem eine Reihe nacheinander einsetzender Handlungen abläuft.

Andrea **faceva** tranquillamente colazione. **Leggeva** il giornale del mattino e **ascoltava** alla radio una musica leggera e piacevole. Fuori **splendeva** un sole già alto e dal giardino **salivano** le grida di gioia dei bambini che **giocavano** sotto la finestra della cucina. Improvvisamente, la porta si **è aperta/aprì,** il portalettere **è entrato/entrò** e **ha dato/diede** una lettera al giovanotto. Questi l'**ha letta/**la **lesse** subito, poi **si è alzato/si alzò, è andato/andò** al telefono ecc. …
*Andreas nahm gerade gemächlich das Frühstück ein. Er las die Morgenzeitung und hörte eine leichte und angenehme Musik aus dem Radio. Draußen schien die schon hoch stehende Sonne, und aus dem Garten drangen die Freudenschreie der Kinder herauf, die unter dem Küchenfenster spielten. Plötzlich ging die Tür auf, der Briefträger trat ein und gab dem jungen Mann einen Brief. Der las ihn sofort, dann stand er auf, ging zum Telefon usw. …*

(Im Deutschen kein Tempuswechsel.)

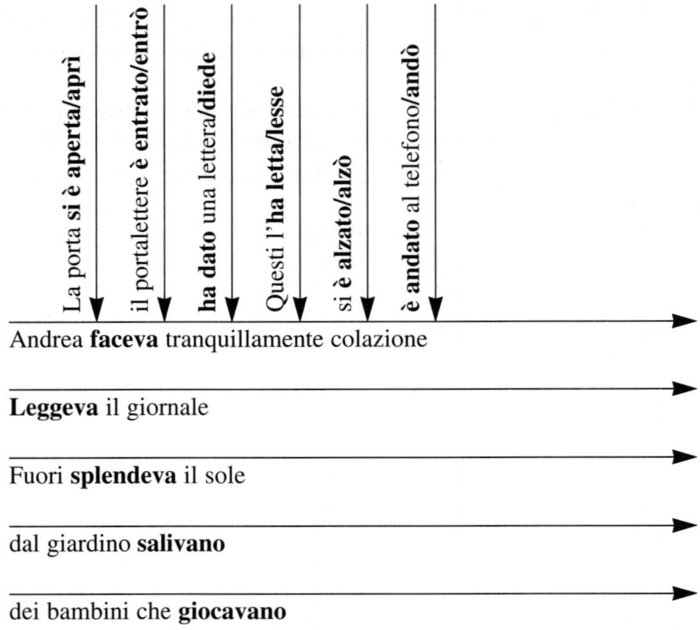


Das Einsetzen der Handlung ist durch **improvvisamente,** das zeitliche Hintereinander durch die Adverbien **subito** und **poi** gekennzeichnet. Das **imperfetto** malt den Hintergrund, ohne auf Abfolge und Dauer zu achten (gleichzeitig verlaufende Handlungen, Zustände), das **perfetto** erzählt vor diesem Hintergrund eine Reihe (aufeinander folgende, einmalige) Handlungen.

## 435 Gegenüberstellung perfetto – imperfetto

| perfetto | imperfetto |
|---|---|
| (Wegen der besseren Übersicht steht in diesen Beispielen immer das passato remoto.)<br>Handlungsreihe: einmalige, aufeinander folgende Handlungen.<br><br>Andrea **si alzò, andò** al telefono, **fece** il numero della sua amica. | Gleichzeitige Handlungen, Zustände.<br>Beginn, Dauer und Ende werden nicht in Betracht gezogen. (Darstellung des Handlungshintergrundes)<br>Andrea **faceva** tranquillamente colazione. **Leggeva** il giornale del mattino e **ascoltava** una musica leggera… |
| Die Handlung wird als in ihrer Dauer begrenzt dargestellt:<br>Aspettai **due ore.** *Ich wartete zwei Stunden.*<br>2 ore<br>Aspettai **dalle 9 alle 11.**<br>ore 9 ore 11<br>*Ich wartete von 9 bis 11.* | Die Handlung befindet sich zu einem bestimmten Zeitpunkt im Verlauf. Beginn, Dauer und Ende werden nicht in Betracht gezogen:<br>**Alle 7** lavoravo già. *Um 7 Uhr arbeitete ich bereits.*<br>° ore 7 |

| perfetto | imperfetto |
|---|---|
| Der Endpunkt der Handlung befindet sich im Blickpunkt des Sprechers:<br><br>Lunedì lavorai **fino alle 7.**<br>*Montag arbeitete ich bis 7 Uhr.*<br>————————————┤ ore 7 | Der Beginn der Handlung wird zwar angegeben, zum Zeitpunkt jedoch, der im Blickfeld des Sprechers steht, befindet sich die Handlung noch im Verlauf:<br><br>Erano già **le sette.** Aspettavo Giacomo **da due ore.**<br>*Es war schon 7 Uhr. Ich wartete bereits zwei Stunden auf Giacomo.*<br>ore 5 ° ore 7<br>├————————————►<br>2 ore |
| Wiederholung mit Begrenzungsangabe:<br><br>Te lo ripetei **mille volte.**<br>*Ich habe es dir tausendmal gesagt.*<br><br>Ieri il postino **venne** tre volte.<br>*Gestern ist der Briefträger dreimal gekommen.* | Unbestimmte Wiederholung, Gewohnheit:<br><br>**Tutti gli anni** ci recavamo per un mese in campagna.<br>*Jedes Jahr fuhren wir einen Monat lang aufs Land.* |

## 36 Weitere Verwendungsmöglichkeiten des imperfetto

### 37 imperfetto narrativo

Im Gegensatz zu dem, was weiter oben gesagt wurde (s. 435), kann das imperfetto auch **zur Erzählung einer Reihe einmaliger Handlungen** eingesetzt werden. Es entsteht dadurch der Eindruck der Unmittelbarkeit, der Schnelligkeit des Ablaufes. Dieses imperfetto findet man vor allem in Zeitungsberichten.

Della grave situazione **si rendeva** immediatamente conto un anziano pescatore /.../ il quale /.../ **si lanciava** in acqua, **sollevava** il corpo inerte del giovane e lo **portava** sulla banchina dove **tentava** disperatamente di tenerlo in vita con la respirazione bocca a bocca. Purtroppo gli sforzi **risultavano** vani. (Il Mattino, 28. 11. 1986.)
*Sofort erkannte ein alter Fischer die gefährliche Situation. Er sprang ins Wasser, hob den leblosen Körper des Jungen heraus und trug ihn ans Ufer, wo er verzweifelt versuchte, ihn durch Mund-zu-Mund-Beatmung am Leben zu erhalten. Leider waren seine Versuche vergebens.*

### 38 imperfetto di cortesia

dient zur abschwächenden Formulierung einer Bitte, einer Frage, eines Anliegens.

**Volevo** chiederle un favore. *Ich wollte Sie um eine Gefälligkeit bitten.*

**Desiderava,** signore? *Sie wünschen?*

439 **imperfetto als Ersatz** eines **condizionale composto.**

**Facevi** meglio a stare zitto. = Avresti fatto meglio…
*Du hättest besser geschwiegen.*

**Doveva** arrivare stamane, ma fino adesso non è ancora qui. = Sarebbe dovuto venire stamane…
*Er hätte heute Morgen ankommen sollen, aber bis jetzt ist er noch nicht hier.*

440 **imperfetto im Bedingungssatz** anstelle eines **congiuntivo del passato.**

**Lei moriva** (= sarebbe morta), se il medico non **veniva** (= fosse venuto) in tempo.
*Sie wäre gestorben, wenn der Arzt nicht rechtzeitig gekommen wäre.*

441 **passato prossimo – passato remoto**

In Norditalien wird das passato remoto in der gesprochenen Sprache überhaupt nicht verwendet. In Mittelitalien unterscheidet man hingegen auch in der gesprochenen Sprache zwischen diesen beiden Tempora. Doch ist auch hier eine deutliche **Zunahme des Gebrauchs des passato prossimo** auf Kosten des passato remoto zu beobachten. In Süditalien, vor allem in Sizilien, hingegen wird das passato remoto gegenüber dem passato prossimo vorgezogen. Soweit der Unterschied zwischen diesen beiden perfektiven Tempora gemacht wird (jedenfalls im It. lett.), lässt er sich, wie folgt, charakterisieren.

442 **passato prossimo**

Es drückt eine abgeschlossene Handlung aus, die erst vor kurzem abgelaufen ist und die noch als mit der Gegenwart verbunden empfunden wird.

**Ho finito** di studiare, adesso parto per il mare.
*Ich bin mit dem Lernen fertig, jetzt fahre ich ans Meer.*

Es kann auch für Handlungen verwendet werden, die weiter zurückliegen.

Le **ho telefonato** almeno **un mese fa.**
*Ich habe sie vor mindestens einem Monat angerufen.*

Es wird auch verwendet, wenn zuvor die Handlung abgeschlossen ist, der Zeitraum, in dem sie abgelaufen ist, aber noch andauert.

**In questo mese abbiamo visto** tre volte la mostra.
*In diesem Monat haben wir dreimal die Ausstellung besucht.*
– Der Besuch ist schon vorbei, der Zeitraum, der Monat, dauert aber noch an.

443 **passato remoto**

Es drückt eine Handlung aus, die schon vor langem abgelaufen ist und die als nicht mehr mit der Gegenwart im Zusammenhang stehend empfunden wird. Dabei kann eine mehr oder weniger genaue Zeitangabe stehen (z. B. bei historischen Ereignissen).

A Canne Annibale **sterminò** l'esercito romano.
*In Cannae vernichtete Hannibal das römische Heer.*

**Nel '500 e nel '600 avvennero** le principali scoperte astronomiche.
*Im 16. und im 17. Jahrhundert wurden die wichtigsten astronomischen Entdeckungen gemacht.*

Es kann auch für Handlungen verwendet werden, die erst vor kurzem abgelaufen sind. Der Sprecher rückt damit das Geschehen in psychologische Distanz.

**Le telefonai una settimana fa.** *Ich habe sie vor einer Woche angerufen.*

Es kann auch **Vorzeitigkeit** in Bezug auf ein anderes **passato remoto** ausdrücken.

**Appena finirono** (= ebbero finito), mi telefonarono.
*Kaum waren sie fertig, riefen sie mich an.*

444 **Weitere Verwendungen des passato prossimo**

445 Das passato prossimo besteht aus einem **Hilfsverb im presente** und einem **participio passato,** das die Abgeschlossenheit einer Handlung ausdrückt. Es wird daher oft zum Ausdruck einer Handlung verwendet, die zwar **zum Zeitpunkt der Äußerung bereits abgeschlossen ist,** die aber in **ihren Auswirkungen zu diesem Zeitpunkt noch andauert** (presente compiuto).

L'unificazione italiana **è avvenuta** nel secolo scorso.
*Die Vereinigung Italiens hat im vorigen Jahrhundert stattgefunden.*
Das Ereignis ist zwar längst vorbei, das Ergebnis, das geeinte Italien, besteht aber noch immer.

446 Es kann ferner eine Handlung ausdrücken, die in **unmittelbarer Zukunft abgeschlossen** sein wird.

Un ultimo sforzo e **ho finito** (= avrò finito).
*Noch eine letzte Anstrengung, und ich bin fertig.*

447 Im Bedingungssatz mit **se** kann das **passato prossimo** die Vorzukunft ausdrücken.

Se tra un'ora non **è arrivata,** dobbiamo/dovremo telefonare alla polizia.
*Wenn sie in einer Stunde nicht da ist, müssen wir die Polizei anrufen.*

448 **trapassato prossimo – trapassato remoto**

Das It. hat zwei Tempora zum Ausdruck einer Handlung, die vor einer anderen Handlung, die in einem Vergangenheitstempus steht, abgelaufen ist: das **trapassato prossimo** und das **trapassato remoto.**

449 **Das trapassato prossimo**

kann die Vorzeitigkeit zu jedem Vergangenheitstempus ausdrücken:

a) zu einem **imperfetto**

Ogni volta che **avevano invitato** degli amici, **bevevano** molto vino.
*Sooft sie Freunde eingeladen hatten, tranken sie viel Wein.*

b) zu einem **passato prossimo**

Mi **ha risposto** come **avevo previsto.**
*Er hat so geantwortet, wie ich es erwartet hatte.*

c) zu einem **passato remoto**

**Rispose** all'insegnante come questo **aveva voluto** che lo facesse.
*Er antwortete dem Lehrer, wie es dieser gewollt hatte.*

d) zu einem **trapassato prossimo**

L'insegnante **aveva già saputo** la risposta che aveva voluto dare il bambino.
*Der Lehrer hatte die Antwort schon gewusst, die das Kind geben wollte.*

e) zu einem **presente narrativo**

Finalmente Giovanni, che si **era allontanato** senza motivo, **ritorna.**
*Endlich kommt Giovanni, der sich ohne Grund entfernt hatte, zurück.*

f) zu einem **trapassato remoto**

Dopo che **ebbe saputo** che l'uomo **era stato ucciso,** il commissario **dette** gli ordini necessari.
*Sobald er erfahren hatte, dass der Mann getötet worden war, erteilte der Kommissar die erforderlichen Befehle.*

Das trapassato prossimo ist heute die am meisten verbreitete Form der Vorvergangenheit.

450 **trapassato remoto**

Das trapassato remoto, das heute insbesondere im It. p. immer seltener wird, kann nur in einem **Temporalsatz** (s. 782/783) stehen, der durch Konjunktionen wie **dopo che** *nachdem*, **quando** *als*, **allorché** *als*, **finché** *solange*, **appena** *kaum* eingeleitet wird. Dabei muss die Handlung des Gliedsatzes unmittelbar vor der des Hauptsatzes ablaufen und der Hauptsatz im **passato remoto** stehen.
Zudem sind Formen des trapassato remoto, die mit dem Hilsverb **essere** gebildet werden, selten.

Dopo che **ebbe finito,** cominciai il mio lavoro.
*Als er aufgehört hatte, begann ich mit meiner Arbeit.*

451 Bei Subjektsgleichheit von Haupt- und Gliedsatz zieht man meist andere Formen vor:

**Appena ebbi saputo** la notizia, partii.
*Kaum hatte ich die Neuigkeit erfahren, zog ich los.*

mit **participio passato assoluto: Saputa** la notizia, partii.

mit **gerundio composto: Avendo saputo** la notizia, partii.

mit **dopo + infinito composto:** Dopo **aver saputo** la notizia, partii.

452 **futuro**
(Das Futur)

453 Das **futuro** wird verwendet:

a) zum Ausdruck einer Handlung, die nach dem Zeitpunkt der Äußerung (Sprechergegenwart) ablaufen wird.

**Arriverò** domani sera. *Ich werde morgen Abend ankommen.*

b) zum Ausdruck der Nachzeitigkeit in Bezug auf ein Tempus der Vergangenheit **(futuro retrospettivo).** Es wird vor allem in historischen Berichten verwendet.

Nel 1785 **nacque** a Milano quello che cinquant' anni più tardi **sarà considerato** il più grande scrittore di lingua italiana.
*Im Jahre 1785 wurde in Mailand derjenige geboren, der fünfzig Jahre später als der größte Schriftsteller in italienischer Sprache gelten sollte.*

454 Das futuro kann auch **modalen** Wert haben. Es drückt dann aus:

c) einen Befehl.

Vestiti subito! **Verrai** con me!
*Zieh dich sofort an! Du wirst mit mir kommen!*

d) eine Konzession.

**Potrete** dire quel che vorrete, quel libro mi piace.
*Ihr könnt sagen, was ihr wollt, dieses Buch gefällt mir.*

e) eine Vermutung, einen Zweifel, Unsicherheit.

Quella ragazza **avrà** dieci anni.
*Dieses Mädchen wird etwa 10 Jahre alt sein.* – Vermutung

Ma **sarà** vero che è malato?
*Wird das wohl auch wahr sein, dass er krank ist?* – Zweifel

f) eine Abschwächung **(futuro attenuativo).**

Lei **ammetterà** che è un'impresa pericolosa.
*Sie werden wohl zugeben, dass das ein gefährliches Unternehmen ist.*

455 **futuro anteriore** (auch: futuro composto)
(Die Vorzukunft)

drückt aus:

456 a) die **Vorzeitigkeit** in Bezug auf ein **futuro.**

Appena **avrò finito** il mio lavoro, partirò per un viaggio.
*Sobald ich mit meiner Arbeit fertig bin, werde ich verreisen.*

Das It. p. zieht hier das einfache **futuro** vor.

Appena **finirò** il mio lavoro, partirò. (Übersetzung s. oben)

Auch die Verwendung des **passato prossimo** ist hier häufiger.

Appena **ho finito** … partirò.

457 b) eine Handlung, die vor einem bestimmten in der Zukunft liegenden Zeitpunkt abgeschlossen ist.

Dopodomani **avremo** già **finito.**
*Übermorgen werden wir schon fertig sein.*

458 c) einen Zweifel, eine Vermutung.

„Quando è venuto?“ „Non lo so, **saranno state** le nove.“
*„Wann ist er gekommen?" „Ich weiß es nicht, es wird etwa um neun Uhr gewesen sein."*

459 # Die anderen Modi

460 ## Il condizionale
(Der Konditional)

Es gibt zwei Formen, den **condizionale presente** (auch: **condizionale semplice** oder condizionale I) und den **condizionale passato** (auch: **condizionale composto** oder condizionale II).

461 Der **condizionale semplice** drückt aus:

a) eine Handlung, deren Eintreten möglich ist.

La settimana prossima / domani / oggi **partirei** volentieri con te.
*Nächste Woche / morgen / heute würde ich gern mit dir wegfahren.*

b) einen höflich formulierten Wunsch.

**Vorrei** partire con te. *Ich möchte gern mit dir wegfahren.*

c) eine Vermutung, ein Ereignis, das nicht verbürgt ist (Distanzhaltung des Sprechers). Findet sich besonders oft in den Massenmedien.

Incidente stradale. **Ci sarebbero** già decine i morti.
*Verkehrsunfall. Angeblich gibt es schon Dutzende Tote.*

d) die abschwächend formulierte persönliche Meinung.

Secondo la mia opinione, non **dovresti** lasciar solo il bambino.
*Meiner Meinung nach dürftest du das Kind nicht allein lassen.*

e) einen Zweifel.

Non so se **sarebbe** d'accordo.
*Ich weiß nicht, ob er einverstanden wäre.*

f) eine Aufforderung.

Tu **dovresti** insistere. *Du müsstest darauf bestehen.*

Zum condizionale im Bedingungssatz s. 804–806.

462 Der **condizionale composto** drückt aus:

a) eine Handlung, die nicht mehr eintreten kann.

La settimana prossima / domani / oggi / un anno fa **sarei partito** con te.
*Nächste Woche / morgen / heute / vergangenes Jahr wäre ich mit dir weggefahren.*

b) eine Vermutung, ein Ereignis, das nicht verbürgt ist (Distanzhaltung des Sprechers). Findet sich insbesondere in den Massenmedien.

Secondo la stampa il presidente **sarebbe tornato** nella capitale.
*Laut Presse ist der Präsident in die Hauptstadt zurückgekehrt.*

Zum condizionale composto im Bedingungssatz s. 807.

Zum condizionale composto zum Ausdruck des **futuro nel passato** s. 536.

463 **Il congiuntivo**

(Der Konjunktiv)

Der **congiuntivo** ist der Modus der **Unsicherheit,** des **Zweifels,** der **Möglichkeit,** des **Wunsches,** der **Abschwächung,** der vom Sprecher als **irreal hingestellten Aussage.** In vielen Fällen kann der Sprecher je nach Absicht den **congiuntivo** oder einen **anderen Modus** wählen.

Si dice che la grandine **ha distrutto** la raccolta.

Si dice che la grandine **abbia distrutto** la raccolta.
*Es heißt, der Hagel hat/habe die Ernte vernichtet.*

Si dice che la grandine **avrebbe distrutto** la raccolta.
*Es heißt, der Hagel würde die Ernte zerstört haben.* – Hypothese

Im ersten Beispiel steht der Indikativ. Der Sprecher gibt eine Information wieder, die er gehört hat, ohne Stellung zum Inhalt zu nehmen. Im zweiten Beispiel steht der **congiuntivo.** Der Sprecher gibt dieselbe Information wieder, nimmt jedoch Distanzhaltung dazu ein, eventuell um seine eigenen Zweifel gegenüber der Richtigkeit der Aussage anzudeuten, jedenfalls aber, um die Information nicht als seine eigene hinzustellen. Im dritten Beispiel steht der **condizionale passato.** Er drückt eine Möglichkeit aus, die sich nicht verwirklicht hat.

Vor allem im It. p. ist heute deutlich die Tendenz festzustellen, den **congiuntivo** durch andere Modi – **indicativo/futuro, condizionale** – zu ersetzen.

464 **Der congiuntivo im Hauptsatz** steht zum Ausdruck

465 a) einer Willensäußerung (Wunsch, Wollen).

**Possa** tu stare sempre bene in salute!
*Mögest du immer bei guter Gesundheit bleiben!*

Ah! Almeno **venisse!** *Wenn er doch wenigstens kommen würde/käme!*

Non l'**avessi** mai **detto!** *Hätte ich es doch nie gesagt!*

Che non ti **venga** in mente di offenderla! *Lass dir ja nicht einfallen, sie zu kränken!*

466 b) einer Konzession.

**Venga pure!** *Kommen Sie nur! Er soll nur kommen!*

Ti **piaccia** o no, devi farlo!
*Ob es dir gefällt oder nicht, du musst es tun!*

467 c) eines Zweifels, einer Vermutung.

Che non **venga** più da noi? *Sollte er etwa nicht mehr zu uns kommen?*

Perché non è venuto? Che **sia** malato? Che **abbia avuto** un incidente?
*Warum ist er denn nicht gekommen? Sollte er etwa krank sein? Sollte er einen Unfall gehabt haben?*

468 d) einer Annahme.

**Supponiamo** una foresta di abeti. *Nehmen wir an, hier sei ein Tannenwald.*

**Sia** a uguale b. Mathematik: *a ist gleich b.*

469 **Der congiuntivo im Gliedsatz**

Der congiuntivo steht im Gliedsatz,

470 a) wenn der Subjektsatz oder der Objektsatz **vor dem Hauptsatz** steht.

Che **sia** malato, è assolutamente certo.
*Dass er krank ist, ist absolut sicher.* – Subjektsatz

Che **viva** a Padova, lo sappiamo con certezza.
*Dass er in Padua lebt, wissen wir mit Sicherheit.* – Objektsatz

Der Objektsatz muss durch **lo** im Hauptsatz wieder aufgenommen werden.

471 b) wenn der Gliedsatz von einem Verb oder einer Wendung der **persönlichen Meinung,** des **persönlichen Urteils,** der **unsicheren Behauptung** abhängt.

Credo che **sia** esatto.
*Ich glaube, dass das richtig ist.* – persönliche Meinung

**E' meglio** che lei **abbandoni** il suo progetto.
*Es ist besser, Sie geben Ihren Plan auf.* – persönliches Urteil

**Pareva** che il pericolo **fosse** inevitabile.
*Es schien, dass die Gefahr unausweichlich war.* – unsichere Behauptung

Ist das Subjekt des Haupt- und des Nebensatzes **die 1. P. S. (io),** steht nach **credo, penso, trovo** usw. meist der **indicativo.**

**Credo** che l'**ho** già detto. *Ich glaube, ich habe es schon gesagt.*

472 Die wichtigsten Verben dieser Gruppe sind:

| | |
|---|---|
| accettare | *akzeptieren, annehmen* |
| assicurarsi | *sich vergewissern* |

| | |
|---|---|
| credere | *glauben* |
| dire | *sagen, behaupten* (bei unpersönlichem Gebrauch: si dice) |
| fingere | *vortäuschen* |
| illudersi | *sich täuschen* |
| immaginare | *sich vorstellen* |
| negare | *bestreiten* |
| preferire | *bevorzugen* |
| pretendere | *behaupten* |
| raccomandare | *empfehlen* |
| sospettare | *vermuten, verdächtigen* |
| supporre | *vermuten, annehmen* |
| pensare | *denken, meinen, glauben* |
| parere | *scheinen* |
| ritenere | *der Meinung sein, behaupten* |
| sembrare | *scheinen* |
| può darsi / può essere | *vielleicht, möglich, kann sein* |

473 Zum Ausdruck des Urteils werden vor allem unpersönliche Ausdrücke verwendet. Die wichtigsten sind:

| | |
|---|---|
| avviene | *es kommt vor* |
| accade/succede | *es kommt vor, passiert* |
| è giusto | *es ist richtig / gerecht* |
| conviene | *es gehört sich, man muss* |
| è meglio/preferibile | *es ist besser* |
| è facile | *es kann leicht sein* |
| è naturale | *es ist natürlich / selbstverständlich* |
| è possibile | *es ist möglich* |
| s'intende | *es versteht sich* |
| non merita/non vale la pena | *es lohnt sich nicht* |

474 c) wenn der Gliedsatz von einem Verb des **Wollens,** des **Befehlens,** des **Wunsches,** der **Notwendigkeit** abhängt.

Vuole che io le **dica** la verità?
*Soll ich Ihnen die Wahrheit sagen?* – Willensausdruck

Di' all'autista che si **tenga** pronto per domani.
*Sag dem Fahrer, er soll sich für morgen bereithalten.* – Befehl

Non permetto che tu **ripeta** tali sciocchezze.
*Ich erlaube nicht, dass du solche Dummheiten wiederholst.* – Verbot

Mi auguro che tu **guarisca** presto.
*Ich hoffe, dass du bald gesund wirst.* – Wunsch

Occorre che lei **prenda** le misure del caso.
*Es ist notwendig, dass Sie geeignete Maßnahmen ergreifen.* – Notwendigkeit

475 Die wichtigsten Verben dieser Gruppe sind:

| | |
|---|---|
| volere | *wollen* |
| augurare | *wünschen* |
| chiedere | *verlangen* |
| dire | *sagen, befehlen* |
| domandare | *verlangen, fordern* |
| desiderare | *wünschen, verlangen* |
| esigere | *verlangen, fordern* |
| ordinare | *befehlen* |
| permettere | *erlauben* |
| pregare | *bitten* |
| fare che | *machen, zusehen* |

Fate che la cena **sia** pronta per le sei.
*Seht zu, dass das Abendessen für sechs Uhr fertig ist.*

476 d) wenn der Gliedsatz von einem **Gefühlsausdruck** abhängt.

Mi dispiace/Sono spiacente che **abbiate** tanta fretta.
*Es tut mir Leid, dass ihr es so eilig habt.*

Peccato che tu non **abbia** potuto sentire quel cantante.
*Schade, dass du diesen Sänger nicht hast hören können.*

Sono contento che tu **sia** già arrivato.
*Ich bin froh, dass du schon da bist.*

Die wichtigsten Verben und Ausdrücke dieser Gruppe sind:

| | |
|---|---|
| amare | *gern tun, lieben* |
| piacere | *gefallen* |
| rallegrarsi | *sich freuen* |
| dispiacere | *Leid tun* |
| (meist unpersönlich: mi dispiace) | |
| rincrescere | *bedauern* |
| (meist unpersönlich: mi rincresce) | |
| godere | *genießen, froh sein* |
| vergognarsi | *sich schämen* |
| essere contento | *zufrieden sein, sich freuen* |
| malcontento | *unzufrieden* |
| felice | *glücklich* |
| infelice | *unglücklich* |
| lieto | *erfreut* |
| triste | *traurig* |
| afflitto | *betrübt* |
| essere dolente | *bedauern* |

477 e) wenn der Gliedsatz von einem Verb oder einem Ausdruck des **Zweifelns,** der **Erwartung,** des **Hoffens,** des **Fürchtens** abhängt.

**Dubito** che Gianni **conosca** la strada.
*Ich bezweifle, dass Gianni den Weg kennt.* – Zweifel

**Aspetto** che il tempo **cambi.**
*Ich warte, bis das Wetter wechselt.* – Erwartung

**Spero** che anche tu **possa** venire da me.
*Ich hoffe, dass auch du zu mir kommen kannst.* – Hoffnung

**Temevo** che il treno **arrivasse** in ritardo.
*Ich befürchtete, dass der Zug Verspätung hätte.* – Furcht

478 Die wichtigsten Verben und Ausdrücke dieser Gruppe sind:

| | |
|---|---|
| aspettare<br>attendere<br>essere in attesa | *(er)warten* |
| dubitare | *zweifeln* |
| aver paura | *fürchten, Angst haben* |
| sperare | *hoffen* |
| temere | *fürchten* |

479 f) wenn der Gliedsatz von einem **negativen Hauptsatz** abhängt.

**Non sapevo** che **fosse** vietato l'ingresso.
*Ich wusste nicht, dass der Eintritt verboten sei.*

**Aber: Sapevo** che era vietato l'ingresso.
Allerdings ist der **indicativo** auch nach dem negativen Hauptsatz **möglich.**

Nach den Verben des **Sagens** und des **Behauptens** steht im Allgemeinen der **indicativo.**

**Afferma** sempre che questo libro **appartiene** a suo padre.
*Er behauptet immer, dass dieses Buch seinem Vater gehört/gehöre.*
Im Deutschen kann hier auch der Konjunktiv stehen.

Sind diese Verben jedoch **verneint,** folgt gewöhnlich der **congiuntivo** im Gliedsatz.
Im **indirekten Fragesatz** steht meist der **congiuntivo** (s. 831).

480 Einige Verben haben eine andere Bedeutung, je nachdem ob sie mit **indicativo** oder mit **congiuntivo** stehen.

| Verb | Bedeutung mit | |
|---|---|---|
| | indicativo | congiuntivo |
| **ammettere** | *zugeben* | *annehmen, zulassen* |
| **badare** | *be(ob)achten* | *sich kümmern, Acht geben* |
| **capire/ comprendere** | *verstehen* (als rein intellektueller Akt) | *verstehen* (als Urteil, als Zustimmung) |
| **considerare** | *in Betracht ziehen* | *annehmen* |
| **pensare** | *(nach)denken, bedenken* | *glauben, meinen* |

E **pensare** che **doveva** restare a casa malgrado il grande caldo.
*Wenn man bedenkt, dass er trotz der großen Hitze zu Hause bleiben musste.*

**Penso** che anche loro **debbano** stare a casa.
*Ich glaube, dass auch sie zu Hause bleiben müssen.*

**Capivo** che anche lei se n'**era** accorta.
*Ich begriff, dass auch sie es bemerkt hatte.*

**Capisco** bene che il suo comportamento ti **faccia** (auch: fa) male.
*Ich verstehe, dass dir sein Verhalten wehtut.*

481 **Der congiuntivo nach einem Komparativ**

Nach einem Komparativ der Mehr- oder Minderstufe steht meist der **congiuntivo.**

L'esame era **più difficile** di quanto egli **pensasse.**
*Die Prüfung war schwieriger, als er dachte.*

La mostra era **meno bella** di quanto **pensassimo.**
*Die Ausstellung war weniger schön, als wir dachten.*

In beiden Fällen wäre allerdings auch das **imperfetto indicativo** möglich: di quanto **pensava/pensavamo.**

482 **Der congiuntivo im Relativsatz**

Der congiuntivo steht im Relativsatz,

483 a) wenn dieser eine **geforderte Eigenschaft** ausdrückt.

Cerco un segretario che **sappia** il tedesco e l'inglese.
*Ich suche einen Sekretär, der Deutsch und Englisch kann.*

484 b) wenn der Vordersatz **verneint** ist, wenn er einen **Zweifel,** eine **Bedingung** ausdrückt.

**Non c'è** uomo che non **abbia** difetto.
*Kein Mensch ist ohne Fehler.* – Vordersatz verneint

**Qual è** la persona che **sia** contenta della sua vita?
*Welcher Mensch ist schon mit seinem Leben zufrieden?* – Der italienische Satz ist nur scheinbar eine Frage, in Wahrheit drückt er einen Zweifel aus.

**Se** si rivolgerà a me per una cosa della quale **debba** decidere io, digli che farò il (mio) possibile per aiutarlo.
*Falls er sich in einer Sache, in der ich entscheiden muss, an mich wenden sollte, so sag ihm, dass ich alles tun werde, um ihm zu helfen.* – Der Vordersatz drückt eine Bedingung aus.

485 c) wenn der Vordersatz eine **Verallgemeinerung,** eine **Vermutung** ausdrückt, insbesondere nach den Pronomina
**chiunque** *wer (auch immer)*, **qualunque cosa** *was (auch immer)*, **checché** *was (auch immer)*, **dovunque** *wo auch (immer)*, **comunque** *wie auch immer*, **per quanto** *wie sehr auch immer* usw.

A **chiunque chieda** di me, ditegli che non sono a casa.
*Wer auch immer nach mir fragt, sagt ihm, ich bin nicht zu Hause.*

**Comunque sia,** è necessario che tu parta.
*Wie immer es sei, du musst wegfahren.*

**Per quanto** ricco **sia,** non è felice.
*Wie reich er auch immer sein mag, glücklich ist er nicht.*

486 Der **congiuntivo** steht im Gliedsatz nach **bestimmten Konjunktionen.**

| Konjunktion | Bedeutung | Beispiel | Übersetzung |
|---|---|---|---|
| **benché** | *obwohl* | **Benché facesse** freddo, andammo al mare. | *Obwohl es kalt war, gingen wir zum Meer.* |
| **malgrado (che)** | *obschon* | **Malgrado (che) avessimo** litigato, mi salutò. | *Obschon wir gestritten hatten, grüßte er mich.* |
| **sebbene** | *obgleich* | **Sebbene** mi **conoscesse,** non mi salutò. | *Obgleich er mich kannte, grüßte er mich nicht.* |
| **prima che** | *bevor* | **Prima che fosse** arrivato lui, venne lei. | *Bevor er angekommen war, kam sie.* |
| **finché** | *bis* | Resterò qui **finché** tu **ritorni.** | *Ich bleibe hier, bis du zurückkommst.* |
| **perché** | *damit* | Te lo dico **perché** tu **sappia** come comportarti. | *Ich sage es dir, damit du weißt, wie du dich verhalten sollst.* |
| **affinché**<br>**ché** | *damit* | Furono prese certe disposizioni **affinché** la situazione **migliorasse.**<br>Sta' attento **ché** non t'**ingannino** di nuovo! | *Es wurden gewisse Vorkehrungen getroffen, damit sich die Situation bessere.*<br>*Gib Acht, damit sie dich nicht wieder betrügen!*<br>**affinché** und **ché** gehören dem It. lett. an. |
| **quasi** | *als ob* | Gesticolava **quasi fosse** pazzo. | *Er gestikulierte, als ob er verrückt wäre.* |
| **come se** | *als ob* | Gesticolava **come se fosse** pazzo. | *Er gestikulierte, als ob er verrückt wäre.* |
| **senza che** | *ohne dass* | E' partita **senza che** io **potessi** salutarla. | *Sie ist weggegangen, ohne dass ich mich verabschieden konnte.* |
| **tranne che** | *außer (dass)* | Possiamo aspettarlo alle nove **tranne che** il treno (non) **arrivi** in ritardo. | *Wir können ihn um neun erwarten, außer der Zug hat Verspätung.*<br>Dem **non** kommt keine negative Bedeutung zu. |
| **a meno che** | *außer (dass), es sei denn, (dass)* | Domani andremo a fare il bagno **a meno che piova.** | *Morgen gehen wir baden, es sei denn, (dass) es regnet.* |
| **qualora** | *falls, wenn* | **Qualora** tu lo **facessi,** dimmelo in tempo! | *Falls du es machst, sag es mir rechtzeitig!* |

| Konjunktion | Bedeutung | Beispiel | Übersetzung |
|---|---|---|---|
| **purché** | *vorausgesetzt, dass* | Potete usare la mia macchina fotografica **purché** non la **rompiate.** | *Ihr könnt meinen Fotoapparat benützen, vorausgesetzt, dass ihr ihn nicht kaputtmacht.* |
| **nel caso che** | *falls, für den Fall, dass* | **Nel caso che abbiate** l'intenzione di venire a vederci, telefonateci! | *Falls ihr die Absicht habt, uns zu besuchen, ruft uns vorher an!* |
| **a patto che** | *vorausgesetzt, dass unter der Bedingung, dass* | Vengo con voi, **a patto che** mi **riportiate** a casa. | *Ich komme mit euch, vorausgesetzt, dass ihr mich nach Hause bringt.* |
| **a condizione che** | *unter der Bedingung, dass vorausgesetzt, dass* | Possiamo partire presto **a condizione che** tu **abbia** finito. | *Wir können früh wegfahren, vorausgesetzt, dass du fertig bist.* |
| **posto che** | *vorausgesetzt, dass* | **Posto che** tu **abbia** i mezzi, puoi andare in viaggio anche subito. | *Vorausgesetzt, dass du die erforderlichen Mittel hast, kannst du auch sofort verreisen.* |
| **salvo che** | *außer (dass) es sei denn* | Verrò, **salvo che** tu **abbia** disposto altrimenti. | *Ich komme, es sei denn, du hast etwas anderes vor.* |

487 Die Konjunktionen, die **Bedingungssätze** einleiten, können auch mit dem **futuro** stehen. Es handelt sich vor allem um die Konjunktionen **purché, sempre che, solo che, a condizione che, a patto che, nel caso che.**

La conferenza sull'energia salterà solo **nel caso che** altre forze parlamentari **riterranno** opportuno non farla.
*Die Energiekonferenz wird nur dann platzen, wenn es andere parlamentarische Kräfte für opportun erachten, sie nicht abzuhalten.*

Zur Verwendung der Tempora des congiuntivo s. 532.

Zum **modo imperativo** s. 28.

488 # L'infinito
(Der Infinitiv)

Übersicht über die Formen des infinito

| | infinito | | | |
|---|---|---|---|---|
| | attivo | | passivo | |
| | presente | passato | presente | passato |
| transitivo diretto | servire<br>*dienen* | avere servito<br>*gedient haben* | venire/essere servito<br>*bedient werden* | essere stato servito<br>*bedient worden sein* |
| transitivo indiretto | assomigliare<br>*ähnlich sein* | avere assomigliato<br>*ähnlich gewesen sein* | | |
| intransitivo | cadere<br>*fallen* | essere caduto<br>*gefallen sein* | | |
| pronominale | lavarsi<br>*sich waschen* | essersi lavato<br>*sich gewaschen haben* | | |

489 Da das Passivum nur von den **verbi transitivi diretti** gebildet werden kann, kann auch der **infinito passivo** nur von solchen Verben gebildet werden. (s. 35)

L'ospite chiede al cameriere di **essere servito** presto.
*Der Gast verlangt vom Kellner, rasch bedient zu werden.*

490 Der **infinito** ist die **Nominalform** des Verbs. Er drückt weder Person noch Numerus, noch Tempus, noch Genus oder Modus aus.

Jeder infinito kann als **Nomen** verwendet werden (infinito sostantivato). Gewöhnlich steht beim **infinito sostantivato** ein Begleiter (Artikel, Pronomen).

Tra **il dire** e **il fare** c'è di mezzo il mare.
*Sagen kann man bald etwas.*

Che vuol dire **quell'andare** e **venire?**
*Was bedeutet dieses Kommen und Gehen?*

491 Einige dieser **infiniti sostantivati** sind echte **Nomina** geworden. Sie können meistens einen Plural bilden und haben oft eine vom verbalen infinito abweichende Bedeutung.

| Singular | Plural | Bedeutung des Nomens | Bedeutung des verbalen infinito |
|---|---|---|---|
| l'avere | gli averi | *Besitz, Gut* | *haben* |
| l'essere | gli esseri | *Sein, Lebewesen* | *sein* |
| il cantare | i cantari | *Gesang, Lied* | *singen* |
| il dispiacere | i dispiaceri | *Missfallen, Verdruss* | *Leid tun* |
| il dovere | i doveri | *Pflicht* | *müssen* |
| il mangiare | kein Pl. | *Essen, Nahrung* | *essen* |
| il bere | kein Pl. | *Trinken, Trunksucht* | *trinken* |
| il parlare | i parlari | *Sprechweise* | *sprechen* |
| il piacere | i piaceri | *Vergnügen, Vergnügungen* | *gefallen* |

492 **Die Verwendung des infinito**

493 a) der infinito als **Subjekt** (l'infinito soggetto) wird meist zum Ausdruck allgemein gültiger Erfahrungen, Kenntnisse und Erkenntnisse gebraucht.

**Fidarsi** è bene, **non fidarsi** è meglio.
*Vertrauen ist gut, Misstrauen besser.*

Manchmal steht beim **infinito soggetto** der Artikel.

**Il divertirsi** piace ai bambini. *Kinder haben gerne Spaß.*

494 b) der infinito als **Gleichsetzungsglied** (Prädikatsnomen).

**Volere** è **potere.** *Wo ein Wille, da ein Weg.*

Altro è **dire,** altro è **fare.** *Reden und Tun sind zweierlei.*

495 c) der infinito als **Apposition.**

Ci sono due vie: **lavorare** o **studiare.**
*Es gibt zwei Möglichkeiten: Arbeiten oder Studieren.*

496 d) der infinito als **Objekt** (l'infinito oggettivo).

Non oso **disturbarla.** *Ich wage nicht, sie zu stören.*

Ti ordino **di tacere.** *Ich befehle dir zu schweigen.*

Sono contento di **averti visto.** *Ich freue mich, dich gesehen zu haben.*

497 **Infinito und Präposition**

Folgt ein infinito auf ein anderes Verb (infinito oggetto), so kann die Verbindung mit oder ohne Präposition erfolgen. Die häufigsten Präpositionen sind **di, a, da.**

498 ## Der infinito ohne Präposition

Keine Präposition steht vor dem infinito

499 a) nach den **Modalverben** (verbi modali)

| | |
|---|---|
| potere | *können* |
| sapere | *können, wissen* |
| volere | *wollen* |
| dovere | *müssen* |
| solere | *pflegen* |
| usare | *pflegen* |
| fare | *veranlassen* |
| lasciare | *(zu)lassen* |
| gradire | *gern mögen* |
| favorire | Einleitung einer Bitte |
| desiderare | *wünschen* (auch mit **di**) |
| preferire | *vorziehen* (seltener auch mit **di**) |
| osare | *sich trauen, wagen* (auch mit **di**) |

Posso **entrare?** *Kann/Darf ich eintreten?*

Uso **alzarmi** di buon'ora. *Ich pflege früh aufzustehen.*

Non oso **domandargli** di prestarmi la sua macchina.
*Ich traue mich nicht, ihn zu bitten, mir sein Auto zu borgen.*

Gradirei **sapere** se il treno è già arrivato.
*Ich wüsste gerne, ob der Zug schon angekommen ist.*

Favorisca **prender** posto. *Würden Sie bitte Platz nehmen.*

Dazu noch die Verben:

| | | |
|---|---|---|
| amare | *gern tun* | |
| odiare | *ungern tun* | |
| convenire | *in jemandes Interesse liegen* | auch mit **di** |
| piacere | *gefallen* | auch mit **di** |
| intendere | *beabsichtigen* | auch mit **di** |

A Mariagrazia conviene **(di) andar** via.
*Es liegt in Mariagrazias Interesse wegzugehen.*

**Ama**/Gli **piace leggere.** *Er liest gerne.*

500 b) nach den meisten **Verben der Wahrnehmung**

| | |
|---|---|
| vedere | *sehen* |
| sentire | *hören* |
| udire | *hören* |
| ascoltare | *zuhören* |
| osservare | *beobachten* |
| guardare | *schauen* |

**Sento** qualcuno **bussare.** *Ich höre jemand klopfen.*

**Guardo cadere** la neve. *Ich schaue zu, wie der Schnee fällt.*

**Vedo giocare** i bambini. *Ich sehe die Kinder spielen.*

501 c) bei einigen **unpersönlichen Verben,** wenn der **infinito Subjekt** ist.

**Bisogna** pensarci prima. *Man muss früher daran denken.*

**Occorre** corazzarsi di pazienza. *Man muss sich mit Geduld wappnen.*

A chi **tocca** giocare? *Wer kommt dran? Wer spielt aus?*

**Basta** salvar la pelle. *Es genügt, seine Haut zu retten.*

Das gilt auch für die unpersönliche Wendung

**è + Adjektiv.**

**E' proibito** entrare! *Eintritt verboten!*

**E' utile/necessario** sapere parecchie lingue.
*Es ist nützlich/notwendig, mehrere Sprachen zu sprechen.*

## 502 Der infinito mit Präposition

### 503 Der infinito mit di

Die Verben des **Sagens, Bittens, Befehlens, Behauptens, Denkens,** der **Willensäußerung** und der **inneren Haltung** schließen ihren Objektsinfinitiv mit **di** an. Die meisten dieser Verben können anstelle des infinito ein **COD** oder ein **COI mit di** annehmen, einige davon beides.

| Verb | Bedeutung | Beispiel mit Objektsinfinitiv | Beispiel mit COD oder COI |
|---|---|---|---|
| **accettare** | *akzeptieren* | Accetto di venire.<br>*Ich bin bereit zu kommen.* | Accetto il tuo invito.<br>*Ich nehme deine Einladung an.* |
| **accusare** | *beschuldigen* | L'ha accusato di essere un pedante.<br>*Er hat ihn beschuldigt, ein Pedant zu sein.* | L'ha accusato di pedanteria.<br>*Er hat ihn der Pedanterie beschuldigt.* |

| Verb | Bedeutung | Beispiel mit Objektsinfinitiv | Beispiel mit COD oder COI |
|---|---|---|---|
| **affermare** | *bestätigen behaupten* | Afferma di essere innocente. *Er behauptet, unschuldig zu sein.* | Afferma la sua innocenza. *Er behauptet seine Unschuld.* |
| **aggiungere** | *hinzufügen* | Aggiunse di non aver nessun diritto di parlare in questo modo. *Er fügte hinzu, dass er keinerlei Recht habe, so zu sprechen.* | Aggiunse un'altra frase. *Er fügte noch einen Satz hinzu.* |
| **ammettere** | *zugeben* | Ammette di aver mentito. *Er gibt zu, gelogen zu haben.* | Ammette il suo errore. *Er gibt seinen Irrtum zu.* |
| **annunciare** | *ankündigen* | Ha annunciato di arrivare domani. *Er hat angekündigt, dass er morgen ankommen werde.* | Ha annunciato il suo arrivo per domani. *Er hat seine Ankunft für morgen angekündigt.* |
| **aspettare/ aspettarsi** | *(er)warten* | Non mi aspettavo di riuscirci. *Ich erwartete nicht, dass es mir gelingen werde.* | (Mi) aspettavo una telefonata. *Ich wartete auf einen Anruf.* |
| **assicurare/ assicurarsi** | *versichern vergewissern* | Mi ha assicurato di saperlo fare. *Er hatte mir versichert, dass er wüsste, wie es zu machen sei.* | Ha assicurato la casa contro gli incendi. *Er hat das Haus gegen Brandschaden versichern lassen.* |
| **augurare** | *wünschen* | Gli auguro di guarire presto. *Ich wünsche ihm, dass er bald gesund wird.* | Gli auguro una pronta guarigione. *Ich wünsche ihm baldige Besserung.* |
| **avvertire** | *verständigen warnen* | Ti avverto di non scherzare troppo. *Ich warne dich, treibe nicht zu viele Späße.* | Abbiamo avvertito la polizia. *Wir haben die Polizei verständigt.* |
| **badare** | *Acht geben* | Bada di non tradirti. *Gib Acht, dass du dich nicht verrätst.* | Il pastore bada le pecore. *Der Hirte hütet die Schafe.* |
| **capire** | *verstehen* | Ho capito di aver sbagliato. *Ich habe begriffen, dass ich mich geirrt habe.* | Ho capito il tuo ragionamento. *Ich habe deine Argumentation verstanden.* |
| **cercare** | *(ver)suchen trachten* | Cercavo di finire presto. *Ich trachtete, rasch fertig zu werden.* | Cerco la mia matita. *Ich suche meinen Bleistift.* |
| **chiedere** | *bitten* | Ha chiesto di poter partire con noi. *Er hat gebeten, mit uns wegfahren zu dürfen.* | Ha chiesto un libro a Massimo. *Er hat Massimo um ein Buch gebeten.* |

| Verb | Bedeutung | Beispiel mit Objektsinfinitiv | Beispiel mit COD oder COI |
|---|---|---|---|
| **comandare** | *befehlen* | Ha comandato ai soldati di marciare.<br>*Er hat den Soldaten befohlen abzumarschieren.* | Il generale comanda un esercito.<br>*Der General befehligt ein Heer.* |
| **combinare** | *vereinbaren* | Abbiamo combinato di rimanere in Italia.<br>*Wir haben vereinbart, in Italien zu bleiben.* | Abbiamo combinato un incontro.<br>*Wir haben ein Treffen vereinbart.* |
| **comunicare** | *mitteilen*<br>*wissen lassen* | Il presidente ci ha comunicato di non poter venire.<br>*Der Präsident hat uns mitgeteilt, dass er nicht kommen könne.* | Ci hanno comunicato le ultime notizie.<br>*Sie haben uns die letzten Nachrichten mitgeteilt.* |
| **concedere** | *erlauben*<br>*zugestehen* | L'insegnante concede ai bambini di andarsene.<br>*Der Lehrer erlaubt den Kindern wegzugehen.* | Il padrone gli ha concesso una breve vacanza.<br>*Der Chef hat ihm einen kurzen Urlaub gewährt.* |
| **confessare** | *gestehen* | Confesso di aver fatto una sciocchezza.<br>*Ich gestehe, eine Dummheit begangen zu haben.* | Confesso l'errore.<br>*Ich gestehe den Fehler (ein).* |
| **considerare** | *der Meinung sein*<br>*betrachten* | Considero di aver fatto il mio dovere.<br>*Ich bin der Meinung, dass ich meine Pflicht getan habe.* | Considerate le conseguenze della vostra decisione!<br>*Denkt an die Konsequenzen eures Entschlusses!* |
| **consigliare** | *raten* | Ti consiglio di non fumare.<br>*Ich rate dir, nicht zu rauchen.* | Ti consiglio la prudenza.<br>*Ich rate dir zur Vorsicht.* |
| **contare** | *beabsichtigen* | Conto di partire presto.<br>*Ich beabsichtige, bald wegzufahren.* | Conto le ore che mancano.<br>*Ich zähle die Stunden, die noch fehlen.* |
| **convenire** | *vereinbaren* | Abbiamo convenuto di partire assieme.<br>*Wir haben vereinbart, zusammen wegzufahren.* | Convenimmo il prezzo.<br>*Wir einigten uns über den Preis.* |
| **credere** | *glauben* | Crede di aver fatto tutto bene.<br>*Er glaubt, alles gut gemacht zu haben.* | Non posso credere una storia simile.<br>*Ich kann eine derartige Geschichte nicht glauben.* |
| **decidere** | *beschließen* | Ha deciso di partire.<br>*Er hat beschlossen abzureisen.* | Ha deciso la sua partenza.<br>*Er hat seine Abreise beschlossen.* |
| **desiderare** | *wünschen* | Desidera (di) partire.<br>(auch **ohne di**)<br>*Er wünscht wegzufahren.* | Desidera un bicchiere di vino.<br>*Er möchte ein Glas Wein.* |

| Verb | Bedeutung | Beispiel mit Objektsinfinitiv | Beispiel mit COD oder COI |
|---|---|---|---|
| **dichiarare** | *erklären*<br>*kundtun* | Ha dichiarato di voler partire con noi.<br>*Er hat erklärt, dass er mit uns mitfahren wolle.* | Ha dichiarato le sue intenzioni.<br>*Er hat seine Absichten kundgetan.* |
| **dimenticare/ dimenticarsi** | *vergessen* | Ha dimenticato/Si è dimenticato di mandarmi la lettera.<br>*Er hat vergessen, mir den Brief zu schicken.* | Ha dimenticato i dettagli.<br>*Er hat die Details vergessen.* |
| **dimostrare** | *zeigen*<br>*darlegen* | Ha dimostrato di sapere tutto.<br>*Er hat gezeigt, dass er alles weiß.* | Ha dimostrato la giustezza del suo ragionamento.<br>*Er hat die Richtigkeit seiner Argumentation dargelegt.* |
| **dire** | *sagen* | Ci dice di venire.<br>*Er sagt uns, wir sollen kommen.* | Ha detto una parola gentile a tutti i presenti.<br>*Er hat (zu) jedem Anwesenden ein freundliches Wort gesagt.* |
| **disperare/ disperarsi** | *verzweifeln* | Si dispera di essere in ritardo.<br>*Er ist ganz verzweifelt, weil er zu spät dran ist.* | Si dispera del suo ritardo.<br>*Er ist über seine Verspätung ganz verzweifelt.* |
| **dispiacere** | *bedauern* | Mi dispiace di non parlare meglio l'italiano.<br>*Ich bedaure, dass ich nicht besser Italienisch spreche.* | Gli dispiace di questo.<br>*Das tut ihm Leid.* |
| **disporre** | *beschließen*<br>*verfügen* | Ha disposto di partire.<br>*Er hat beschlossen abzureisen.* | Dispone di una immensa fortuna.<br>*Er verfügt über ein ungeheures Vermögen.* |
| **domandare** | *bitten* | Domanda di partire.<br>*Er bittet, weggehen zu dürfen.* | Domanda un favore.<br>*Er bittet um einen Gefallen.* |
| **dubitare** | *zweifeln* | Dubito di aver preso una buona decisione.<br>*Ich bezweifle, dass ich eine gute Entscheidung getroffen habe.* | Dubito della mia decisione.<br>*Ich zweifle an meiner Entscheidung.* |
| **escludere** | *ausschließen* | Ha escluso di tornare prima della fine.<br>*Er hält es für ausgeschlossen, dass er vor dem Ende zurückkommen wird.* | Abbiamo escluso questa possibilità.<br>*Diese Möglichkeit haben wir ausgeschlossen.* |
| **figurarsi** | *sich vorstellen*<br>*sich halten für* | Ada si figura di essere intelligente.<br>*Ada hält sich für intelligent.* | Si figuri la sua soddisfazione.<br>*Stellen Sie sich seine Befriedigung vor.* |

| Verb | Bedeutung | Beispiel mit Objektsinfinitiv | Beispiel mit COD oder COI |
|---|---|---|---|
| **fingere** | *vortäuschen* | Finge di essere cieco.<br>*Er gibt vor, blind zu sein.* | Finge la cecità.<br>*Er täuscht Blindheit vor.* |
| **giurare** | *schwören* | Giulio ha giurato di soccorrermi.<br>*Giulio hat geschworen, mir beizustehen.* | Giurò vendetta.<br>*Er hat Rache geschworen.* |
| **ignorare** | *nicht wissen*<br>*ignorieren* | Ignora di essere sorvegliato.<br>*Er weiß nicht, dass er überwacht wird.* | Ignora anche le cose più semplici.<br>*Er weiß selbst die einfachsten Dinge nicht.* |
| **illudere**<br>**illudersi** | *täuschen*<br>*sich einbilden* | Si illude di riuscire agli esami.<br>*Er bildet sich ein, dass er die Prüfungen bestehen wird.* | Ha illuso i finanziatori dell'impresa.<br>*Er hat die Geldgeber des Unternehmens getäuscht.* |
| **imporre** | *befehlen*<br>*auferlegen* | Mi impose di partire.<br>*Er befahl mir wegzugehen.* | Il direttore impone la sua volontà a tutti.<br>*Der Direktor zwingt allen seinen Willen auf.* |
| **incaricare** | *beauftragen* | Mi ha incaricato di farti i suoi complimenti.<br>*Er hat mich beauftragt, dich von ihm zu grüßen.* | L'hanno incaricato dell' esecuzione.<br>*Sie haben ihn mit der Durchführung der Arbeiten beauftragt.* |
| **informare** | *informieren* | Ci ha informato di non poter venire.<br>*Er hat uns mitgeteilt, dass er nicht kommen kann.* | Ci ha informato delle sue intenzioni.<br>*Er hat uns über seine Absichten informiert.* |
| **meditare** | *denken*<br>*meditieren* | Medita di vendicarsi.<br>*Er sinnt auf Rache.* | Meditò a lungo quel passo della Bibbia.<br>*Er meditierte lange über jene Bibelstelle.* |
| **negare** | *verneinen*<br>*bestreiten* | Nego di aver mai detto una cosa simile.<br>*Ich bestreite, je so etwas gesagt zu haben.* | Non nego la mia responsabilità.<br>*Ich bestreite meine Verantwortung nicht.* |
| **offrire** | *anbieten* | Le offro di venire con me.<br>*Ich biete Ihnen an, mit mir zu kommen.* | Le offro un viaggio con me.<br>*Ich biete Ihnen eine Reise mit mir an.* |
| **ordinare** | *befehlen*<br>*bestellen*<br>*verordnen* | Il giudice ordinò all'imputato di rispondere.<br>*Der Richter befahl dem Angeklagten zu antworten.* | Il medico gli ha ordinato una cura.<br>*Der Arzt verordnete ihm eine Kur.* |
| **pentirsi** | *bereuen* | Mi pento di non aver studiato.<br>*Ich bereue es, nicht studiert zu haben.* | Mi pento della mia pigrizia.<br>*Ich bereue meine Faulheit.* |

| Verb | Bedeutung | Beispiel mit Objektsinfinitiv | Beispiel mit COD oder COI |
|---|---|---|---|
| **permettere/ permettersi** | *erlauben* | Mi ha permesso di venire con lui. *Er hat mir erlaubt, mit ihm zu kommen.* | Non si può permettere una tale sciocchezza! *Er kann sich eine solche Dummheit nicht erlauben!* |
| **pregare** | *bitten* | Mi ha pregato di aiutarlo. *Er hat mich gebeten, ihm zu helfen.* | L'ha pregata di un favore. *Er hat sie um einen Gefallen gebeten.* |
| **preoccuparsi** | *sich kümmern, sich Sorgen machen* | Si preoccupa solo di divertirsi. *Er kümmert sich nur um sein Vergnügen.* | Si preoccupa della sua salute. *Er macht sich um seine Gesundheit Sorgen.* |
| **pretendere** | *verlangen behaupten fordern* | Pretende di essere pagato meglio. *Er fordert, besser bezahlt zu werden.* | Pretende un aumento salariale. *Er fordert eine Gehalts-erhöhung.* |
| **procurare/ procurarsi** | *trachten besorgen* | Procura di non fare sciocchezze. *Er trachtet, keine Dummheiten zu machen.* | Ci siamo procurati il necessario per mangiare. *Wir haben zum Essen alles Nötige besorgt.* |
| **proibire** | *verbieten* | Gli ha proibito di bere. *Er hat ihm verboten zu trinken.* | Gli ha proibito l'alcol. *Er hat ihm Alkoholverbot erteilt.* |
| **promettere** | *versprechen* | Lo zio gli ha promesso di regalargli qualcosa. *Der Onkel hat versprochen, ihm etwas zu schenken.* | Lo zio gli ha promesso un regalo. *Der Onkel hat ihm ein Ge-schenk versprochen.* |
| **proporre/ proporsi** | *vorschlagen sich vornehmen* | Mi ha proposto di aiutarmi. *Er hat mir vorgeschlagen, mir zu helfen.* | Ha proposto un compromesso. *Er hat einen Kompromiss vorgeschlagen.* |
| **raccomandare** | *empfehlen nahe legen* | Ti raccomando di fare presto! *Mach doch schnell!* Im Deutschen oft mit einem | Ti raccomando Primo! *Kümmere dich um Primo!* Imperativ wiederzugeben. |
| **raccontare** | *erzählen* | Aldo racconta di essere stato in Italia. *Aldo erzählt, dass er in Italien war.* | Aldo racconta storie improbabili. *Aldo erzählt unwahrscheinliche Geschichten.* |
| **ricordarsi** | *sich erinnern* | Ricordati di comprare il latte. *Vergiss nicht, Milch einzu-kaufen.* | Ricordati del nostro primo incontro! *Erinnere dich an unsere erste Begegnung!* |
| **rifiutare/ rifiutarsi** | *ablehnen sich weigern* | Rifiutò di aiutarmi. *Er weigerte sich, mir zu helfen.* | Rifiutammo la sua offerta. *Wir lehnten sein Angebot ab.* |

| Verb | Bedeutung | Beispiel mit Objektsinfinitiv | Beispiel mit COD oder COI |
|---|---|---|---|
| **scommettere** | *wetten* | Ha scommesso di vincere.<br>*Er hat gewettet, dass er gewinnen werde.* | Ha scommesso tutti i suoi beni.<br>*Er hat sein ganzes Hab und Gut verwettet.* |
| **scusare/ scusarsi** | *(sich) entschuldigen* | Mi scusi di essere in ritardo.<br>*Entschuldigen Sie, dass ich zu spät komme.* | Scusa il mio errore!<br>*Entschuldige meinen Irrtum!* |
| **sentirsela** | *zumute sein* | Non me la sento di provare.<br>*Mir ist nicht danach zumute, es zu versuchen.* | |
| **sognare** | *träumen* | Sogna di essere celebre.<br>*Er träumt davon, berühmt zu sein.* | Sogna Clara ogni notte.<br>*Er träumt jede Nacht von Clara.* |
| **sopportare** | *ertragen* | Non sopporta di essere criticato.<br>*Er verträgt es nicht, kritisiert zu werden.* | Non sopporta le critiche.<br>*Er verträgt keine Kritiken.* |
| **sostenere** | *behaupten* | Sostiene di non averlo mai visto.<br>*Er behauptet, es nie gesehen zu haben.* | Sosteneva la propria innocenza.<br>*Er behauptete, unschuldig zu sein.* |
| **sperare** | *hoffen* | Speriamo di vederci presto.<br>*Hoffentlich sehen wir uns bald wieder.* | Spero una promozione.<br>*Ich erhoffe mir eine Beförderung.* |
| **stabilire** | *abmachen festsetzen* | Stabilimmo di trovarci durante le ferie.<br>*Wir haben abgemacht, dass wir uns in den Ferien treffen werden.* | Abbiamo stabilito condizioni favorevoli.<br>*Wir haben günstige Bedingungen festgesetzt.* |
| **suggerire** | *empfehlen (ein)geben* | Gli suggerivo di prendere la macchina.<br>*Ich empfahl ihm, das Auto zu nehmen.* | L'incontro mi suggeriva nuove idee.<br>*Das Treffen gab mir neue Ideen.* |
| **temere** | *fürchten* | Teme di ammalarsi.<br>*Er fürchtet, krank zu werden.* | Teme il clima caldo.<br>*Er fürchtet das heiße Klima.* |
| **tentare** | *versuchen* | Il prigioniero tentò di fuggire.<br>*Der Gefangene versuchte zu fliehen.* | Il prigioniero tentò la fuga.<br>*Der Gefangene versuchte die Flucht.* |
| **vantarsi** | *prahlen rühmen* | Si vanta di essere forte.<br>*Er prahlt damit, stark zu sein.* | Si vanta delle sue origini modeste.<br>*Er rühmt sich seiner bescheidenen Herkunft.* |

Außerdem verlangen noch folgende wichtige Verben die Präposition **di** vor dem Objektsinfinitiv:

| Verb | Bedeutung | Beispiel mit Objektsinfinitiv | Beispiel mit COD oder COI |
|---|---|---|---|
| **cessare** | *aufhören* | Ha cessato di scrivere. *Er hat aufgehört zu schreiben.* | Le truppe hanno cessato il fuoco. *Die Truppen haben das Feuer eingestellt.* |
| **curarsi** | *sich bemühen sich kümmern* | Non si è mai curato di rispondermi. *Er hat sich nie bemüht, mir zu antworten.* | Non si cura dei vestiti. *Er kümmert sich nicht um seine Kleidung.* |
| **impedire** | *hindern* | Il rumore mi impedisce di studiare. *Der Lärm hindert mich am Studium.* | Il freddo impedisce i movimenti. *Die Kälte beeinträchtigt die Bewegungen.* |
| **mancare** | *versäumen fehlen* | Non mancherò di ricordarmelo. *Ich werde mich ganz bestimmt daran erinnern.* | Manca di forza. *Es fehlt ihm an Kraft.* |
| **occuparsi** | *sich beschäftigen* | Si occupa di sistemare la nuova roba. *Er ist damit beschäftigt, die neuen Sachen unterzubringen.* | Si occupa di musica. *Er beschäftigt sich mit Musik.* |
| **scegliere** | *wählen sich entscheiden* | Ha scelto di tacere. *Er hat sich dafür entschieden zu schweigen.* | Ha scelto il silenzio. *Er hat sich für das Schweigen entschieden.* |
| **smettere** | *aufhören* | Claudio ha smesso di studiare. *Claudio hat aufgehört zu studieren.* | Claudio ha smesso gli studi. *Claudio hat das Studium aufgegeben.* |

## 504 Der infinito mit a

Die meisten Verben, die eine Richtung, einen Ortswechsel, eine zielgerichtete Bewegung, eine Tendenz, eine Neigung, eine Bestimmung, einen Zweck, sowie Verben, die das Verweilen an einem Ort ausdrücken, verlangen vor dem infinito die Präposition **a.** Die meisten dieser Verben bilden auch ein **COI mit a** bzw. eine **Ortsergänzung mit a.**

| Verb | Bedeutung | Beispiel mit Objektsinfinitiv | Beispiel mit COI mit a/ mit Ortsergänzung mit a |
|---|---|---|---|
| **aiutare** | *helfen* | Mi ha aiutato a terminare il mio compito. *Er hat mir geholfen, die Aufgabe fertig zu machen.* | |

| Verb | Bedeutung | Beispiel mit Objektsinfinitiv | Beispiel mit COI mit a/ mit Ortsergänzung mit a |
|---|---|---|---|
| **andare** | *gehen* | Vado a prendere mia moglie alla stazione.<br>*Ich hole meine Frau vom Bahnhof ab.* | Vado alla stazione.<br>*Ich gehe zum Bahnhof.* |
| **applicare/ applicarsi** | *sich bemühen*<br>*sich widmen* | Ci siamo applicati a farglielo capire.<br>*Wir haben uns bemüht, es ihm zu erklären.* | Si è applicato allo studio con tutte le sue forze.<br>*Er hat sich mit allen seinen Kräften dem Studium gewidmet.* |
| **aspirare** | *(an)streben* | Aspira a diventare direttore.<br>*Er strebt danach, Direktor zu werden.* | Aspira ad una carriera politica.<br>*Er strebt eine politische Laufbahn an.* |
| **condannare** | *verurteilen* | L'hanno condannato a tacere.<br>*Sie haben ihn dazu verurteilt zu schweigen.* | L'hanno condannato al silenzio.<br>*Sie haben ihn zum Schweigen verurteilt.* |
| **continuare** | *fortsetzen*<br>*weiter...* | Dopo il liceo ha continuato a studiare.<br>*Nach dem Gymnasium studierte er weiter.* | |
| **contribuire** | *beitragen* | Contribuisce a renderlo felice.<br>*Das trägt dazu bei, ihn glücklich zu machen.* | Contribuisce alla sua felicità.<br>*Das trägt zu seinem Glück bei.* |
| **correre** | *laufen* | Corro a sentire le ultime notizie.<br>*Ich laufe, um die neuesten Nachrichten zu hören.* | Corro a casa.<br>*Ich laufe nach Hause.* |
| **costringere** | *zwingen* | Il traffico ci ha costretto a fermarci.<br>*Der Verkehr hat uns dazu gezwungen, stehen zu bleiben.* | Il traffico ci ha costretto ad una interruzione del viaggio.<br>*Der Verkehr hat uns zu einer Unterbrechung der Reise gezwungen.* |
| **destinare** | *bestimmen* | L'uomo è destinato a morire.<br>*Der Mensch ist zum Sterben verurteilt.* | Quest'affare è destinato al fallimento.<br>*Diese Angelegenheit ist zum Scheitern verurteilt.* |
| **divertire/ divertirsi** | *gern tun*<br>*sich unterhalten* | Si diverte ad imparare le lingue straniere.<br>*Er lernt gerne fremde Sprachen.* | |
| **eccitare/ eccitarsi** | *anregen*<br>*sich erregen* | Si eccita a cantare.<br>*Er ist durch das Singen angeregt.* | Si eccita alle canzoni (auch: con le canzoni).<br>*Die Lieder regen ihn an.* |

| Verb | Bedeutung | Beispiel mit Objektsinfinitiv | Beispiel mit COI mit a/ mit Ortsergänzung mit a |
|---|---|---|---|
| **esitare** | *zögern* | Esitava ad entrare nel negozio.<br>*Er zögerte, ins Geschäft einzutreten.* | |
| **fermarsi** | *unterbrechen*<br>*sich aufhalten* | Mi sono fermato a discutere con il mio amico.<br>*Ich habe eine Weile mit meinem Freund diskutiert.* | Mi sono fermato alla farmacia per cinque minuti.<br>*Ich habe mich fünf Minuten in der Apotheke aufgehalten.* |
| **forzare** | *zwingen* | Ha forzato sua figlia a partire.<br>*Er hat seine Tochter gezwungen wegzufahren.* | Ha forzato sua figlia alla partenza.<br>*Er hat seine Tochter zur Abreise gezwungen.* |
| **giocare** | *spielen* | I bambini giocano a nascondersi.<br>*Die Kinder spielen Verstecken.* | I bambini giocano a nascondino.<br>*Die Kinder spielen Verstecken.* |
| **imparare** | *lernen* | Giovanni impara a suonare la chitarra.<br>*Giovanni lernt Gitarre spielen.* | |
| **incoraggiare** | *ermutigen* | L'ha incoraggiata a partire.<br>*Er hat sie ermutigt abzureisen.* | L'ha incoraggiata alla partenza.<br>*Er hat sie zur Abreise ermutigt.* |
| **indugiare** | *zögern*<br>*sich aufhalten* | Il direttore ha indugiato troppo a prendere una decisione.<br>*Der Direktor hat zu lange mit seiner Entscheidung gezögert.* | |
| **indurre** | *bewegen*<br>*anstiften* | Ha indotto il suo amico a votare D. C.<br>*Er hat seinen Freund dazu bewogen, D. C. zu wählen.* | L'ha indotto a un delitto.<br>*Er hat ihn zu einem Verbrechen angestiftet.* |
| **invitare** | *einladen* | Marcello ha invitato Gina a ballare.<br>*Marcello hat Gina eingeladen, mit ihm zu tanzen.* | Ha invitato Gina alla festa.<br>*Er hat Gina zum Fest eingeladen.* |
| **limitare/ limitarsi** | *sich beschränken* | Si è limitato a sorridere.<br>*Er hat sich darauf beschränkt zu lächeln.* | Si è limitato allo stretto necessario.<br>*Er hat sich auf das Allernotwendigste beschränkt.* |
| **mandare** | *schicken* | Ha mandato il marito a far le spese.<br>*Sie hat ihren Mann einkaufen geschickt.* | L'ha mandato al mercato.<br>*Sie hat ihn auf den Markt geschickt.* |
| **mettere/ mettersi** | *anfangen*<br>*sich anschicken* | Mi misi a lavorare.<br>*Ich begann zu arbeiten.* | Mi misi al lavoro.<br>*Ich machte mich an die Arbeit.* |

| Verb | Bedeutung | Beispiel mit Objektsinfinitiv | Beispiel mit COI mit a/ mit Ortsergänzung mit a |
|---|---|---|---|
| **obbligare** | *verpflichten zwingen* | Nessuno ti obbliga a farlo. *Niemand zwingt dich, das zu machen.* | La malattia l'ha obbligato a letto per alcuni giorni. *Die Krankheit zwang ihn, einige Tage im Bett zu bleiben.* |
| **prendere** | *anfangen* | Il professore prese a parlare. *Der Lehrer begann zu sprechen.* | |
| **preparare/ prepararsi** | *sich vorbereiten* | Preparati a uscire. *Mach dich fertig zum Weggehen.* | Si era preparato molto bene all'esame. *Er hat sich auf die Prüfung sehr gut vorbereitet.* |
| **rassegnarsi** | *sich fügen resignieren* | Si è rassegnata a partire da sola. *Sie hat sich damit abgefunden, allein wegzufahren.* | Si è rassegnata al proprio destino. *Sie hat sich mit ihrem Schicksal abgefunden.* |
| **ridurre** | *bringen zu* | L'ha ridotto a tacere. *Er hat ihn zum Schweigen gebracht.* | L'ha ridotto al silenzio. *Er hat ihn zum Schweigen gebracht.* |
| **rinunciare** | *verzichten* | Ho rinunciato a rispondere. *Ich habe darauf verzichtet zu antworten.* | Ho rinunciato a tutti i regali. *Ich habe auf alle Geschenke verzichtet.* |
| **riprendere** | *wieder aufnehmen* (s. prendere) | | |
| **sbrigare/ sbrigarsi** | *sich beeilen* | Si è sbrigato a terminare le lettere. *Er hat sich beeilt, mit den Briefen fertig zu werden.* | |
| **seguitare** (wie continuare) | *fortsetzen* | | |
| **sfidare** | *herausfordern auffordern* | Ti sfido a far meglio di me. *Ich fordere dich auf, es besser als ich zu machen.* | Ti sfido a duello. *Ich fordere dich zum Duell.* |
| **sforzare** (wie costringere) | | | |
| **spingere** | *drängen* | Mi spinse a partire. *Er drängte mich wegzufahren.* | Mi spinse alla partenza. *Er drängte mich zur Abfahrt.* |
| **stentare** | *sich abmühen kaum tun können* | Stento a credere una simile storia. *Ich kann eine derartige Geschichte kaum glauben.* | |
| **tenerci** | *Wert legen* | Ci tengo molto a partecipare al concorso. *Ich lege großen Wert darauf, am Wettbewerb teilzunehmen.* | Ci tengo molto, a questo ricordo di famiglia. *Ich lege großen Wert auf dieses Familienandenken.* |

| Verb | Bedeutung | Beispiel mit Objektsinfinitiv | Beispiel mit COI mit a/ mit Ortsergänzung mit a |
|---|---|---|---|
| **tornare** | *zurückkehren*<br>*wieder tun* | Torna sempre a raccontare questa storia.<br>*Er erzählt immer wieder diese Geschichte.* | Torna sempre a casa tardi.<br>*Er kommt immer spät nach Hause.* |
| **venire** | *kommen* | Quando verrai a trovarmi?<br>*Wann kommst du mich besuchen?* | Quando vieni a Roma?<br>*Wann kommst du nach Rom?* |

Dazu noch die Verben:

| Verb | Bedeutung | Beispiel mit Objektsinfinitiv | Beispiel mit COI mit a/ mit Ortsergänzung mit a |
|---|---|---|---|
| **abituare/ abituarsi** | *sich gewöhnen* | Si è abituato a lavorare in fabbrica.<br>*Er hat sich daran gewöhnt, in der Fabrik zu arbeiten.* | Si è abituato al lavoro in fabbrica.<br>*Er hat sich an die Arbeit in der Fabrik gewöhnt.* |
| **esercitare/ esercitarsi** | *sich üben*<br>*trainieren* | Si esercita a nuotare.<br>*Er übt sich im Schwimmen.* | |

505 Einige Verben schließen den Objektsinfinitiv mit **da** an.

| Verb | Bedeutung | Beispiel mit Objektsinfinitiv |
|---|---|---|
| **astenere/ astenersi** | *abstehen von*<br>*sich zurückhalten* | Si astiene dal bere.<br>*Er hält sich beim Trinken zurück.* |
| **morire** | *sterben* | Fa morire dal ridere.<br>*Das ist zum Totlachen.* |
| **pagare** | *zahlen* | Ha pagato da bere a tutti.<br>*Er hat allen etwas zu trinken bezahlt.* |
| **avere** | *müssen* | Ho da leggere un libro poco interessante.<br>*Ich muss ein wenig interessantes Buch lesen.* |

506 Bei einigen Verben kann der Anschluss des infinito auf zwei oder mehrere Arten erfolgen, wobei oft ein Bedeutungsunterschied zwischen den verschiedenen Anschlussarten besteht.

Die wichtigsten dieser Verben sind:

| Verb | Bedeutung | Beispiel mit Objektsinfinitiv |
|---|---|---|
| **aspettare** | *warten* | Aspetta **di** partire.<br>*Er wartet darauf, dass er weggehen kann.*<br>Aspetta **a** telefonare!<br>*Warte mit dem Telefonieren!* |

| Verb | Bedeutung | Beispiel mit Objektsinfinitiv |
|---|---|---|
| **badare** | *achten auf* | Bada **di** non scivolare!<br>*Pass auf, dass du nicht ausrutschst!*<br>Bada solo **a** divertirsi.<br>*Er interessiert sich nur für sein Vergnügen.* |
| **(in)cominciare** | *anfangen* | L'alunno ha (in)cominciato **a** leggere.<br>*Der Schüler begann zu lesen.*<br>L'alunno ha (in)cominciato **col** leggere.<br>*Der Schüler hat zuerst gelesen.* |
| **compiacere/**<br>**compiacersi** | *gefallen*<br>*gern tun*<br>*geruhen* | Il ministro si è compiaciuto **di** riceverci.<br>*Der Minister hat geruht, uns zu empfangen.*<br>Si compiace **nel** raccontare la sua vita.<br>*Er gefällt sich darin, sein Leben zu erzählen.* |
| **consentire** | *sich bereit finden*<br>*zulassen*<br>*gestatten* | Ha consentito **ad** aiutarci.<br>*Er hat sich bereit gefunden, uns zu helfen.*<br>Il brutto tempo non ci consentì **di** uscire.<br>*Das schlechte Wetter gestattete uns nicht, hinauszugehen.* |
| **convincere** | *überzeugen*<br>*überreden* | Lo hanno convinto **di** essere onesti.<br>*Sie haben ihn davon überzeugt, dass sie ehrlich sind.*<br>Mi convinsero **a** partire.<br>*Sie haben mich überredet abzureisen.* |
| **dare/**<br>**darsi** | *geben*<br>*beginnen* | Questo piccino ci dà **da** fare.<br>*Dieser Kleine gibt uns einiges zu tun.*<br>Mi ha dato **ad** intendere che dovevo andarmene.<br>*Er gab mir zu verstehen, dass ich weggehen sollte.*<br>Si è data **a** suonare il pianoforte.<br>*Sie begann, Klavier zu spielen.* |
| **determinare** | *beschließen*<br>*veranlassen* | Ha determinato **di** partire presto.<br>*Er beschloss, früh wegzufahren.*<br>L'incidente mi ha determinato **ad** abbandonare lo sci.<br>*Der Unfall veranlasste mich, das Skifahren aufzugeben.* |
| **esitare** | *zögern* | Esito **ad** uscire.<br>*Ich zögere hinauszugehen.*<br>Esitò **nell'** uscire.<br>*Er zögerte beim Hinausgehen.* |
| **finire** | *aufhören*<br>*schließlich etw. tun* | Ha finito **di** leggere.<br>*Er hat aufgehört zu lesen.*<br>Ha finito **per/col** leggere solo alcune pagine.<br>*Er hat schließlich nur ein paar Seiten gelesen.* |
| **guardare/**<br>**guardarsi** | *aufpassen*<br>*denken* | Guardi **di** prendere un ombrello.<br>*Denken Sie daran, einen Regenschirm mitzunehmen.*<br>Si guardi **dal** prendersi un raffreddore.<br>*Passen Sie auf, dass Sie keinen Schnupfen bekommen.* |

| Verb | Bedeutung | Beispiel mit Objektsinfinitiv |
|---|---|---|
| **immaginare/ immaginarsi** | *sich vorstellen*<br>*sich einbilden* | (S')immagina **di** essere intelligente.<br>*Sie bildet sich ein, intelligent zu sein.*<br>Te lo immagini **a** parlare italiano?<br>*Der und Italienisch sprechen – kannst du dir das vorstellen?* |
| **impegnare/ impegnarsi** | *sich verpflichten*<br>*sich engagieren* | Si è impegnato **ad** averlo.<br>*Er hat sich verpflichtet, es zu erreichen. – Er hat sein Möglichstes getan, um es zu erreichen.*<br>Si è impegnato **di** pagare. (auch: **a** pagare)<br>*Er hat sich verpflichtet zu bezahlen.* |
| **interessare/ interessarsi** | *Wert legen*<br>*sich interessieren* | Non gli interessa **(di)** guadagnare soldi.<br>*Er legt keinen Wert darauf, Geld zu verdienen.*<br>Non s'interessa **di** riuscire.<br>*Es ist ihm gleichgültig, ob er Erfolg hat.*<br>Emilio s'interessa solo **a** guadagnare più soldi.<br>*Emilio kommt es nur darauf an, mehr Geld zu verdienen.* |
| **meravigliarsi** | *sich wundern* | Si meraviglia **di** essere capace di fare questo.<br>*Er wundert sich, dass er dazu fähig ist.*<br>Si meraviglia **a** sentirla cantare.<br>*Er wundert sich, dass er sie singen hört.* |
| **parere** | *scheinen*<br>*glauben* | Mi pare **di** soffocare. *Ich glaube zu ersticken.*<br>Pare **di** soffocare. *Man glaubt zu ersticken.*<br>Mi pare soffocare. *Ich glaube, er erstickt.*<br>Pareva soffocare. *Er schien zu ersticken.*<br>**Mit di** bezeichnet parere den Eindruck, den jemand von sich selbst hat, **ohne di** dagegen den Eindruck, den man von jemand anderem hat. |
| **pensare** | *sorgen*<br>*glauben*<br>*denken* | Il padre pensa **a** guadagnare.<br>*Der Vater sorgt für den Unterhalt.*<br>Il padre pensa **di** guadagnare molto con il nuovo lavoro.<br>*Der Vater denkt, er werde mit der neuen Arbeit viel verdienen.* |
| **persuadere** | *überreden*<br>*überzeugen* | Lo ha persuaso **ad** accettare.<br>*Er hat ihn überredet anzunehmen.*<br>Ha persuaso Gina **di** essere brava.<br>*Er hat Gina davon überzeugt, dass sie tüchtig ist.* |
| **prepararsi** | *sich vorbereiten* | Preparati **a/per** uscire.<br>*Mach dich fertig zum Weggehen.* |
| **provare** | *versuchen*<br>*beweisen* | Abbiamo provato **a** mettere la macchina in moto.<br>*Wir haben versucht, das Auto zu starten.*<br>Erica ha provato **di** essere innocente.<br>*Erika hat bewiesen, dass sie unschuldig ist.* |
| **riuscire** | *gelingen* | Non riesco **a** leggere senza occhiali.<br>*Ich kann ohne Brille nicht lesen.*<br>Non mi riesce **(di)** entrare.<br>*Es gelingt mir nicht hineinzukommen.* **– di,** wenn ein Pronomen als COI vorhanden ist. |

| Verb | Bedeutung | Beispiel mit Objektsinfinitiv |
|---|---|---|
| **sembrare**<br>(wie parere) | | |
| **sentire/**<br>**sentirsi** | *fühlen*<br><br><br>*hören*<br><br>*sich in der Lage fühlen* | Mi sento **di** morire.<br>*Ich fühle, dass ich sterbe.*<br>Mi sento morire. *Ich sterbe.* (z. B. vor Angst)<br>Sento gridare. *Ich höre schreien.*<br>Lo sento cantare. *Ich höre ihn singen.*<br>Non mi sento **di** partire oggi.<br>*Ich fühle mich nicht in der Lage, heute wegzufahren.* |
| **servire** | *dienen*<br><br>*nützen* | Questa chiave serve **a/per** aprire questo armadio.<br>*Dieser Schlüssel dient zum Öffnen dieses Kastens.*<br>Non serve partire adesso.<br>*Es nützt nichts/Es hat keinen Zweck, jetzt wegzufahren.* |
| **sforzare/**<br>**sforzarsi** | *sich bemühen* | Ci sforzammo **di/a** stare seri.<br>*Wir bemühten uns, ernst zu bleiben.* |
| **soffrire** | *leiden* | Soffro **a/di** sentirla piangere.<br>*Ich leide, wenn ich sie weinen höre.* |
| **stare** | *Hilfsverb* | Sta **a** leggere un libro.<br>*Er liest gerade ein Buch.*<br>Sta **per** leggere un libro.<br>*Er will gerade ein Buch lesen.*<br>**Sta a te** prendere una decisione.<br>*Es liegt an dir, eine Entscheidung zu treffen.* |
| **tentare** | *versuchen*<br><br>*verleiten* | Tenterò **di** terminare prima di domani.<br>*Ich werde versuchen, noch vor morgen fertig zu werden.*<br>Voleva tentarmi **a** fumare.<br>*Er wollte mich dazu verleiten zu rauchen.* |
| **toccare** | *müssen*<br>*dran sein* | Mi tocca **(di)** pagare i debiti di mio figlio.<br>*Ich muss die Schulden meines Sohnes bezahlen.* |
| **vedere** | *sehen* | Lo vedo attraversare la strada.<br>*Ich sehe ihn beim Überqueren der Straße.*<br>Vedi **di** non arrivare in ritardo.<br>*Sieh zu, dass du nicht zu spät kommst.* – **Vedere** hat hier einen übertragenen Sinn, ist kein Verb der Wahrnehmung. |
| **vergognarsi** | *sich schämen* | Si vergogna **di** non sapere nuotare.<br>*Er schämt sich, dass er nicht schwimmen kann.*<br>Si vergogna **a** ripeterlo.<br>*Er schämt sich, es zu wiederholen.* – Mit **a** bezieht sich **vergognarsi** auf eine konkrete Situation. |

507 Mit gewissen Präpositionen, wie **prima di** *bevor*, **dopo (di)** *nachdem*, **per** *um zu, weil*, **senza** *ohne zu* usw., kann der **infinito** einen **Adverbialsatz** vertreten. Voraussetzung ist, dass Hauptsatz und Gliedsatz dasselbe Subjekt haben (s. 783, 786, 797).

Lavoro solo **per** guadagnare soldi.
*Ich arbeite nur, um Geld zu verdienen.* – Finalsatz.

**Prima di** partire per l'Italia ha messo in ordine tutto.
*Bevor er nach Italien gefahren ist, hat er alles in Ordnung gebracht.* – Temporalsatz.

In der deutschen Übersetzung muss oft ein vollständiger Gliedsatz für die italienische Infinitivkonstruktion stehen.

## 508 Der infinito als selbständiges Verb

Der **infinito** kann in gewissen Satztypen **anstelle der Personalform** stehen:

509 a) in **Fragesätzen,** die meist Zweifel, Ratlosigkeit oder Nachdenklichkeit ausdrücken.

Che **fare,** che **dire?** *Was soll man da tun, was sagen?*

Come **spiegarglielo?** *Wie soll ich ihm/ihr/Ihnen das erklären?*

510 b) in **Ausrufesätzen** zum Ausdruck des Erstaunens, der Überraschung, der Verwunderung, der Empörung, des Wunsches usw.

Io **dire** male di voi! *Ich und schlecht über euch reden!*

Vergogna! **Picchiare** un bambino! *So eine Schande! Ein Kind schlagen!*

E **pensare** che saremmo potuti essere primi!
*Wenn man bedenkt, dass wir die Ersten hätten sein können!*

511 c) zum Ausdruck einer **unpersönlichen Anordnung,** eines **Befehls** (Amtssprache, Sprichwörter, Gebrauchsanweisungen).

Kochbuch: **Cuocere** a vapore! *Im Dampf kochen!*

Straßenschild: **Tener** la destra! *Rechts halten!*

In öffentlichen Verkehrsmitteln: Non **parlare** all'autista!
*Nicht mit dem Fahrer sprechen!*

512 d) in **Aussagesätzen** als **infinito storico** oder **narrativo.** Vor dem infinito steht **(ed) ecco.**

**Ed ecco** comparire una nave sull'orizzonte **ed ecco** un'altra ancora.
*Und da tauchte am Horizont ein Schiff auf und noch eines.*

Dieser **infinito narrativo** vermittelt den Eindruck des Plötzlichen, des Unvorhergesehenen.

13 **Il participio**
(Das Partizip)

Das Italienische kennt drei Formen des Partizips: das **participio presente,** das **participio passato** und das **gerundio.**

14 **Il participio presente**
(Das Präsensspartizip)

Es kann **adjektivisch** oder **verbal** verwendet werden.

15 Das participio presente **als Adjektiv** wird mit dem Nomen nach dem Numerus übereingestimmt.

i bambini **piangenti** *die weinenden Kinder*

gli episodi **salienti** del romanzo
*die hervorstechenden Episoden des Romans*

16 Das participio presente **als Verb** steht für einen Relativsatz. Es ist unveränderlich. Seine Verwendung ist heute meist auf das **It. lett.** und auf die Amtssprache beschränkt.

Un quadro **rappresentante** (= che rappresenta) la Gioconda si trova al museo del Louvre.
*Ein Gemälde, das die Mona Lisa darstellt, befindet sich im Louvre.*

Il ministro dell'industria terrà un importante discorso **riguardante** (= che riguarda) la ristrutturazione dell'industria automobilistica.
*Der Industrieminister wird eine wichtige Rede über die Umstrukturierung der Autoindustrie halten.*

Das participio presente drückt immer **Gleichzeitigkeit** in Bezug auf das Verb, von dem es abhängt, aus.

Viele participi presenti sind zu **Adjektiven** bzw. **Nomina** geworden und haben ihren verbalen Charakter verloren.

un **apparente** buonumore *eine scheinbar gute Laune*

un professore **esigente** *ein anspruchsvoller Professor*

il **tenente** *der Leutnant*

il **dirigente** *der Leiter*

la **sorgente** *die Quelle*

517 # Il participio passato
(Das Perfektpartizip)

518 Das participio passato als **Adjektiv**

wird mit dem Nomen/Pronomen, das es näher bestimmt, nach Genus und Numerus übereingestimmt. Es kann **attributiv** oder **prädikativ** gebraucht werden. Ist es attributiv, steht es gewöhnlich **hinter dem Nomen,** das es näher bestimmt.

un giovane **colto** *ein gebildeter junger Mann* – attributiv

Son tempi **passati.** *Das sind vergangene Zeiten.* – attributiv

Questo giovanotto è già **laureato.**
*Dieser junge Mann hat schon promoviert.* – prädikativ

Io ti credevo **introdotto** nella questione.
*Ich glaubte, du wärst mit der Frage vertraut.* – prädikativ

519 Manche participi passati haben zwei Formen, eine **Langform** und eine **Kurzform.** Die Langform wird **verbal,** die Kurzform **adjektivisch** verwendet.

| infinito | Langform | Kurzform | Bedeutung |
|---|---|---|---|
| adattare | adattato | adatto | *passend, geeignet* |
| caricare | caricato | carico | *beladen* |
| chinare | chinato | chino | *gebeugt, geneigt* |
| guastare | guastato | guasto | *verdorben, schadhaft* |
| stancare | stancato | stanco | *müde* |
| dimenticare | dimenticato | dimentico | *vergesslich* |
| destare | destato | desto | *wach, aufgeweckt, lebhaft* |
| svegliare | svegliato | sveglio | *wach, aufgeweckt, pfiffig* |

Prima di partire abbiamo **caricato** la macchina.
*Bevor wir weggefahren sind, haben wir das Auto beladen.* – Langform, verbale Funktion

La macchina è **carica** di valige.
*Das Auto ist mit Koffern beladen.* – Kurzform, reines Adjektiv

Gianni ha **dimenticato** di fare la spesa.
*Gianni hat vergessen, einkaufen zu gehen.* – Langform, verbale Funktion

Gianni è **dimentico** dei suoi doveri.
*Gianni ist pflichtvergessen.* – Kurzform, reines Adjektiv

520 Das participio passato als **Nomen**

Eine große Anzahl von **participi passati** wird als Nomen verwendet. Ihre Bedeutung weicht oft von der des reinen participio ab.

| infinito | Bedeutung | p.p. als Nomen | Bedeutung |
|---|---|---|---|
| condannare | *verurteilen* | il condannato | *der Verurteilte, Verdammte* |
| selciare | *pflastern* | il selciato | *das Straßenpflaster* |
| entrare | *eintreten* | l'entrata | *der Eingang* |
| significare | *bedeuten* | il significato | *die Bedeutung* |
| trattare | *behandeln abhandeln* | il trattato | *die Abhandlung* usw. |

521 Das participio passato als **Verb**

Es findet sich außer zur Bildung der zusammengesetzten Tempora (s. 396) in satzwertigen Partizipialkonstruktionen. Es drückt gegenüber dem Verb, von dem es abhängt, immer Vorzeitigkeit aus. Es wird stets mit dem Wort, auf das es sich bezieht, in Genus und Numerus übereingestimmt. Die Partizipialkonstruktion ermöglicht die Bildung von impliziten **Temporal-, Kausal-, Konzessiv-, Bedingungs-** und **Relativsätzen.**

Appena **tornati** a casa ci preparammo qualche cosa da mangiare.
*Kaum waren wir nach Hause zurückgekehrt, bereiteten wir uns etwas zu essen.* – Temporalsatz

**Giunta** la sera, ci affrettammo a rientrare in casa.
*Sobald es Abend geworden war, eilten wir ins Haus zurück.* – Temporalsatz. Der Satz ist auch **kausal** interpretierbar:
*Da es Abend geworden war…*

Per la cena mangiammo i funghi **trovati** nei boschi.
*Zum Abendessen aßen wir die Pilze, die wir im Wald gefunden hatten.* – Relativsatz

522 # Il gerundio

Es ist die **Adverbialform** des Verbs. Es steht zum Ausdruck der **Art und Weise,** des **Grundes,** des **Mittels,** einer **Bedingung.** Es ist unveränderlich.

523 Das gerundio **presente** oder **semplice**

Die durch das **gerundio** ausgedrückte Handlung läuft **gleichzeitig** zu der des Hauptsatzes ab.

Si guadagna la vita **lavorando.**
*Man verdient seinen Lebensunterhalt mit Arbeit.* – Art und Weise

**Cammin facendo** ti racconterò tutto.
*Unterwegs werde ich dir alles erzählen.* – Gleichzeitigkeit

**Essendo** malato il tenore, la rappresentazione fu rimandata.
*Da der Tenor krank war/ist, wurde die Aufführung verschoben.* – Grund. Ob das gerundio hier mit Vergangenheit oder Präsens zu übersetzen ist, hängt von der Beziehung der Sprechergegenwart zum tatsächlichen Zeitpunkt des Ereignisses ab.

**Regnando** il caos, il sistema democratico è minacciato.
*Wenn/Da das Chaos herrscht, ist das demokratische System gefährdet.* – Bedingung oder Grund

Zu **stare + gerundio** und **andare + gerundio** s. 529, 530.

524 Das gerundio **passato** oder **composto**

Das gerundio passato drückt gegenüber der Handlung des Hauptsatzes **Vorzeitigkeit** aus.

**Avendo terminato** gli studi, tornarono in paese.
*Nachdem/Da sie das Studium beendet hatten, kehrten sie in ihr Dorf zurück.*

**Avendo terminato** gli studi, torneranno in paese.
*Sobald sie mit ihrem Studium fertig sind, werden sie in ihr Dorf zurückkehren.*

**Avendo** egli **riportato** il primo premio, tutti lo complimentarono.
*Da er den ersten Preis gewonnen hatte, beglückwünschten ihn alle.*

525 # Die periphrastischen Formen

Dienen zum Ausdruck eines Tempus, eines Aspektes, einer Aktionsart.

526 **dovere + infinito:** drückt ein Futur mit **modaler Bedeutung** aus (Unsicherheit, Vermutung).

Quanti anni ha? – **Deve compiere** i diciotto anni in marzo.
*„Wie alt ist er?" „Er muss im März achtzehn Jahre alt werden."*

Steht **dovere** im **imperfetto,** so drückt es eine zukünftige Handlung aus der Sicht der Vergangenheit aus.

I due ragazzi strinsero un'amicizia che **doveva farsi** sempre più intima.
*Die beiden Jungen schlossen eine Freundschaft, die immer enger werden sollte.*

527 **avere da + infinito:** drückt eine Vermutung oder eine – meist moralische – Verpflichtung aus.

Vedo che i miei ultimi anni li **ho/avrò da passare** male.
*Ich sehe, dass ich meine letzten Lebensjahre schlecht verbringen werde müssen.*

Pagati i miei debiti, non **avrò** più **da vergognarmi.**
*Da/Sobald meine Schulden bezahlt sind, brauche ich mich nicht mehr zu schämen.*

528 **stare per + infinito:** drückt ein unmittelbares Futur aus.

**Sto per partire.** *Ich gehe gleich weg.*

Ähnlich werden **essere sul punto di + infinito** und **essere in procinto di + infinito** verwendet.
Diese Wendungen sind nur im **presente, futuro semplice** und **imperfetto** gebräuchlich.

529 **stare + gerundio:** drückt eine sich im Verlauf befindliche Handlung aus.

Cosa **stai facendo?** – **Sto leggendo** il giornale.
*„Was machst du denn da (gerade)?" „Ich lese (gerade) die Zeitung."*

**Stavo preparandomi** per partire, quando squillò il telefono.
*Ich machte mich gerade fertig zum Weggehen, als das Telefon klingelte.*

Diese Wendung ist nur im **presente, futuro semplice** und im **imperfetto** gebräuchlich.
Hingegen ist die Wendung **stare a + infinito** auch in **anderen Tempora** gebräuchlich.

**Sono stato/stetti** tutta la notte **a leggere.**
*Ich habe die ganze Nacht hindurch gelesen.*

**Sto a farmi** la barba. *Ich rasiere mich gerade.*

530 **venire + gerundio** und **andare + gerundio:** drücken eine Handlung im Verlauf aus, wobei die Idee des Verlaufes, des Zunehmens oder der Wiederholung mit ausgedrückt wird.

**Vengono scrivendo** delle lettere appassionate ai loro amici.
*Immer wieder schreiben sie leidenschaftliche Briefe an ihre Freunde.*

Dopo la montagna, il torrente **va allargandosi.**
*Nach dem Gebirge wird der Bach immer breiter.*

Diese Wendungen sind nur im **presente, futuro semplice** und im **imperfetto** gebräuchlich.

531 **andare + participio passato:** dient zum Ausdruck einer Verpflichtung, einer Anordnung, einer Empfehlung.

Questo vino **va bevuto** freddo.
*Diesen Wein muss man (unbedingt) kalt trinken.*

## 532 Die Zeitenfolge
(la concordanza dei tempi)

Hängt ein Gliedsatz von einem Verbum des Sagens, der Meinung, des Denkens usw. ab, so richtet sich das Tempus des Gliedsatzes nach dem Tempus des Hauptsatzes. Das Verbum des Hauptsatzes kann **im Präsens** (bzw. Futur) oder in einem **Vergangenheitstempus** stehen, und zwar sowohl im **indicativo** als im **condizionale** als auch im **congiuntivo.** Das Verbum des Gliedsatzes drückt **Gleichzeitigkeit** (contemporaneità), **Vorzeitigkeit** (anteriorità) oder **Nachzeitigkeit** (posteriorità) aus.

mi dice/mi disse che
- verrà/sarebbe venuto **(posteriorità)**
- viene/veniva **(contemporaneità)**
- è venuto/era venuto **(anteriorità)**

533 **Übersicht über die Zeitenfolge**

| | Verb des Hauptsatzes | | Gleichzeitigkeit | Vorzeitigkeit | Nachzeitigkeit |
|---|---|---|---|---|---|
| | | | **indicativo** | | |
| presente | ind. pres.<br>imp.<br><br>cond.<br>futuro | Dico che<br>Di'<br>Dica<br>Direi<br>Dirò | sbaglia<br>(nach futuro<br>auch: sbaglierà) | sbagliava<br>sbagliò<br>ha sbagliato<br>aveva sbagliato | sbaglierà |
| passato | imperf.<br>p.r.<br>p.pr.<br>trap.pr.<br>cond. II | Dicevo che<br>Dissi<br>Ho detto<br>Avevo detto<br>Avrei detto | sbagliava | aveva sbagliato | avrebbe sbagliato |
| | | | **congiuntivo** | | |
| presente | pres.<br>imp.<br><br>fut.<br>cond. I. | Immagino che<br>Immagina<br>Immagini<br>Immaginerò<br>Immaginerei | egli faccia bene<br>(nach dem cond. I<br>fast ausschließlich:<br>facesse bene) | egli abbia fatto bene<br>(nach dem cond. I<br>fast ausschließlich:<br>avesse fatto bene) | (farà bene) |
| passato | imp.<br>p.r.<br>p.pr.<br>trap.pr.<br>cond. II | Immaginavo che<br>Immaginai<br>Ho immaginato<br>Avevo immag.<br>Avrei immag. | egli facesse bene | egli avesse fatto bene | avrebbe fatto bene |

Erläuterungen zur Übersicht über die Zeitenfolge

534 Das **che** am Anfang des Gliedsatzes kann unter gewissen Bedingungen weggelassen werden, und zwar vor allem nach unpersönlich gebrauchten Verben des Sagens, der Meinung usw. und zur Vermeidung einer Anhäufung von **che.** Das Verb des Gliedsatzes steht sodann im **congiuntivo,** seltener im **futuro.**

**Dicono sia** fratello di una religiosa.
*Man sagt/Es heißt, er sei der Bruder einer Nonne.*

Im indirekten Fragesatz kann das **che nicht weggelassen werden.**

Che vuoi **che** (io) faccia? *Was möchtest du, dass ich tue?*

Che cosa vuoi **che** ti dica? *Was soll ich dir sagen?*

535 Steht das Verbum des Sagens im **presente,** so kann bei Nachzeitigkeit anstelle des futuro auch das **presente** mit einer entsprechenden Zeitangabe stehen.

So che **arriva** domani col treno delle undici.
*Ich weiß, dass er morgen mit dem Elfuhrzug ankommt.*

Credo che **arrivi** domani… *Ich glaube, dass er morgen ankommt.*

536 Steht das Verbum in einem Tempus der Vergangenheit (passato prossimo, passato remoto, imperfetto), so kann im abhängigen Satz auch ein **presente,** ein **futuro semplice** oder ein **passato prossimo** stehen, wenn ein entsprechender Bezug zur Sprechergegenwart besteht oder wenn es sich um zeitlose, allgemein gültige Aussagen handelt.

Ho saputo che non **sei** contento. *Ich habe erfahren, dass du nicht zufrieden bist.* – Die Unzufriedenheit dauert zur Zeit der Aussage noch an.

Hanno deciso che si **parte/partirà** domani.
*Sie haben beschlossen, morgen wegzufahren.* – Es handelt sich um ein echtes „domani" in Bezug auf die Sprechergegenwart.

La madre ha punito sua figlia, perché **ha detto** una bugia.
*Die Mutter hat ihre Tochter bestraft, weil sie gelogen hat.*

All'epoca non sapevo ancora in che modo ci si **debba** comportare con simile gente. *Damals wusste ich noch nicht, wie man mit solchen Leuten umgehen muss.* – Die Art des Umgehens ist auch jetzt noch gültig.

E' stato dimostrato/Fu dimostrato che la terra **gira** attorno a sé stessa. *Es ist bewiesen worden, dass sich die Erde um sich selbst dreht.* – Sie dreht sich ja noch immer um sich selbst: allgemein gültige wissenschaftliche Erkenntis.

537 Steht das Verb des Sagens, der Meinung usw. in einem Tempus der Vergangenheit, so wird die Nachzeitigkeit durch den **condizionale II** (condizionale passato) ausgedrückt. Im It. p., aber auch im It. lett. findet sich auch das **imperfetto,** gelegentlich auch der **condizionale I** (condizionale presente). Dieser Gebrauch ist allerdings in der Standardsprache zu vermeiden.

Gli scrissi che **sarei arrivato/arrivavo** col treno.
*Ich schrieb ihm, dass ich mit dem Zug ankommen werde.*

Egli sapeva che l'**avrebbero aiutato/aiuterebbero.**
*Er wusste, dass sie ihm helfen würden.*

Die Verwendung des **imperfetto** anstelle des condizionale II ist jedoch nicht möglich, wenn das Verb des Hauptsatzes mit dem **congiuntivo** stehen kann.

Speravo che non si **sarebbe** più **interessato** di me.
*Ich hoffte, er werde sich nicht mehr für mich interessieren.*

# DIE ERWEITERUNGEN
# DES EINFACHEN SATZES

Man unterscheidet drei Typen der Satzerweiterung, je nachdem, ob sie
– den nominalen Kern,
– den verbalen Kern,
– den ganzen Satz
betreffen.

Bei den Satzerweiterungen kommt den Präpositionen besondere Bedeutung zu.

539 # Die Präpositionen
(le preposizioni)

Die Präpositionen sind **unveränderliche** Elemente des Satzes. Sie drücken eine **Beziehung zwischen zwei Satzelementen** aus. Sie dienen zur Bildung von **Attributen, Ergänzungen des Verbs,** des **Adjektivs** und des **Adverbs.**
Der Gebrauch der Präpositionen lässt sich nicht in Regeln zusammenfassen.
Auch entspricht dieser Gebrauch im Italienischen nur in einigen wenigen Fällen genau dem im Deutschen. Daher können hier nur einige Richtlinien gegeben werden. Sie dienen vor allem der besseren Einprägung der richtigen Präpositionen innerhalb bestimmter syntaktischer Gefüge und Wendungen.
Man unterscheidet im Allgemeinen **einfache** Präpositionen (z. B. a, con, da, di...), uneigentliche Präpositionen, also solche, die aus anderen Wortkategorien stammen (z. B. mediante, salvo...), zusammengesetzte Präpositionen und präpositionale Wendungen. Einige Präpositionen fungieren auch als Adverbien.

540 ## Zum Gebrauch der italienischen Präpositionen

Die neun einfachen Präpositionen des Italienischen **a, di, da, con, in, per, tra, fra, su** sind diejenigen, die am häufigsten vorkommen. Sie haben kaum mehr eine eigene Bedeutung und werden in sehr vielen unterschiedlichen Zusammenhängen verwendet.

541 **Die Präposition a** *in, an, zu, nach, mit* drückt aus:

a) Verweilen an einem Ort und Bewegung auf ein Ziel zu (kein syntaktischer Unterschied zwischen gerichteter und nicht gerichteter Bewegung).

Dopo le lezioni, i bambini tornano **a casa.**
*Nach der Schule kommen die Kinder nach Hause.*

Devo passare **alla posta** per spedire una lettera.
*Ich muss auf die Post gehen, um einen Brief aufzugeben.*

A mezzogiorno mangio sempre **al ristorante.**
*Zu Mittag esse ich immer im Restaurant.*

Vor unbestimmtem Artikel steht **in,** nicht a.
A mezzogiorno mangio sempre **in** un ristorante vicino all'ufficio.
*Zu Mittag esse ich immer im Restaurant in der Nähe meines Büros.*

Bei Orts- und Städtenamen steht ebenfalls **a.**
Maria abita **a Roma.** *Maria wohnt in Rom.*

La settimana prossima vado **a Roma.**
*Nächste Woche fahre ich nach Rom.*

b) das Mittel, das Instrument.

andare **a piedi/a cavallo** *zu Fuß gehen, reiten*

**All'esame** gli alunni devono scrivere **a penna,** non **a matita.**
*Bei der Prüfung müssen die Schüler mit der Feder, nicht mit dem Bleistift schreiben.*

c) den Zweck, das Ziel.

un grande lupo **a guardia** della casa
*ein großer Wolfshund zur Bewachung des Hauses*

d) ein charakteristisches Kennzeichen, eine Eigenschaft.

un quaderno **a righe** *ein liniertes Heft*

e) die Bezeichnung einer bestimmten Situation.

Quest'anno non posso partire in ferie perché sono **a corto** di denari.
*In diesem Jahr kann ich nicht auf Urlaub fahren, da ich knapp bei Kasse bin.*

f) ein Maß (Entfernung, Grad, Preis), Ordnung.

Abitiamo **a 200 m** dal mare. *Wir wohnen 200 m vom Meer entfernt.*

Camminavano **a due a due.** *Sie gingen in Zweierreihen.*

Adjektiv + a s. 686, infinito mit a s. 504, COI mit a s. 691.

g) Zeitpunkt.

**alle** due *um 2 Uhr*

**a** mezzogiorno *zu Mittag*

**a** sera *am Abend*

542 **Die Präposition di** *von, aus, mit* drückt aus:

a) Zugehörigkeit, Besitz (oft zur Bildung des Attributes).

il libro **di** Carla *Carlas Buch*

il senso **di** una parola *die Bedeutung eines Wortes*

un quadro **di** Botticelli *ein Gemälde Botticellis*

la città **di** Venezia *die Stadt Venedig*

la moglie **del** mio miglior amico *die Frau meines besten Freundes*

il ministro **degli** Esteri *Außenminister*

b) Herkunft, Ursprung.

Il nostro professore d'italiano è **di Torino.**
*Unser Italienischlehrer kommt/ist aus Turin.*

c) Mittel, Instrument, Material.

Tutta la casa è ornata **di rose.** *Das ganze Haus ist mit Rosen geschmückt.*

Questa scodella è **di plastica.** *Diese Schüssel ist aus Plastik.*

d) Art, Weise.

Giuliano mangia sempre **di buon appetito.**
*Giuliano isst immer mit gutem Appetit.*

Non mi piace che tu faccia tante cose **di nascosto.**
*Es gefällt mir nicht, dass du so vieles im Geheimen machst.*

e) Zeitpunkt (meist gewohnheitsmäßig), Dauer, Alter.

Mi piace guidare **di notte.** *Ich fahre gerne nachts.*

Ho assistito ad uno spettacolo **di due ore.**
*Ich habe ein Theaterstück gesehen, das zwei Stunden gedauert hat.*

Ernesto è un uomo **di quarant'anni.** *Ernst ist ein Mann von 40 Jahren.*

f) Menge (Gewicht, Maß, Preis, Wert).

un cocomero **di 15 chili –** *eine Wassermelone von 15 Kilo*

Il nostro figlio più grande supera **di quasi 10 cm** suo padre.
*Unser ältester Sohn ist um fast 10 cm größer als sein Vater.*

**543** g) **di… in** (von… in/zu).

Il portalettere va **di casa in casa.** *Der Briefträger geht von Haus zu Haus.*

Aspetto il mio amico **di ora in ora.**
*Ich erwarte meinen Freund von einer Stunde auf die andere.*

h) Grund, Ursache.

Piangeva **di gioia.** *Er weinte vor Freude.*

Muoio **di fame.** *Ich sterbe vor Hunger.*

Adjektiv + di s. 688, Infinitiv mit di s. 502, 503, di und der Teilungsartikel s. 158, 159, di + Jahreszeiten s. 547 c).

**544** **Die Präposition da** drückt aus:

a) Ausgangspunkt (Ursprung, Herkunft, Trennung, Distanz).

**Da dove** viene lei? – Vengo **da Roma.**
*„Woher kommen Sie?" „Ich komme aus Rom."*

Ho avuto questa informazione **da un buon amico.**
*Ich habe diese Information von einem guten Freund bekommen.*

L'Adriatico separa la Croazia **dall'Italia.** *Die Adria trennt Kroatien von Italien.*

Si è separato **da sua moglie.** *Er hat sich von seiner Frau getrennt.*

La fermata si trova a cento metri **dalla casa.**
*Die Haltestelle ist 100 m vom Haus entfernt.*

b) Bewegung zu Personen, Verweilen bei Personen.

I bambini vanno **dalla nonna.** *Die Kinder gehen zur Großmutter.*

andare **dal calzolaio** *zum Schuster gehen*

andare **dal libraio** *zum Buchhändler gehen*

andare **dal fioraio** *zum Blumenhändler gehen*

Giorgio abita **da sua sorella.** *Giorgio wohnt bei seiner Schwester.*

c) Grund, Ursache.

Tremava **dalla paura.** *Er zitterte vor Angst.* – Auch: **di paura.**
Die Verwendung von **da** hebt die Ursache hervor.

d) Zeitverlauf (Ausgangspunkt im Blickfeld).

Ti aspetto già **da un'ora.** *Ich warte schon seit einer Stunde auf dich.*

Siamo qui **dalle otto.** *Wir sind seit 8 Uhr hier.*

e) Zweck (Attribut).

occhiali **da sole** *Sonnenbrillen*

macchina **da scrivere** *Schreibmaschine*

f) Charakteristische Eigenschaft, Wert, Preis.

un vecchio **dai capelli bianchi**
*ein Alter mit weißen Haaren* – Auch: **con** i capelli bianchi

un gelato **da 1500 lire** *ein Eis um 1500 Lire*

g) Mittel.

Lo riconobbi **dalla voce.** *Ich erkannte ihn an der Stimme.* – Auch: **alla** voce

h) **da** beim Prädikatsnomen

Ha combattuto **da leone.** *Er kämpfte wie ein Löwe.*

**Da grande** farò il musicista. *Wenn ich einmal groß bin, werde ich Musiker.*

**Da** beim Agens des Passivums s. 37, **da** beim infinito s. 505, **da** beim Adjektiv s. 687.

545 **Die Präposition con** *mit, bei* drückt aus:

a) Begleitung, Dabeisein.

Siamo usciti **con gli** amici. *Wir sind mit unseren Freunden ausgegangen.*

E' partito **con tre valige.** *Er ist mit drei Koffern weggefahren.*

E' amico **con Giulio.** *Er ist mit Giulio befreundet.*

Arriva sempre **con un giornale** in mano.
*Er kommt immer mit einer Zeitung in der Hand daher.*

b) Mittel.

Quando mi vide, fece cenno **con la mano.** *Als er mich erblickte, winkte er mir zu.*

Partirò da Roma **con l'aereo/con il treno.**
*Ich reise von Rom mit dem Flugzeug/mit dem Zug ab.*

Auch: **in** aereo, **in** treno

c) Art und Weise.

Il padrone mi tratta sempre **con cortesia.** *Der Chef behandelt mich immer höflich.*

d) Eigenschaft.

una ragazza **con la faccia pallida**
*ein Mädchen mit bleichem Gesicht* – Auch: **dalla** faccia…

e) Atmosphärische Zustände, Begleitumstände.

Non esco **con questo tempaccio.**
*Bei diesem Sauwetter gehe ich nicht hinaus.*

**Con questo rumore** non si può studiare.
*Bei diesem Lärm kann man nicht lernen.*

f) Zeit.

Si alzano **con l'alba.** *Sie stehen im Morgengrauen auf.* – Auch: **all'**alba

g) Beziehung, Vergleich.

Si è scusata **con il professore.** *Sie hat sich beim Professor entschuldigt.*

La musica di Corelli non si può paragonare **con quella di Nono.**
*Die Musik von Corelli kann man nicht mit der Nonos vergleichen.* – Auch: **a quella** di Nono.

h) Konzession, Folge.

**Con tutto il denaro** non è felice. *Bei all dem Geld ist er nicht glücklich.*

**Con mio grande rammarico** se n'è andato.
*Zu meinem großen Bedauern ist er weggegangen.*

546 Die Präpositionen **fra/tra** *zwischen, unter, in* (bezogen auf die Zukunft)
Die beiden Präpositionen haben dieselbe Bedeutung, sind jedoch nicht in allen Positionen austauschbar. Beginnt das folgende Wort mit **f-,** verwendet man **tra,** beginnt es mit **t-,** verwendet man **fra.**
In Verbindung mit einem **Pronomen** kann **fra/tra di** stehen.

**tra f**ratelli *unter Brüdern*

**fra t**re giorni *binnen drei Tagen*

fra **di** noi *unter uns*

a) Zeit, Entfernung.

**Fra un mese** partirò per l'Italia. *In einem Monat fahre ich nach Italien.*

La prossima area di servizio si trova **fra 25 km.**
*Die nächste Autobahnstation befindet sich in 25 km Entfernung.*

b) Ursache.

**Fra studio e lavoro** non mi rimane più tempo per leggere.
*Bei Studium und Arbeit bleibt mir nur wenig Zeit zum Lesen.*

547 **Die Präposition in** *in, nach, bei, auf*:

a) Ort (Verweilen an einem Ort, Bewegung an einem Ort, zielgerichtete Bewegung).

Lavoro **in centro** ma vivo **in periferia.**
*Ich arbeite im Zentrum, wohne aber am Stadtrand.*

**Nelle valige** c'è tutto quello che occorre.
*In den Koffern ist alles Notwendige.*

Ho trovato questa parola **in un vecchio libro.**
*Ich habe dieses Wort in einem alten Buch gefunden.*

I miei bambini non devono giocare **nella strada.**
*Meine Kinder dürfen nicht auf der Straße spielen.*

b) vor Ländernamen, Provinzen, Inseln.

L'anno scorso sono stato **in Italia.**
*Im vergangenen Jahr war ich in Italien.*

L'anno prossimo trascorreremo le vacanze **in Sicilia,** ma prima ci fermeremo qualche giorno **nel Veneto.**
*Nächstes Jahr werden wir die Ferien in Sizilien verbringen, vorher jedoch bleiben wir einige Tage in Venetien.*

c) Zeitpunkt, Zeitdauer.

Ernesto non arriva mai **in orario:** o viene **in anticipo** o viene **in ritardo.**
*Ernesto ist nie pünktlich: entweder kommt er zu früh oder er kommt zu spät.*

| | |
|---|---|
| **in inverno** *im Winter* | Auch: **d'**inverno |
| **in estate** *im Sommer* | Auch: **d'**estate |
| **in primavera** *im Frühling* | Auch: **a/di** primavera |
| **in autunno** *im Herbst* | Auch: **d'**autunno |

d) Art und Weise.

Mi ha ascoltato **in silenzio.**
*Er hat mir schweigend zugehört.*

Non voglio che tu mi parli **in questo tono.**
*Ich möchte nicht, dass du so mit mir sprichst.*

e) Eingrenzung, Materie.

Laura si è laureata **in filologia.**
*Laura hat in Philologie promoviert.*

Mi ha offerto un portafoglio **in cuoio.**
*Sie hat mir eine Geldbörse aus Leder geschenkt.*

f) Ziel, Zweck.

un articolo **in vendita** *ein Artikel zum Verkauf*

Ho avuto questo libro **in omaggio.**
*Ich habe dieses Buch als Werbegeschenk bekommen.*

g) Mittel.

Dimmi **in poche parole** quello che vuoi. *Sag mir in wenigen Worten, was du willst.*

Bei Verkehrsmitteln:

salire **in ascensore** *mit dem Aufzug hinauffahren* – Auch: **con** l'ascensore

viaggiare **in treno/in macchina/in aereo** *mit dem Zug/dem Auto/dem Flugzeug reisen* – Auch: **con** il treno

Morì **in un incidente** automobilistico. *Er starb bei einem Autounfall.*

548 **Die Präposition per** *für, durch, nach*:

a) Ort (Bewegung an einem Ort, auf einen Ort zu).

Camminavamo **per le strade del centro.**
*Wir gingen durch die Straßen des Zentrums.*

E' in partenza sul terzo binario il treno **per Venezia.**
*Achtung Gleis 3: Der Zug nach Venedig fährt ab.*

I nostri amici sono partiti **per l'Italia.** *Unsere Freunde sind nach Italien abgereist.*

b) Zeitpunkt, Dauer.

E' nevicato **per tutta la notte.**
*Es hat die ganze Nacht geschneit.* – Auch nur: **tutta la notte**

Questo lavoro dev'esser finito **per domani.**
*Diese Arbeit muss bis morgen fertig sein.*

c) Mittel.

Se non verrai, potrai avvertirmi **per telefono.**
*Falls du nicht kommst, kannst du mich anrufen.*

La notizia è stata diffusa **per radio.** *Die Nachricht ist per Radio verbreitet worden.*

d) Ursache, Schuld.

Non mi ha risposto **per orgoglio.** *Er hat mir aus Stolz nicht geantwortet.*

Abbiamo avuto quest'incidente **per colpa tua.**
*Dass wir den Unfall gehabt haben, ist deine Schuld.*

Non ci si vedeva niente **per la nebbia.** *Man sah wegen des Nebels nichts.*

e) Maß, Ausdehnung, Preis.

La spiaggia di Lignano si estende **per 12 chilometri.**
*Der Strand von Lignano erstreckt sich über 12 km.*

Ho potuto vendere la mia vecchia macchina **per 300 000 lire.**
*Ich habe mein altes Auto für 300 000 Lire verkaufen können.*

f) Einschränkung, Begrenzung.

Lo supera **per intelligenza.** *Er übertrifft ihn an Intelligenz.*

E' un paese famoso **per le sue bellezze naturali.**
*Das ist ein für seine Naturschönheiten berühmtes Land.*

g) Ziel, Zweck, Vorteil, Nachteil.

Hanno combattuto **per la libertà.**
*Sie haben für die Freiheit gekämpft.*

Questa casa va molto bene **per loro.**
*Dieses Haus passt sehr gut für sie.*

Non è facile trovare un lavoro **per una ragazza simile.**
*Es ist nicht leicht, für ein solches Mädchen Arbeit zu finden.*

h) Multiplikation.

tre **per** cinque *drei mal fünf*

Stare per + infinito s. 528.

549 **Die Präposition su** *auf, in, von, an*:

a) Ort (sich an einem Ort befinden, mit oder ohne Kontakt).

Ho messo il libro **sulla tavola.**
*Ich habe das Buch auf den Tisch gelegt.*

Lage an einem Gewässer:

Roma è situata **sul Tevere.** *Rom liegt am Tiber.*

Ha una bella casa **sulle rive del Lago Maggiore.**
*Er hat ein schönes Haus am Lago Maggiore.*

b) Bewegung (zielgerichtet).

L'assassino torna sempre **sul luogo del delitto.**
*Der Mörder kehrt immer an den Ort seines Verbrechens zurück.*

c) Thema, Inhalt.

una tesi di laurea **sulle origini della lingua italiana**
*eine Doktorarbeit über den Ursprung der italienischen Sprache*

chiedere informazioni **sull'orario dei treni**
*Auskunft über den Eisenbahnfahrplan einholen*

d) Alter, Zeit, Wert, Menge (Näherungswert).

E' già abbastanza vecchio, avrà **sui settant'anni.**
*Er ist schon ziemlich alt, er wird etwa siebzig sein.*

Lavoro **sulle otto ore al giorno.** *Ich arbeite etwa acht Stunden am Tag.*

Pesa **sui 60 chili.** *Er wiegt an die 60 Kilo.*

Questa bicicletta vale **sulle 300 000 lire.**
*Dieses Fahrrad kostet etwa 300 000 Lire.*

e) Art und Weise.

Mi sono recato a Bologna **su invito di un mio amico.**
*Ich habe mich auf die Einladung eines Freundes hin nach Bologna begeben.*

Ti credo **sulla parola.** *Ich glaube dir aufs Wort.*

f) Verteilung.

Sei studenti **su dieci** non si laureano.
*Sechs von zehn Studenten schließen ihr Studium nicht ab.*

550 **su** kann auch Adverb sein *hinauf, herauf, oben*

Vieni **su!** *Komm herauf!*

## 551 Die übrigen Präpositionen und ihr Gebrauch

552 **accanto a** *neben*

**Accanto alla scuola** c'è un bel giardino.
*Neben der Schule ist ein schöner Garten.*

Siediti **accanto a me.** *Setz dich neben mich.*

553 **assieme a** *zusammen mit, mit*

E' venuto **assieme al fratello.**
*Er ist gemeinsam mit seinem Bruder gekommen.*

Verrà **assieme a lui.** *Er wird mit ihm (gemeinsam) kommen.*

ebenso: **insieme con/a**

554 **attorno a** *umher, um… herum, herum*

I giovani sedevano **attorno al fuoco.**
*Die Jugendlichen saßen um das Feuer herum.*

**Adverbialer Gebrauch:**
Il cameriere si guardò **attorno.** *Der Kellner blickte um sich.*

ebenso: **intorno a**

555 **attraverso** (a) *durch, quer durch/über*

La luce penetra **attraverso le imposte.**
*Das Licht dringt durch die Fensterläden ein.*

**…attraverso i secoli** *durch die Jahrhunderte*

**Attraverso le ricerche** hanno trovato dettagli interessanti.
*Dank der Untersuchungen hat man interessante Details herausgefunden.*

**Adverbialer Gebrauch:**
Oggi mi va tutto **attraverso.** *Heute geht mir alles schief. Auch: a traverso*

556 **in base a** *aufgrund, gemäß*

Abbiamo preso questa decisione **in base alle** ultime informazioni.
*Wir haben diesen Entschluss aufgrund der letzten Informationen gefasst.*

557 **a base di** *auf der Grundlage von*

un dolce **a base di frutta** *Obstkuchen*

558 **in capo a** *am Ende, nach*

**in capo al** mondo *am Ende der Welt*
**in capo ad** una settimana *nach einer Woche*

559 **in caso di** *falls, im Falle*

**in caso di** pioggia *falls es regnet*
**in caso di** bisogno *im Notfall/falls notwendig*

560 **a/per causa di** *wegen*

Mirella non è venuta **a causa della pioggia.**
*Mirella ist wegen des Regens nicht gekommen.*

561 **in cima a** *oben*

La parola si trova **in cima alla pagina.** *Das Wort steht oben auf der Seite.*
**in cima alla** scala *oben auf der Treppe*

562 **circa** *hinsichtlich*

Le scriverò **circa quell'affare.**
*Ich werde Ihnen hinsichtlich dieser Angelegenheit schreiben.*

**Adverbialer Gebrauch:**
Avrà quarant'anni **circa.** *Er wird etwa vierzig Jahre alt sein.*

563 **contro** *gegen*

Combatterono **contro i nemici.** *Sie kämpften gegen die Feinde.*
Nuotavano **contro corrente.** *Sie schwammen gegen den Strom.*
Sono assicurato **contro l'incendio.** *Ich bin gegen Brandschaden versichert.*

Vor einem **Personalpronomen** steht **contro di.**
Si scagliò **contro di lui.** *Er ging auf ihn los.*

**Adverbialer Gebrauch:**
**Abito** qui **contro.** *Ich wohne hier daneben.*

564 **davanti (a)** *vor* (räumlich und übertragen)

Si fermò **davanti alla stazione.** *Er blieb vor dem Bahnhof stehen.*
Hai un bell'avvenire **davanti a te.** *Du hast eine schöne Zukunft vor dir.*

**Adverbialer Gebrauch:**
Seguitemi, vado **(d)avanti!** *Geht mir nach, ich gehe voraus!*

565 **dentro (a)** *in, binnen* (stellt gegenüber **in** eine Hervorhebung der Idee des Umschlossenseins dar)

I libri erano **dentro (al)l'armadio.** *Die Bücher waren im Schrank (drinnen).*

**dentro** il mese *innerhalb des laufenden Monats*

Vor **Pronomina** steht **dentro di.**
Chissà cosa avrà pensato **dentro di sé.**
*Wer weiß, was er sich gedacht haben mag.*

**Adverbialer Gebrauch:**
Aspettami **dentro!** *Warte drinnen auf mich!*

566 **dietro (a)** *hinter, nach*

Dietro **(al)la casa,** c'è un giardino. *Hinter dem Haus ist ein Garten.*

Vennero uno **dietro l'altro.** *Sie kamen einer nach dem anderen.*

Consegna **dietro pagamento** *Aushändigung nach Bezahlung* – Amtssprache

Vor Personalpronomina steht **dietro di** (selten **dietro a**)
I nostri amici erano seduti **dietro di/a** noi. *Unsere Freunde saßen hinter uns.*

**Adverbialer Gebrauch:**
E' **dietro,** non si può vedere da qui.
*Er ist hinten/dahinter, man kann ihn von hier aus nicht sehen.*

567 **dinanzi (a)** *vor* (räumlich)

**Dinanzi alla chiesa** c'è un panificio. *Vor der Kirche ist ein Bäcker.*

**Adverbialer Gebrauch:**
Sei giovane, hai tutta la vita **dinanzi.**
*Du bist noch jung, du hast das ganze Leben vor dir.*

568 **a dispetto di** *trotz*

**A dispetto della sua età** sta molto bene. *Trotz seines Alters geht es ihm sehr gut.*

569 **dopo** *nach*

Usciremo **dopo pranzo.** *Nach dem Mittagessen gehen wir hinaus.*

**Dopo il panificio** c'è una libreria. *Nach der Bäckerei ist eine Buchhandlung.*

Mit **infinito composto:**
**Dopo (di) aver mangiato** uscimmo.
*Nachdem wir gegessen hatten, gingen wir hinaus.* (s. 783)

**Adverbialer Gebrauch:**
Un'ora **dopo** arrivarono gli altri amici.
*Eine Stunde später kamen die anderen Freunde.*

570 **durante** *während*

**Durante le ferie** non studiamo. *Während der Ferien lernen wir nicht.*

571 **entro** *in, binnen*

Dovete pagare la fattura **entro un mese.**
*Ihr müsst die Rechnung binnen einem Monat zahlen.*

Ti aspetto **entro casa.** (It. lett.)
*Ich erwarte dich im Haus drinnen.*

Vor Pronomina verwendet man **entro di:**
Se lo ripetè **entro di sé.** *Er wiederholte es bei sich.*

572 **di faccia a/di fronte a** *gegenüber* (räumlich und übertragen)

La farmacia si trova **di faccia/di fronte alla** chiesa.
*Die Apotheke befindet sich gegenüber der Kirche.*

573 **a/in favore di** *zugunsten*

E' stata aperta una sottoscrizione **a/in favore delle vittime.**
*Zugunsten der Opfer wurde eine Spendenaktion eingeleitet.*

574 **fin(o) a** *bis*

**Fin(o) a quando** rimane Lei qui?
*Bis wann bleiben Sie hier?*

575 **fin(o) da** *seit*

Vive in Italia **fin(o) dalla nascita.**
*Er lebt seit seiner Geburt in Italien.*

576 **a forza di** *mit Hilfe von, durch viel...*

Ha fatto carriera **a forza di raccomandazioni.**
*Er hat mit Hilfe von Empfehlungen Karriere gemacht.*

Mit **infinito:**
**A forza di studiare** con applicazione è riuscito.
*Dank eifrigen Studiums ist es ihm gelungen.*

577 **fuori (di,** selten **da)** *außer, außerhalb, außen*

Ieri sera siamo rimasti **fuori (di) casa** fino a tarda ora.
*Gestern waren wir bis spät in die Nacht außer Haus.*

Fa sempre osservazioni **fuori luogo.** *Er macht immer unpassende Bemerkungen.*

La fabbrica è situata **fuori (del)la città.** *Die Fabrik liegt außerhalb der Stadt.*

**Adverbialer Gebrauch:**
Entrate, non restate **fuori!** *Kommt herein, bleibt nicht draußen stehen!*

578 **insieme con, a** s. assieme a

579 **intorno (a)** s. attorno a

80 **invece di** *anstatt*

**Invece di** Anna verrà Giorgio. *Anstatt Anna wird Giorgio kommen.*

Mit **infinito:**
**Invece di studiare** è andato sulla spiaggia.
*Anstatt zu lernen ist er an den Strand gegangen.*

81 **di là da/al di là di** *jenseits*

**Di là dal fiume** c'è un piccolo paese. *Jenseits des Flusses ist ein kleines Dorf.*

82 **lungo** *entlang, während*

La strada corre **lungo un fiume.** *Die Straße verläuft entlang eines Flusses.*

**Lungo tutto il viaggio** non disse una sola parola.
*Während der ganzen Reise sagte er kein einziges Wort.*

83 **meno** *außer*

C'erano tutti **meno loro.** *Alle außer ihnen waren da.*

Il negozio è aperto tutti i giorni **meno la domenica.**
*Das Geschäft ist täglich geöffnet, außer Sonntag.*

84 **in merito a** *in Bezug auf, bezüglich*

**In merito alla Sua domanda…** *In Bezug auf Ihre Frage…*

85 **in mezzo a** *mitten in/auf usw.*

Si fermò **in mezzo alla strada.** *Er blieb mitten auf der Straße stehen.*

Si nascose **in mezzo alla folla.** *Er versteckte sich unter der Menge.*

86 **nel mezzo di** *mitten in/auf usw.*

**Nel mezzo della piazza** c'è un bel monumento.
*Mitten auf dem Platz steht ein schönes Denkmal.*

87 **per mezzo di** *per, mittels*

Ho pagato la fattura **per mezzo di vaglia postale.**
*Ich habe die Rechnung mittels Postanweisung bezahlt.*

88 **oltre (a)** *außer*

**Oltre (a) questo** non ho altro da dirti.
*Außer dem habe ich dir nichts mehr zu sagen.*

**Adverbialer Gebrauch:**
Ti prego di non andare **oltre.** *Ich bitte dich, nicht weiter darüber hinauszugehen.*

89 **a partire da** *von… an, ab*

**A partire da domani** l'ufficio sarà aperto alle nove.
*Von morgen an wird das Büro um neun geöffnet.*

590 **presso** *bei, nahe bei/an* usw.

Abita in un paesino **presso Arezzo.**
*Er wohnt in einem kleinen Dorf in der Nähe von Arezzo.*

Gode di ottima reputazione **presso i suoi professori.**
*Er genießt bei seinen Professoren einen ausgezeichneten Ruf.*

Suo padre è ambasciatore **presso la Santa Sede.**
*Sein Vater ist Botschafter beim Heiligen Stuhl.*

**presso gli antichi greci** *bei den alten Griechen*

Ho lavorato **presso una grande ditta di automobili.**
*Ich habe in einer großen Automobilfabrik gearbeitet.*

Vor Pronomen steht **presso di.**

Voleva abitare **presso di me.** *Er wollte bei mir wohnen.*

591 **prima di** *vor* (zeitlich)

Non posso dirtelo **prima di domani.** *Ich kann es dir nicht vor morgen sagen.*

E' entrato **prima di me.** *Er ist vor mir hineingegangen.*

Mit **infinito** *bevor* (s. 785):
**Prima di andarsene** mi ha salutato.
*Bevor er weggegangen ist, hat er mich gegrüßt.*

592 **di qua da/al di qua di** *diesseits*

**Di qua dal fiume** si trova una trattoria.
*Auf der herüberen Seite des Flusses befindet sich ein Gasthaus.*

593 **riguardo a** *in Bezug auf, was… betrifft*

**Riguardo alla** Vostra proposta…
*In Bezug auf Ihren Vorschlag…* – Briefformel

594 **secondo/a seconda di** *gemäß, entsprechend, je nach*

Ho agito **secondo la legge.** *Ich habe nach dem Gesetz gehandelt.*

**secondo la mia opinione** *meiner Meinung nach*

La tassa di circolazione varia **a seconda della potenza della macchina.**
*Die Kfz-Steuer ändert sich entsprechend der Stärke des Autos.*

595 **senza** *ohne*

Dopo le ferie sono rimasto **senza denaro.**
*Nach den Ferien bin ich ohne Geld dagestanden.*

Mit **infinito:**
E' partita **senza salutarmi.**
*Sie ist weggefahren, ohne sich von mir zu verabschieden.*

**Adverbialer Gebrauch:**
„Come vuoi il caffè? Con latte?" „No, **senza.**"

Vor Pronomen steht **senza di.**

Non partirò mai **senza di te.** *Ich werde niemals ohne dich wegfahren.*

96 **sin(o) a/sin(o) da** s. **fin(o) a…** (s. 574, 575)

97 **sopra** *auf, über*

Salimmo **sopra un albero.**
*Wir kletterten auf einen Baum (hinauf).* – Auch: **su** un albero

L'aereo volava **sopra il deserto.**
*Das Flugzeug flog über der Wüste.*

La madre pianse **sopra il cadavere di suo figlio.**
*Die Mutter weinte über dem Leichnam ihres Sohnes.*

Vor Pronomen steht **sopra di.**

In ufficio, c'è solo il direttore **sopra di lui.**
*Im Büro ist nur mehr der Chef über ihm.*

**Adverbialer Gebrauch:**
Dov'è papà? – Dev'essere **sopra.**
*„Wo ist der Vater?" „Er muss oben sein."*

98 **sotto** *unter*

Aspettammo la fine della pioggia **sotto un albero.**
*Wir warteten unter einem Baum das Ende des Regens ab.*

**sotto il governo** di Umberto II
*unter der Regierung von Umberto II.*

Ho aspettato un'ora **sotto la pioggia.**
*Ich habe eine Stunde lang im Regen gewartet.*

Vor Pronomen steht **sotto di.**

Lavora **sotto di me.**
*Er arbeitet unter mir.*

**Adverbialer Gebrauch:**
Ti aspetto **qua sotto.** *Ich warte hier unten auf dich.*

99 **per via di** *wegen*

L'aereo non ha atterrato **per via della nebbia.**
*Das Flugzeug ist wegen des Nebels nicht gelandet.*

00 **vicino a** *nahe, in der Nähe von, bei*

Abita **vicino a Firenze.**
*Er wohnt in der Nähe von Florenz.*

**Adverbialer Gebrauch:**
Fatti vedere **da vicino.**
*Lass dich aus der Nähe ansehen.*

601 **Die deutschen Präpositionen und ihre italienischen Entsprechungen**

| | Präposition | Entsprechung | Beispiel |
|---|---|---|---|
| 602 | *an* | **a** | Teresa si mise **al lavoro.** *Teresa machte sich an die Arbeit.* |
| | | **da** | L'ho riconosciuto **dalla voce.** – Auch: alla voce *Ich habe ihn an der Stimme erkannt.* |
| | | **su** | Roma è situata **sul Tevere.** *Rom liegt am Tiber.* |
| 603 | *anstatt* | **invece di** | **Invece di Anna** verrà Giorgio. *Anstatt Anna wird Giorgio kommen.* |
| 604 | *auf* | **in** | Non permetto che i miei figli giochino **nella strada.** *Ich erlaube nicht, dass meine Kinder auf der Straße spielen.* |
| | | **sopra** | Salimmo **sopra un albero.** *Wir klettern auf einen Baum.* |
| | | **su** | Ho messo il libro **sulla tavola.** *Ich habe das Buch auf den Tisch gelegt.* |
| 605 | *aufgrund* | **in base a** | Abbiamo preso questa decisione **in base alle ultime informazioni.** *Wir haben diesen Entschluss aufgrund der jüngsten Informationen gefasst.* |
| 606 | *aus* | **da** | Vengo **da Roma**. *Ich komme aus Rom.* |
| | | **di** | Questa scodella è **di plastica.** *Diese Schüssel ist aus Plastik.* |
| | | **per** | L'ha uccisa **per gelosia.** *Er hat sie aus Eifersucht getötet.* |
| 607 | *außer* | **fuori (di, da)** | Ieri siamo rimasti **fuori (di)** casa fino a tarda sera. *Gestern waren wir bis spät nachts außer Haus.* |
| | | **meno** | I negozi aprono tutti i giorni **meno la domenica.** *Die Geschäfte sind täglich außer Sonntag geöffnet.* |
| | | **oltre (a)** | **Oltre a questo** non ho altro da dirti. *Außer dem habe ich dir nichts mehr zu sagen.* |
| 608 | *außerhalb* | **fuori (di, da)** | La fabbrica è situata **fuori (del)la città.** *Die Fabrik liegt außerhalb der Stadt.* |
| 609 | *bei* | **con** | Si è scusato **con il professore.** *Er hat sich beim Professor entschuldigt.* |
| | | **da** | I bambini abitano **dalla nonna.** *Die Kinder wohnen bei der Großmutter.* |
| | | **dietro** | Consegna **dietro pagamento** *Aushändigung bei Bezahlung* |
| | | **in** | Morì **in un incidente automobilistico.** *Er starb bei einem Autounfall.* |
| | | **presso** | Lavora **presso una grande ditta di automobili.** *Er arbeitet in einer großen Automobilfabrik.* |
| | | **vicino a** | Abita **vicino a Firenze.** *Er wohnt bei Florenz.* |
| 610 | *bezüglich* | **circa** | Le scriverò **circa quell'affare.** *Ich werde Ihnen bezüglich dieser Angelegenheit schreiben.* |
| | | **in merito a** | **In merito alla Sua domanda…** *Bezüglich Ihrer Anfrage…* – Briefformel |
| | | **riguardo a** | **Riguardo alla Vostra proposta…** *Bezüglich Ihres Vorschlages…* – Briefformel |

| | Präposition | Entsprechung | Beispiel |
|---|---|---|---|
| 11 | *binnen* | **entro** | Dovete pagare la fattura **entro** un mese.<br>*Ihr müsst die Rechnung binnen einem Monat bezahlen.* |
| 12 | *bis* | **fino a/sino a** | **Fino a/Sino a quando** rimane Lei a Firenze?<br>*Bis wann bleiben Sie in Florenz?* |
| 13 | *diesseits* | **al di qua di/<br>di qua da** | **Al di qua del fiume** si trova una trattoria.<br>*Auf der herüberen Seite des Flusses befindet sich ein Gasthaus.* |
| 14 | *durch* | **attraverso**<br><br>**per** | La luce penetra **attraverso le imposte.**<br>*Das Licht dringt durch die Fensterläden ein.*<br>Camminiamo **per le strade del centro.**<br>*Wir gehen durch die Straßen des Zentrums.* |
| 15 | *entlang* | **lungo** | La strada corre **lungo il fiume.**<br>*Die Straße verläuft entlang des Flusses.* |
| 16 | *entsprechend* | **secondo/<br>a seconda di** | Ho agito **secondo la legge.**<br>*Ich habe nach dem Gesetz gehandelt.* |
| 17 | *für* | **per** | Questa casa va molto bene **per loro.**<br>*Dieses Haus ist sehr gut für sie.*<br>Lavoro **per te.** *Ich arbeite für dich.* |
| 18 | *gegen* | **contro** | Combatterono **contro i nemici.**<br>*Sie kämpften gegen die Feinde.*<br>Sono assicurato **contro gli incendi.**<br>*Ich bin gegen Brandschaden versichert.* |
| 19 | *gegenüber* | **di faccia a/<br>di fronte a** | La farmacia si trova **di fronte alla chiesa.**<br>*Die Apotheke befindet sich gegenüber der Kirche.* |
| 20 | *gemäß* | s. aufgrund und entsprechend | |
| 21 | *hinsichtlich* | s. bezüglich | |
| 22 | *hinter* | **dietro (a)** | **Dietro (al)la casa** c'è un giardino.<br>*Hinter dem Haus liegt ein Garten.* |
| 23 | *in* | **a**<br><br><br>**dentro (a)**<br>**entro a**<br>**fra/tra**<br><br>**in**<br><br><br><br>**su** | A mezzogiorno mangio sempre **al ristorante.**<br>*Zu Mittag esse ich immer im Restaurant.*<br>**Vor Ortsnamen: a** Roma, **a** Berlino…<br>I libri erano **dentro (al)l'armadio.**<br>*Die Bücher waren im Schrank drinnen.*<br>**Fra un mese** partirò per l'Italia.<br>*In einem Monat fahre ich nach Italien.*<br>Lavoro **in centro,** ma abito **in periferia.**<br>*Ich arbeite im Zentrum, wohne aber am Stadtrand.*<br>**Vor Ländernamen, Inseln, Provinzen:** Abito **in Italia.**<br>*Ich wohne in Italien.*<br>L'hanno arrestato **sul treno.**<br>*Sie haben ihn im Zug verhaftet.* |
| 24 | *in Bezug auf* | s. bezüglich | |
| 25 | *innerhalb* | **dentro** | D'inverno, il fico sta **dentro** la casa, non fuori.<br>*Im Winter steht der Feigenbaum im Haus drinnen, nicht draußen.* |

| | Präposition | Entsprechung | Beispiel |
|---|---|---|---|
| **626** | *jenseits* | **di là da**<br>**al di là di** | **Di là dal fiume** c'è un piccolo paese.<br>*Jenseits des Flusses liegt ein kleines Dorf.* |
| **627** | *mit* | **a** | All'esame gli alunni devono scrivere **a penna.**<br>*Bei der Prüfung müssen die Schüler mit der Feder schreiben.* |
| | | **assieme a**<br>**insieme a** | E' venuto **assieme al fratello.**<br>*Er ist (gemeinsam) mit seinem Bruder gekommen.* |
| | | **con** | Siamo usciti **con gli amici.**<br>*Wir sind mit unseren Freunden ausgegangen.*<br>Quando mi vide, mi fece un cenno **con la mano.**<br>*Als er mich sah, winkte er mir zu.* |
| | | **di** | Tutta la casa è ornata **di rose.**<br>*Das ganze Haus ist mit Rosen geschmückt.* |
| | | **in** | **Vor allem bei Verkehrsmitteln:** Siamo saliti **in ascensore.**<br>*Wir sind mit dem Aufzug hinaufgefahren.* |
| **628** | *mit Hilfe von* | **a forza di** | Ha fatto carriera **a forza di raccomandazioni.**<br>*Er hat mit Hilfe von Empfehlungen Karriere gemacht.* |
| **629** | *mitten auf/in...* | **nel mezzo di**<br>**in mezzo a** | Si fermò **in mezzo alla strada.**<br>*Er blieb mitten auf der Straße stehen.* |
| **630** | *mittels* | **per mezzo di** | Ho pagato la fattura **per mezzo di vaglia postale.**<br>*Ich habe die Rechnung mittels Postanweisung bezahlt.* |
| **631** | *nach* | **a** | La settimana prossima vado **a Roma.**<br>*Nächste Woche fahre ich nach Rom.* |
| | | **dietro** | Camminano uno **dietro l'altro.** *Sie gehen hintereinander.* |
| | | **dopo** | Usciremo **dopo pranzo.**<br>*Wir gehen nach dem Mittagessen hinaus.* |
| | | **in** | L'anno prossimo **andremo in Italia.**<br>*Nächstes Jahr fahren wir nach Italien.* |
| | | **per** | il treno **per Venezia** *der Zug nach Venedig* |
| **632** | *nahe bei/an* | **presso** | Abita in un paese **presso Arezzo.**<br>*Er wohnt in einem Dorf nahe bei Arezzo.* |
| | | **vicino a** | Abita **vicino a Firenze.** *Er wohnt nahe bei Florenz.* |
| **633** | *neben* | **accanto a** | **Accanto alla scuola** c'è un bel giardino.<br>*Neben der Schule ist ein schöner Park.* |
| **634** | *oben* | **in cima a** | Vidi il portalettere **in cima alla scala.**<br>*Ich sah den Briefträger oben auf der Treppe.* |
| **635** | *ohne* | **senza** | Dopo le ferie sono rimasto **senza denaro.**<br>*Nach den Ferien stand ich ohne Geld da.* |
| **636** | *per* | **per** | Gliel'ho detto **per telefono.**<br>*Ich habe es ihm per Telefon gesagt.* |
| | | **per mezzo di** | Ho pagato la fattura **per mezzo di vaglia postale.**<br>*Ich habe die Rechnung per Postanweisung bezahlt.* |
| **637** | *seit* | **da** | Ti aspetto già **da un'ora.**<br>*Ich warte schon seit einer Stunde auf dich.* |
| | | **fin(o) da/**<br>**sin(o) da** | Vive in Italia **fin(o) dalla nascita.**<br>*Er wohnt seit seiner Geburt in Italien.* |

| | Präposition | Entsprechung | Beispiel |
|---|---|---|---|
| 38 | *trotz* | **a dispetto di** | **A dispetto della sua età** sta molto bene.<br>*Trotz seines Alters geht es ihm sehr gut.* |
| 39 | *um (...herum)* | **a**<br><br>**attorno a/**<br>**intorno a**<br>**di** | Il treno parte **alle 7.30.**<br>*Der Zug fährt um 7.30 ab.*<br>I giovani sedevano **attorno al fuoco.**<br>*Die Jugendlichen saßen um das Feuer (herum).*<br>La sarta ha raccorciata la gonna **di dieci centimetri.**<br>*Die Schneiderin hat den Rock um 10 cm gekürzt.* |
| 40 | *unter* | **tra/fra**<br><br>**sotto** | Questo dettaglio resti **fra (di) noi.**<br>*Dieses Detail möge unter uns bleiben.*<br>Aspettiamo la fine della pioggia **sotto un albero.**<br>*Wir warten das Ende des Regens unter einem Baum ab.*<br>**Sotto il governo di Umberto II**<br>*Unter der Regierung von Umberto II.* |
| 41 | *von* | **da**<br><br><br><br><br>**di**<br><br><br>**su** | Ho avuto questa informazione **da un amico.**<br>*Ich habe diese Information von einem Freund bekommen.*<br>**Beim Agens des Passivums:**<br>La fattura fu pagata **dal padre.**<br>*Die Rechnung wurde vom Vater bezahlt.*<br>Ernesto è un uomo **di quarant'anni.**<br>*Ernesto ist ein Mann von vierzig Jahren.*<br>Questo libro è **di Ada.** *Dieses Buch ist von/gehört Ada.*<br>Sei studenti **su** dieci non si laureano.<br>*Sechs von zehn Studenten schließen ihr Studium nicht ab.* |
| 42 | *von...an* | **a partire da** | **A partire da domani** l'ufficio si aprirà alle nove.<br>*Von morgen an wird das Büro um 9 Uhr geöffnet.* |
| 43 | *vor* | **davanti a**<br><br>**dinanzi a**<br><br>**prima di** | Si fermò **davanti alla stazione.**<br>*Er blieb vor dem Bahnhof stehen.*<br>**Dinanzi alla chiesa** c'è un panificio.<br>*Vor der Kirche ist ein Bäcker.*<br>Non posso dirtelo **prima di domani.**<br>*Ich kann es dir nicht vor morgen sagen.* |
| 44 | *während* | **durante**<br><br>**lungo** | **Durante le ferie** non studiamo.<br>*Während der Ferien lernen wir nicht.*<br>**Lungo tutto il viaggio** non disse una parola.<br>*Auf der ganzen Reise sagte er kein einziges Wort.* |
| 45 | *wegen* | **a/per causa di**<br><br>**per** | Mirella non è venuta **per causa della pioggia.**<br>*Mirella ist wegen des Regens nicht gekommen.*<br>Non ci si vedeva niente **per la nebbia.**<br>*Man konnte wegen des Nebels nichts sehen.* |
| 46 | *zu* | **a**<br><br>**da**<br><br>**per** | I bambini vanno **alla fontana.**<br>*Die Kinder gehen zum Brunnen.*<br>Bei Personen: I bambini vanno **dalla nonna.**<br>*Die Kinder gehen zur Großmutter.*<br>Verrò da te **per il tuo compleanno.**<br>*Ich komme an deinem Geburtstag zu dir.* |

| | Präposition | Entsprechung | Beispiel |
|---|---|---|---|
| | | **con** | **Con mia grande sorpresa,** mio marito era a casa.<br>*Zu meiner großen Überraschung war mein Mann zu Hause.* |
| 647 | *zugunsten* | **a/in favore di** | E' stata aperta una sottoscrizione **a favore delle vittime.**<br>*Zugunsten der Opfer wurde eine Spendenaktion eingeleitet.* |
| 648 | *zusammen mit* | **assieme a**<br>**insieme con** | E' venuto insieme **con il fratello.**<br>*Er ist zusammen mit seinem Bruder gekommen.* |
| 649 | *zwischen* | **fra/tra** | **Fra Mauro e Chiara** ci sono sempre liti.<br>*Zwischen Mauro und Chiara gibt es immer Streit.*<br>Il bambino era seduto **fra madre e padre.**<br>*Das Kind saß zwischen Mutter und Vater.*<br>Ti aspetto **fra le dieci e le undici.**<br>*Ich erwarte dich zwischen zehn und elf.* |

# Die Erweiterungen des nominalen Kerns

Der nominale Kern kann folgende Erweiterungen haben:

– das **nicht adjektivische Attribut** (attributo oder complemento di specificazione)
– die **Apposition** (l'apposizione)
– den **Relativsatz** (la proposizione relativa)

Das adjektivische Attribut wird gewöhnlich nicht zu den Satzerweiterungen gezählt (s. 163 ff).

51 # Das nicht adjektivische Attribut

(l'attributo o complemento di specificazione)

Das Attribut ist mit dem Nomen gewöhnlich durch eine Präposition verbunden. Es gibt kaum Regeln, welche Präposition wann Verwendung findet. Das nicht adjektivische Attribut steht **hinter dem Beziehungswort.** Im Deutschen entspricht dem meist ein zusammengesetztes Nomen oder ein Genitivattribut.

Die wichtigsten Präpositionen, die in diesem Zusammenhang Verwendung finden, sind:

52 **di** Herkunft:

| | |
|---|---|
| i vini **d'Italia** | *die Weine Italiens* |
| Zeit, Geschwindigkeit, Maß: | |
| un viaggio **di** 500 chilometri | *eine Reise von 500 km* |
| Materie: | |
| una statua **di marmo** | *eine Marmorstatue* |
| Inhalt: | |
| una bottiglia **di acqua** | *eine Flasche Wasser* |
| Art: | |
| la scuola **di commercio** | *Handelsschule* |
| Eigenschaft, Unterscheidungsmerkmal: | |
| uno scrittore **di talento** | *ein Schriftsteller mit Talent* |
| un uomo **di alta statura** | *ein Mann von großer Gestalt* |
| Ursache: | |
| un grido **di dolore** | *ein Schmerzensschrei* |
| Zweck, Ziel: | |
| libro **di cucina** | *Kochbuch* |
| Appellativ + Eigenname: | |
| la città **di Roma** | *die Stadt Rom* |

53 In den folgenden Beispielen ist das Attribut **der Ausführende** der durch das Grundwort ausgedrückten Handlung bzw. befindet sich dieses in dem durch das Attribut ausgedrückten Zustand **(attributo soggettivo).** Charakteristisch für diese Fügungsform ist gewöhnlich die Verwendung des bestimmten Artikels.

| | |
|---|---|
| il passaggio **delle navi** | *das Vorbeifahren der Schiffe* |
| (le navi passano) | |
| la caduta **dei corpi** | *das Fallen der Körper* |
| (i corpi cadono) | |
| la bontà **della madre** | *die Güte der Mutter* |

Ähnlich bei den **attributi oggettivi:** das Attribut wäre Objekt jenes Verbums, das die Handlung (den Zustand) des Nomens ausdrückt.

| | |
|---|---|
| la distribuzione **dei** premi | *die Preisverteilung* |
| (distribuire i premi) | |

Ist der Ausführende der Handlung eine Person, steht bloßes **di.**

| | |
|---|---|
| fumatore **di** sigarette | *Zigarettenraucher* |
| costruttore **di** motori | *Motorenkonstrukteur* |

**654** Das Attribut drückt ein **Besitzverhältnis,** ein **Zugehörigkeitsverhältnis** aus. Mit den Appellativen steht dabei gewöhnlich der bestimmte Artikel.

| | |
|---|---|
| il segretario **del partito** | *der Parteisekretär* |
| l'arte **del poeta** | *die Kunst des Dichters* |
| la punta **del dito** | *die Fingerspitze* |
| la fine **della guerra** | *das Kriegsende* |

**655** **di** steht auch beim **Teilungsattribut.**

| | |
|---|---|
| tre **dei viaggiatori** | *drei der Reisenden* |
| il cantico **dei cantici** | *das Lied der Lieder* |

**656** **da**

| | |
|---|---|
| Unterscheidungsmerkmal: | |
| un vecchio **dalla barba lunga** | *ein Alter mit langem Bart* |
| una casa **dalle finestre alte** | *ein Haus mit hohen Fenstern* |
| Zweck, Bestimmung: | |
| occhiali **da sole** | *Sonnenbrille* |
| un bicchiere **da vino** | *ein Weinglas* |
| cane **da caccia** | *Jagdhund* |
| Wert: | |
| un biglietto **da mille lire** | *ein Tausendlireschein* |

**657** **in**

| | |
|---|---|
| una villa **in** riva al mare | *eine Villa am Meer* |
| un ballo **in** maschera | *ein Maskenball* |
| un commerciante **in** cereali | *ein Getreidehändler* |

**658** **su**

| | |
|---|---|
| la casa **sulla collina** | *das Haus auf dem Hügel* |
| un giudizio **sulla** letteratura moderna | *ein Urteil über moderne Literatur* |
| un abito **su** misura | *ein Maßanzug* |

**659** **per**

| | |
|---|---|
| Zeitangabe, Dauer: | |
| un appuntamento **per domani** | *eine Verabredung für morgen* |
| Zweck, Bestimmung: | |
| armadio **per abiti** | *Kleiderschrank* |
| albergo **per la gioventù** | *Jugendherberge* |

**660** Beispiele für **andere Präpositionen:**

| | |
|---|---|
| un trattato **intorno alla** nostra lingua | *eine Abhandlung über unsere Sprache* |
| la differenza **tra** un mulo e un asino | *der Unterschied zwischen einem Maultier und einem Esel* |
| una stoffa **a** vivi colori | *ein Stoff mit lebhaften Farben* |

Das Attribut kann auch aus **anderen Elementen** bestehen als aus Nomina.

661 **Nomen + Pronomen**

le osservazioni **di lui** — *seine Beobachtungen*

662 **Nomen + infinito**

Non ho tempo **da perdere.** — *Ich habe keine Zeit zu verlieren.*

663 **Nomen + Adverb**

la gente **di qui** — *die Leute von hier*

664 **Nomen + Satz**

un'informazione su **come stanno le cose** — *eine Information über den Stand der Dinge*

## 665 Die Apposition
(l'apposizione)

Wie das Attribut ist die Apposition eine nähere Bestimmung des Nomens. Sie besteht aus einem Nomen, das selbst näher bestimmt sein kann.

666 a) die **vorausgestellte Apposition.** Sie besteht meist nur aus einem Nomen.

il **console** Cicerone *der Konsul Cicero*
l'**arciduca** Leopoldo *Erzherzog Leopold*
il **fiume** Po *der Po*

Bei Ortsnamen und Provinzen steht die Präposition **di.**
la città **di Roma** *die Stadt Rom*
la provincia **di Padova** *die Provinz Padua*

667 Ist das Nomen der vorausgestellten Apposition dennoch näher bestimmt oder steht davor eine Präposition, so ist die Apposition von ihrem Bezugswort durch einen Beistrich getrennt.

Figlio di **un medico condotto,** Giosuè Carducci trascorse l'infanzia nel paesetto di Bolgheri. *Als Sohn eines Gemeindearztes verbrachte Giosuè Carducci seine Kindheit in dem kleinen Dorf Bolgheri.*
**Da bambino,** Carlo era molto inquieto. *Als Kind war Carlo sehr unruhig.*

668 b) die **nachgestellte Apposition.** Sie steht gewöhnlich zwischen Beistrichen, beim Sprechen ist sie vom übrigen Satz durch Pausen getrennt.

Il signor Bianchi, **l'inquilino di sotto,** si lagna del rumore che facciamo.
*Herr Bianchi, der Mieter unter uns, beklagt sich über den Lärm, den wir machen.*

Leonardo, **pittore e architetto,** dipinse la Gioconda.
*Leonardo da Vinci, Maler und Architekt, malte die Mona Lisa.*

Die Apposition kann auch von einer Präposition oder einem anderen Wort eingeleitet werden.

Carlo, **da bambino,** era molto inquieto.
*Carlo war als Kind sehr unruhig.*

Michelangelo, **come scultore, come pittore** e **come architetto** fu sommo artista. *Michelangelo war als Bildhauer, als Maler und als Architekt ein Künstler von höchstem Rang.*

669 c) **Apposition und Artikel**

Als allgemeine Tendenz ist festzustellen, dass die Apposition ohne bestimmten Artikel eine dem Leser/Hörer **neue Information** bringt, wohingegen die Apposition mit bestimmtem Artikel **Bekanntes oder etwas als bekannt Dargestelltes** beinhaltet (zur Hervorhebung, zur Erinnerung, zur Bestätigung eines Vorwissens usw). Die vorausgehende Apposition, die einen Titel, einen Beruf, ein Amt, eine Funktion bezeichnet, steht immer mit Artikel.

Roma, **la capitale d'Italia,** è pure centro di…
*Rom, die Hauptstadt Italiens, ist auch Sitz…* – Es ist als allgemein bekanntes Faktum vorauszusetzen, dass Rom die Hauptstadt Italiens ist.

Bollate, **piccola cittadina nella provincia di Milano,** è un importante centro industriale. *Bollate, eine kleine Stadt in der Provinz Mailand, ist ein wichtiges Industriezentrum.* – Bollate ist eine Stadt, die nicht allgemein bekannt ist.

il dottor **Giuseppe Legato**

670 # Der Relativsatz
(la proposizione relativa)

Der Relativsatz ist ein Gliedsatz, der durch ein Relativpronomen eingeleitet wird. Der **eigentliche Relativsatz** erfüllt die Funktion eines Attributes oder einer Apposition, in allen anderen Funktionen spricht man vom **uneigentlichen Relativsatz.** Das Relativpronomen verbindet den Relativsatz mit dem Satz, von dem er abhängt. Gewisse Relativpronomina beziehen sich auf ein **Beziehungswort** des Vordersatzes, andere stehen ohne ein solches Beziehungswort. Manche Relativpronomina beziehen sich auf eine ganze Aussage (Satz, Teilsatz, Satzteil – **neutrale Relativpronomina**).

**Eigentlicher Relativsatz**

eigentlicher Relativsatz

Il poliziotto ha visto **l'uomo che** è entrato nel negozio.

Beziehungswort Relativpronomen

*Der Polizist hat den Mann, der in das Geschäft hineingegangen ist, gesehen.*

eigentlicher Relativsatz

**Chi** tace acconsente. *Wer schweigt, stimmt zu.*

Relativpronomen ohne Beziehungswort

**Uneigentlicher Relativsatz**

uneigentlicher Relativsatz

I medici fanno entrare la madre **che lo consoli.**

Beziehungswort Relativpronomen

*Die Ärzte lassen die Mutter herein, die ihn trösten soll.*

Es handelt sich um einen Finalsatz (**perché lo consoli =** *damit sie ihn tröste*).

671 ## Die Relativpronomina
(i pronomi relativi)

Es gibt
- **unveränderliche** Relativpronomina
- **veränderliche** Relativpronomina
- **Adverbien,** die als Relativpronomina Verwendung finden

672 **Die unveränderlichen Relativpronomina**

| | | |
|---|---|---|
| che | cui | chi |

673 **Die veränderlichen Relativpronomina**

| | m. | f. |
|---|---|---|
| S. | il quale | la quale |
| Pl. | i quali | le quali |

674 **In Verbindung mit Präpositionen ergeben sich folgende Formen:**

| Präp. | S. | | Pl. | |
|---|---|---|---|---|
| | m. | f. | m. | f. |
| **a** | al quale | alla quale | ai quali | alle quali |
| **di** | del quale | della quale | dei quali | delle quali |
| **da** | dal quale | dalla quale | dai quali | dalle quali |
| **in** | nel quale | nella quale | nei quali | nelle quali |
| **su** | sul quale | sulla quale | sui quali | sulle quali |

Die Verbindungen mit **con** (col quale ecc.) sind heute kaum mehr gebräuchlich, man verwendet **con il quale, con la quale** usw. (s. 122)

675

| | m. | f. | |
|---|---|---|---|
| S. | quanto | quanta | *das, was, so viel* |
| Pl. | quanti | quante | |

676 Adverbien, die als Relativpronomina verwendet werden

| | | |
|---|---|---|
| dove | *wo, wohin* | |
| ove | *wo, wohin* | It. lett. |
| donde | *woher* | It. lett. |
| onde | *woher* | It. lett. |

677 **Die Verwendung der Relativpronomina im Einzelnen**

678 **che**

ist das häufigste Relativpronomen des Italienischen. Es kann **Subjekt** oder **COD** des Relativsatzes sein und steht unterschiedslos für **Personen und Sachen.**

E' **un operaio che** lavora molto bene.
*Er ist ein Arbeiter, der sehr gut arbeitet.* – **che** steht für eine Person und ist **Subjekt.**

Queste stoffe hanno **colori che** restano sempre invariati.
*Diese Stoffe haben Farben, die immer unverändert bleiben.* – **che** steht für eine **Sache** und ist **Subjekt.**

Ecco **l'uomo che** il poliziotto ha visto entrare nel negozio.
*Da ist der Mann, den der Polizist in das Geschäft hineingehen gesehen hat.* – **che** steht für eine **Person** und ist **COD.**

I **discorsi che** abbiamo ascoltato erano assai interessanti.
*Die Reden, die wir gehört haben, waren ziemlich interessant.* – **che** steht für eine **Sache** und ist **COD.**

Sono **io che** l'ho detto.
*Das habe ich gesagt.* – Das Beziehungswort ist ein **Pronomen, che** steht für eine **Person** und ist **Subjekt.**

**che** in Verbindung mit **ciò, quel(lo)** oder **il** ist Neutrum. Es bezieht sich auf eine ganze **Aussage,** auf einen **Satz,** auf einen **Satzteil** oder **Teilsatz.**

Faccio **ciò/quel(lo) che** mi piace.
*Ich tue, was ich will.*

Egli non si fa vivo da molto tempo, **il che** mi preoccupa molto.
*Er meldet sich seit langem nicht, was mir große Sorgen macht.*

Ha rifiutato l'invito: **del che** si è pentito subito.
*Er hat die Einladung abgelehnt, was er aber sofort bereut hat.* – **del che** ist COI, es heißt **pentirsi di qc.**

679 **cui**

steht für Personen und Sachen, kann fungieren als

a) COI und als Umstandsergänzung (mit Präposition)

**Lo studente di cui** parliamo frequenta il terzo anno di studi.
*Der Student, von dem wir sprechen, ist im dritten Studienjahr.* – **cui** steht für eine Person und ist **COI.**

La ringrazio **dei consigli da cui** ho imparato moltissimo.
*Ich danke Ihnen für die Ratschläge, aus denen ich sehr viel gelernt habe.* – **cui** steht für eine **Sache** und ist **COI.**

**L'appartamento in cui** abitiamo è situato al centro della città.
*Die Wohnung, in der wir wohnen, liegt im Stadtzentrum.* – **cui** steht für eine Sache und ist Ortsergänzung.

NB Die Präposition **a** kann **wegfallen.**
la ditta **(a) cui** mi sono rivolto
*die Firma, an die ich mich gewandt habe*

b) Attribut (steht zwischen Artikel und dem Nomen, zu dem es gehört)

E' **un avvenimento le cui conseguenze** sono prevedibili.
*Das ist ein Ereignis, dessen Folgen vorhersehbar sind.* – **cui** ist Attribut von **conseguenze.**

Ho visto un film **con un'attrice il cui nome** ora mi sfugge.
*Ich habe einen Film mit einer Schauspielerin gesehen, deren Name mir nicht einfällt.* – **cui** ist **Attribut** von **nome.**

In den beiden letzten Beispielen könnte auch **le conseguenze del quale** bzw. **il nome della quale** stehen. s. 680.

680 **quale**
hat je eine Form für S. und Pl. und ist stets vom bestimmten Artikel begleitet. Es kann sämtliche Funktionen von **che** und von **cui** erfüllen, ist jedoch für **che als Subjekt** selten und nur im It. lett. gebräuchlich. Auch als **COD** kommt es seltener vor als **che,** wohingegen es als **COI,** als **Umstandsergänzung** oder als **Attribut** kaum seltener als **cui** Verwendung findet.

Seduto sul marciapiede, c'era **un vecchio, il quale** chiedeva l'elemosina.
*Auf dem Gehsteig saß ein Alter, welcher bettelte.* – Hier wäre auch **che** möglich, das Relativpronomen steht für **eine Person** und ist **Subjekt.**

Il **libro, del quale** ho fatto la recensione, è stato pubblicato da poco.
*Das Buch, das ich rezensiert habe, ist vor kurzem erschienen.* – Hier wäre auch **di cui** möglich; das Relativpronomen steht für eine **Sache** und ist **COI.**

Questa è **la cella dalla quale** sono fuggiti i prigionieri.
*Das ist die Zelle, aus der die Gefangenen geflohen sind.* – Hier wäre auch **da cui** möglich; das Relativpronomen ist **Ortsergänzung.**

Era **un uomo alla presenza del quale** tutti tremavano.
*Er war ein Mann, in dessen Gegenwart alle zitterten.* – Anstatt **alla presenza del quale** wäre auch **alla cui presenza** möglich.

In einigen Fällen kann **quale nicht durch che oder cui** ersetzt werden:

a) wenn dadurch Unklarheiten entstehen würden:

Ho parlato con il figlio della signora, **il quale** abita da noi.
*Ich habe mit dem Sohn der Frau gesprochen, der in unserer Nähe wohnt.* – **che** könnte sich auf **signora** beziehen.

b) wenn das Relativpronomen nicht unmittelbar auf das Beziehungswort folgt:

**Molte favole** mi ha raccontato la nonna quando ero bambino, **le quali** erano non solo divertenti ma anche istruttive.
*Als ich ein Kind war, erzählte mir die Großmutter viele Märchen, die nicht nur unterhaltsam, sondern auch lehrreich waren.*

c) zur Vermeidung der **Wiederholung von che:**

Ho saputo **che Mario, il quale** non mi ha ancora detto niente, ha deciso di partire da solo.
*Ich habe erfahren, dass Mario, der mir noch nichts gesagt hat, beschlossen hat, allein wegzufahren.*

Wenn **quale** *wie* einen **Vergleich** einleitet, steht es ohne bestimmten Artikel.

Lì troverai **piante, quali** crescono in montagna.
*Dort wirst du Pflanzen finden, wie sie im Gebirge wachsen.*

681 **quanto**
Die f. Form ist im S. ungebräuchlich, die m. Form hat die Funktion eines Neutrums (was, alles was). Es steht ohne Beziehungswort.

Farò **quanto è possibile.** *Ich werde alles tun, was möglich ist.*

**Per quanto** mi riguarda sono d'accordo. *Was mich betrifft, ich bin einverstanden.*

Im Pl. bedeutet es **diejenigen, welche** oder **so viele.**

**Quanti desiderano** iscriversi devono presentare la domanda.
*Diejenigen, die/Wer sich anmelden wollen/will, müssen/muss ein Gesuch einreichen.*

Quante pere vuoi? – Dammene **quante** ti pare.
*„Wie viele Birnen willst du?" „Gib mir so viele du willst."*

682 **dove/ove** *wo, wohin,* **donde/onde** *von wo, woher, woraus*
haben lokale Bedeutung (auch übertragen).
**Dove** wird auf allen Sprachniveaus verwendet, die anderen finden sich vor allem im It. lett.

Torno al paese **dove** sono nato.
*Ich kehre in das Dorf zurück, wo ich geboren bin.* – **dove** könnte durch **in cui** bzw. **nel quale** ersetzt werden.

Possiamo provare in tutte le occasioni **dove** non c'è pericolo.
*Wir können es bei allen Gelegenheiten versuchen, in denen keine Gefahr besteht.* – **dove** kann auch durch **nelle quali** oder **in cui** ersetzt werden.

...una piccola cena per i morti che ritornano nella casa **ove** vissero.
*...ein kleines Abendmahl für die Toten, die in das Haus zurückkehren, wo sie gelebt haben.* – **ove** wäre nicht nur durch **dove,** sondern auch durch **in cui** oder **nella quale** ersetzbar, jedoch ist **ove** die eleganteste Form.

Tornarono alla città **donde** erano venuti.
*Sie kehrten in die Stadt zurück, aus der sie gekommen waren.* – **donde** kann durch **da dove, da cui** oder **dalla quale** ersetzt werden.

683 **chi** *derjenige, welcher/jeder, der*
steht ohne Beziehungswort; es bezieht sich nur auf Personen im S.

**Chi** tace acconsente. *Wer schweigt, stimmt zu.*

Non so **con chi** partire.
*Ich weiß nicht, mit wem ich wegfahren soll.*

Anstelle von **chi** kann auch **quello che** oder das veränderliche Pronomen

| | m. | f. |
|---|---|---|
| S. | colui | colei |
| Pl. | coloro | |

**che** stehen.

**Quello/Colui** che ha molto bisogno…

684 **Der Relativsatz mit che als Mittel der Hervorhebung**

In den Beispielen

E' lui/E' l'autista **che** cercano.
*Er ist es/Der Fahrer ist es, den sie suchen.*

E' per lui/E' per il bambino **che** si agitano.
*Seinetwegen/Wegen des Kindes sind sie beunruhigt.*

bewirkt der Relativsatz **die Hervorhebung** (Betonung) **des Beziehungswortes.** Dieses kann ein Nomen oder ein Pronomen sein.

685 # Das Adjektiv und seine Erweiterungen

Die meisten Adjektive können durch ein **Nomen,** ein **Pronomen** oder einen **Infinitiv** näher bestimmt werden. Die Verbindung zwischen Adjektiv und seiner Erweiterung erfolgt durch eine Präposition.

Giovanni è **contento del suo viaggio.** *Giovanni ist mit seiner Reise zufrieden.*

Tutti sono **contenti di lui.** *Alle sind mit ihm zufrieden.*

Giovanni è **contento di partire.** *Giovanni ist froh wegzufahren.*

686 ## Die wichtigsten Adjektive mit der Präposition a

| Adjektiv | Bedeutung | Beispiel |
|---|---|---|
| **adatto** | *geeignet* | Non tutti sono **adatti ad** insegnare una lingua straniera.<br>*Nicht alle sind geeignet, eine Fremdsprache zu unterrichten.* |
| **analogo** | *analog*<br>*entsprechend* | Ci troviamo in una situazione **analoga alla** vostra.<br>*Wir befinden uns in einer Situation, die der euren analog ist.* |
| **attento** | *aufmerksam* | Sta **attento a** quello che fai! *Pass auf, was du tust!* |
| **caro** | *lieb, wert(voll)* | La salute è **cara a** tutti.<br>*Die Gesundheit ist allen wertvoll.* |
| **conforme** | *entsprechend* | Questo prodotto non è **conforme ai** nostri desideri.<br>*Dieser Artikel entspricht nicht unseren Wünschen.* |
| **contrario** | *entgegengesetzt*<br>*dagegen* | Sono assolutamente **contrario a** questa proposta.<br>*Ich bin absolut gegen diesen Vorschlag.* |
| **diretto** | *gerichtet* | Questo discorso era **diretto a** tuo fratello.<br>*Diese Rede richtete sich an deinen Bruder.* |
| **disposto** | *bereit* | Mia mamma è sempre **disposta a** tutto per aiutarmi.<br>*Meine Mutter ist immer zu allem bereit, um mir zu helfen.* |
| **essenziale** | *wesentlich* | L'ossigeno è **essenziale alla** vita.<br>*Sauerstoff ist lebenswichtig.* |
| **estraneo** | *unbeteiligt*<br>*fremd* | Il tribunale riteneva l'imputato **estraneo al** fatto.<br>*Das Gericht war der Ansicht, dass der Angeklagte an den Vorfällen unbeteiligt war.* |
| **favorevole** | *beipflichtend*<br>*günstig* | Il direttore era **favorevole alla** proposta dell'impiegato.<br>*Der Direktor war für den Vorschlag des Angestellten.* |
| **fedele** | *treu* | Il cane resta sempre **fedele al** suo maestro.<br>*Der Hund bleibt seinem Herrn immer treu.* |

| Adjektiv | Bedeutung | Beispiel |
|---|---|---|
| **grato** | *dankbar* | Sono molto **grato a tua sorella** per il gentile aiuto.<br>*Ich bin deiner Schwester für ihre liebe Hilfe sehr dankbar.* |
| **gradito** | *willkommen* | Vieni, la tua visita è sempre **gradita a** tutta la famiglia.<br>*Komm, dein Besuch ist der ganzen Familie stets willkommen.* |
| **indifferente** | *gleichgültig* | Parla così bene, non si può essere **indifferenti alle** sue parole.<br>*Er spricht so gut, man kann gegenüber seinen Worten nicht gleichgültig bleiben.* |
| **inferiore** | *geringer*<br>*unterlegen*<br>*unter* | Il raccolto non è stato **inferiore alle** previsioni.<br>*Die Ernte ist nicht hinter den Erwartungen zurückgeblieben.* |
| **necessario** | *nötig* | Il sonno è **necessario alla** nostra salute.<br>*Der Schlaf ist für unsere Gesundheit notwendig.* |
| **noto** | *bekannt* | E' un fatto **noto a** tutti.<br>*Das ist ein Faktum, das allen bekannt ist.* |
| **presente** | *anwesend* | Il segretario è **presente a** tutte le riunioni.<br>*Der Sekretär ist bei allen Versammlungen anwesend.* |
| **pronto** | *bereit* | Mia mamma è sempre **pronta ad** aiutarmi.<br>*Meine Mutter ist immer bereit, mir zu helfen.* |
| **relativo** | *entsprechend* | Il successo è **relativo allo** sforzo.<br>*Der Erfolg ist den Anstrengungen entsprechend.* |
| **sconosciuto** | *unbekannt* | L'autore di quel romanzo è **sconosciuto alla** maggioranza della gente.<br>*Der Autor jenes Romans ist den meisten Leuten unbekannt.* |
| **sensibile** | *empfindlich*<br>*empfänglich* | Quel ragazzo è molto **sensibile ai tuoi complimenti.**<br>*Dieser Junge ist sehr empfänglich für deine Komplimente.* |
| **simile** | *gleich,*<br>*ähnlich* | Questo romanzo è **simile all'**altro.<br>*Dieser Roman ist dem anderen ähnlich.* |
| **sordo** | *taub* | Gli ho parlato, ma è **sordo ai** miei argomenti.<br>*Ich habe mit ihm gesprochen, aber er hört nicht auf meine Argumente.* |
| **superiore** | *überlegen* | E' una studentessa **superiore a tutti** gli altri.<br>*Sie ist eine Studentin, die allen anderen überlegen ist.* |
| **uguale/**<br>**eguale** | *gleich* | Hai comprato un orologio **uguale al** mio.<br>*Du hast dir die gleiche Uhr gekauft wie ich.* |
| **utile** | *nützlich* | Questo attrezzo è **utile a molte** cose.<br>*Dieses Werkzeug ist für viele Sachen nützlich.* |
| **vicino** | *nahe* | Vicino al nostro giardino si trova la fermata.<br>*In der Nähe unseres Gartens befindet sich die Haltestelle.* |

687 ## Die wichtigsten Adjektive mit der Präposition da

| Adjektiv | Bedeutung | Beispiel |
|---|---|---|
| **differente** | *verschieden* | E' una donna **differente da** tutte le altre.<br>*Sie ist eine Frau, die ganz anders ist als alle anderen.* |
| **esente** | *ausgenommen*<br>*befreit* | Questo articolo è **esente da** tasse.<br>*Dieser Artikel ist von der Besteuerung ausgenommen.* |
| **immune** | *frei, immun* | Nessuno è **immune da** difetti. *Niemand ist frei von Fehlern.* |
| **indipendente** | *unabhängig* | Quel giovanotto desidera essere **indipendente dalla** famiglia.<br>*Dieser junge Mann möchte von seiner Familie unabhängig sein.* |
| **libero** | *frei* | Voglio partire, **libero da** ogni impegno.<br>*Ich möchte wegfahren, frei von jeder Verpflichtung.* |
| **lontano** | *weit (weg)* | Castelgandolfo non è **lontano** da Roma.<br>*Castelgandolfo ist nicht weit von Rom.* |

688 ## Die wichtigsten Adjektive mit der Präposition di

| Adjektiv | Bedeutung | Beispiel |
|---|---|---|
| **abbondante** | *reichlich*<br>*reich* | Il libro che ho guardato ieri è **abbondante di** citazioni.<br>*Das Buch, das ich gestern angesehen habe, ist reich an Zitaten.* |
| **bisognoso** | *bedürftig* | E' una persona **bisognosa di** affetto.<br>*Das ist ein Mensch, der sehr viel Zuwendung braucht.* |
| **capace** | *fähig* | Quando è in collera, è **capace di** tutto.<br>*Wenn er wütend ist, ist er zu allem fähig.* |
| **certo** | *sicher* | Sono assolutamente **certo di** aver ragione.<br>*Ich bin vollkommen sicher, dass ich Recht habe.* |
| **colpevole** | *schuldig* | Federico è **colpevole di** questo errore.<br>*Federico ist an diesem Irrtum schuld.* |
| **completo** | *einschließlich* | La mia macchina è costata 30 milioni, **completa di** accessori.<br>*Mein Auto hat 30 Mio. gekostet, einschließlich Sonderausstattung.* |
| **contento** | *zufrieden* | Sono **contento della** mia vita.<br>*Ich bin mit meinem Leben zufrieden.* |
| **debole** | *schwach* | La ragazza è un po' **debole di** mente.<br>*Das Mädchen ist ein wenig geistesschwach.* |
| **degno** | *würdig* | E' uno sforzo **degno di** stima.<br>*Es ist eine beachtenswerte Anstrengung.* |
| **esperto** | *erfahren* | Giovanni è **esperto di problemi** scolastici.<br>*Giovanni ist ein Fachmann für Schulprobleme.* |

| Adjektiv | Bedeutung | Beispiel |
|---|---|---|
| **felice** | *glücklich* | E' **felice di** poter partire durante le vacanze.<br>*Er ist glücklich, während der Ferien wegfahren zu können.* |
| **geloso** | *eifersüchtig* | Maria è **gelosa del** successo di suo fratello.<br>*Maria ist auf den Erfolg ihres Bruders eifersüchtig.* |
| **grato** | *dankbar* | Ti sono **grato del** tuo aiuto.<br>*Ich bin dir dankbar für deine Hilfe.* |
| **lieto** | *froh*<br>*fröhlich* | Siamo **lieti di** rivederti.<br>*Wir freuen uns, dich wiederzusehen.* |
| **malato** | *krank* | Carlo è **malato di** nervi. *Carlo ist nervenkrank.* |
| **pazzo** | *verrückt*<br>*wahnsinnig* | Carla è **pazza di** gelosia.<br>*Carla ist vor Eifersucht wahnsinnig.* |
| **pieno** | *voll* | Il cinema è **pieno di spettatori.**<br>*Das Kino ist voll von Zuschauern.* |
| **povero** | *arm* | L'Italia è **povera di** materie prime.<br>*Italien ist arm an Rohstoffen.* |
| **privo** | *...los*<br>*ohne* | E' un uomo **privo di** carattere.<br>*Er ist ein charakterloser Mensch.* |
| **responsabile** | *verantwortlich* | Alla tua età si è già **responsabili delle** proprie azioni.<br>*In deinem Alter ist man für seine Handlungen schon verantwortlich.* |
| **ricco** | *reich* | L'Italia è **ricca di** bellezze naturali.<br>*Italien ist reich an Naturschönheiten.* |
| **sano** | *gesund* | E' **sano di corpo e di mente.**<br>*Er ist geistig und körperlich gesund.* |
| **sicuro** | *sicher* | E' un uomo **sicuro di sé.**<br>*Er ist ein selbstsicherer Mensch.* |
| **sporco** | *schmutzig* | E' tornato dalla campagna **sporco di** fango.<br>*Er ist vom Land zurückgekehrt, über und über mit Schlamm bedeckt.* |
| **stanco** | *müde*<br>*überdrüssig* | Sono **stanco delle** sue prepotenze.<br>*Ich bin seines präpotenten Auftretens überdrüssig.* |
| **tipico** | *typisch* | Il Chianti è un vino **tipico della** Toscana.<br>*Der Chianti ist ein typisch toskanischer Wein.* |
| **vuoto** | *ohne*<br>*leer* | E' un discorso **vuoto di** senso.<br>*Das ist eine Rede ohne Sinn.* |

# Die Erweiterungen des verbalen Kerns beziehungsweise des ganzen Satzes

689 Der verbale Kern kann erweitert werden durch:

- Objekte (complementi)
- adverbiale Bestimmungen

Adverbiale Bestimmungen können sich sowohl auf den verbalen Kern als auch auf den ganzen Satz beziehen.

## 690 Die Objekte
(i complementi)

Man unterscheidet zwei Arten von Verben: die **transitiven Verben** (verbi transitivi) und die **intransitiven Verben** (verbi intransitivi). Die transitiven Verben können durch ein Objekt näher bestimmt werden, die intransitiven Verben hingegen können kein Objekt regieren.
Man unterscheidet **direkte Objekte** (complementi d'oggetto diretti = **COD**) und **indirekte Objekte** (complementi d'oggetto indiretti = **COI**). Die **COD** werden **ohne Präposition** direkt mit dem Verb verbunden, die **COI** werden **mittels Präposition** zum Verb hinzugefügt.
Es gibt transitive Verben, die **nur ein COD,** solche, die **nur ein COI** regieren können. Manche transitive Verben können entweder das eine oder das andere regieren, manche ein **COD und ein COI gleichzeitig.**

Accetto **il vostro invito.**
*Ich nehme eure Einladung an.* – nur **COD**

Ha accennato **a un episodio spiacevole.**
*Er hat kurz einen unangenehmen Vorfall erwähnt.* – nur **COI**

Cercavano **te.**
*Sie suchten dich.*

Cercavano **di te.**
*Sie fragten nach dir.* – **Cercare** kann entweder ein COD oder ein COI haben, nicht aber beide gemeinsam.

Ha chiesto **un libro a Maria.**
*Er hat Maria um ein Buch gebeten* – COD und COI gleichzeitig. – **Chiedere** kann auch nur ein **COI** allein regieren:

Ha chiesto **di Ada.** *Er hat nach Ada gefragt.*

691 In der folgenden Tabelle werden nun **die wichtigsten Verben mit ihren Objekten** angeführt.

| Inf.+costruzione | Bedeutung | Beispiel |
|---|---|---|
| **abituare qu. a qc.** | *jemand an etwas gewöhnen* | Hanno abituato **il piccolo al biberon.**<br>*Sie haben den Kleinen an das Fläschchen gewöhnt.* |
| **abituarsi a qc./ a qu.** | *sich an etwas/ jemanden gewöhnen* | Il piccolo si è abituato **al biberon.**<br>*Der Kleine hat sich an das Fläschchen gewöhnt.*<br>Gli abitanti si sono abituati **al rumore.**<br>*Die Bewohner haben sich an den Lärm gewöhnt.* |
| **accennare (a) qc.** | *auf etwas hinweisen, etwas andeuten* | Ha accennato **un gesto di rifiuto.**<br>*Er hat eine ablehnende Gebärde angedeutet.*<br>Ha accennato a **un episodio spiacevole.**<br>*Er hat kurz einen unangenehmen Vorfall erwähnt.* |
| **accettare qc./ qu.** | *etwas/jemanden annehmen*<br>*etwas/jemanden akzeptieren* | Accetto **il vostro invito.**<br>*Ich nehme eure Einladung an.*<br>Dobbiamo accettare **i nostri colleghi di lavoro.**<br>*Wir müssen unsere Arbeitskollegen akzeptieren.* |
| **accusare qu. di qc.** | *jemanden einer Sache beschuldigen, jemandem etwas vorwerfen* | Hanno accusato **il professore di pedanteria.**<br>*Sie haben dem Lehrer Pedanterie vorgeworfen.* |
| **aiutare qu./qc.** | *jemandem/einer Sache helfen, etwas fördern* | Aiutavo **Grazia.** *Ich half Grazia.*<br>Un buon caffè aiuta **la digestione.**<br>*Ein guter Kaffee fördert die Verdauung.* |
| **amare qu./qc.** | *lieben, gern haben* | Ugo ama **sua moglie.** *Ugo liebt seine Frau.*<br>Ermanno ama **la televisione.**<br>*Ermanno liebt das Fernsehen.* |
| **ammettere qu./ qc.** | *jemanden/etwas gelten lassen, zulassen* | Non ammette **contraddizioni.**<br>*Er lässt keine Widersprüche gelten.*<br>Non hanno ammesso **Carlo** agli esami.<br>*Sie haben Carlo nicht zu den Prüfungen zugelassen.* |
| **arrischiare qc.** | *riskieren, aufs Spiel setzen* | Arrischio **la vita.**<br>*Ich setze mein Leben aufs Spiel.* |
| **aspettare qu./qc.** | *(er)warten (auf)* | Aspetto **mio fratello.**<br>*Ich warte auf meinen Bruder.*<br>Aspetto **la partenza del treno.**<br>*Ich warte auf die Abfahrt des Zuges.* |
| **aspettarsi qc.** | *erwarten* | Mi aspetto **una telefonata da mio fratello.**<br>*Ich erwarte (mir) einen Anruf von meinem Bruder.* |
| **assicurare qc.** | *versichern, sichern* | Francesco ha assicurato **la casa** contro gli incendi.<br>*Francesco hat das Haus gegen Feuer versichert.*<br>Quell'impiego assicura **la tranquillità economica** a Francesco.<br>*Diese Anstellung bedeutet eine finanzielle Sicherstellung für Francesco.* |

| Inf.+costruzione | Bedeutung | Beispiel |
|---|---|---|
| **augurare qc. a qu.** | *wünschen* | **Gli** auguro **buona salute.**<br>*Ich wünsche ihm gute Gesundheit.* |
| **badare a qu./ qc.** | *aufpassen*<br>*sich kümmern um* | Il pomeriggio bada sempre **ai bambini.**<br>*Nachmittags passt er immer auf die Kinder auf.*<br>Mauro bada solo **ai suoi studi.**<br>*Mauro kümmert sich nur um sein Studium.* |
| **capire qu./qc.** | *etwas/jemanden verstehen* | Non capisco bene **il suo ragionamento.**<br>*Ich verstehe seine Argumentation nicht ganz.* |
| **cercare qu./qc.**<br>**cercare di qu.** | *suchen*<br>*nach jemandem fragen* | Cercano **il direttore.** *Sie suchen den Direktor.*<br>Cercano **del direttore.**<br>*Sie fragen nach dem Direktor.* |
| **cessare qc.** | *aufhören mit* | Il calzolaio ha cessato **le sue attività.**<br>*Der Schuhmacher hat mit seiner Tätigkeit aufgehört.* |
| **chiedere qc. a qu.**<br>**chiedere di qu.** | *jemanden um etwas bitten,*<br>*sich nach jemandem erkundigen* | Ha chiesto **un libro a Giuliano.**<br>*Er hat Giuliano um ein Buch gebeten.*<br>Cesare ha chiesto **di Silvia.**<br>*Cesare hat sich nach Silvia erkundigt.* |
| **comandare qu.** | *kommandieren* | Comanda **l'esercito.** *Er kommandiert das Heer.* |
| **combinare qc.** | *zusammenstellen, anrichten, zustande bringen* | Hanno combinato bene **i colori.**<br>*Sie haben die Farben gut zusammengestellt.*<br>Hanno combinato **dei guai.**<br>*Sie haben etwas Schönes angerichtet.*<br>Non ha combinato **niente.** *Er hat nichts zustande gebracht.* |
| **cominciare qc.**<br>**cominciare con/da qc.** | *anfangen,*<br>*mit/bei etwas beginnen* | Ha cominciato **un bel romanzo.**<br>*Er hat einen schönen Roman angefangen.*<br>Ha incominciato **con/da un bel romanzo.**<br>*Er hat mit/bei einem schönen Roman begonnen.* |
| **concedere qc. a qu.** | *jemandem etwas gewähren* | Il padrone ha concesso **una breve vacanza alla sua segretaria.**<br>*Der Chef hat seiner Sekretärin einen kurzen Urlaub gewährt.* |
| **condannare qu. a qc.** | *verurteilen* | Il tribunale ha condannato **l'assassino a venti anni di reclusione.**<br>*Das Gericht hat den Mörder zu 20 Jahren Kerker verurteilt.* |
| **consentire con qu.**<br>**consentire a qc.** | *zustimmen*<br>*zustimmen* | Non posso consentire **con voi.**<br>*Ich kann euch nicht zustimmen.*<br>Mio padre ha consentito **alla mia proposta.**<br>*Mein Vater hat meinem Vorschlag zugestimmt.* |
| **consigliare qu.**<br>**consigliare qc. a qu.** | *jemanden beraten,*<br>*jemandem etwas raten* | E' un dovere consigliare **gli amici.**<br>*Es ist eine Pflicht, seine Freunde zu beraten.*<br>Ho consigliato **la prudenza a mio figlio.**<br>*Ich habe meinem Sohn (zur) Vorsicht geraten.* |
| **continuare qc.** | *fortsetzen, weitermachen* | Adesso continua **la lettura del libro.**<br>*Jetzt setzt er die Lektüre des Buches fort.* |
| **contribuire a qc.** | *beitragen zu* | La mancanza di denaro contribuisce **alla sua infelicità.**<br>*Der Geldmangel trägt zu seinem Unglück bei.* |

| Inf.+costruzione | Bedeutung | Beispiel |
|---|---|---|
| **convenire a qu.**<br><br>**convenire qc.** | *in jemandes Interesse liegen,*<br>*festsetzen* | Una simile decisione conviene **a Ugo.**<br>*Eine solche Entscheidung liegt in Ugos Interesse.*<br>Abbiamo già convenuto il **prezzo della merce.**<br>*Wir haben den Preis der Ware schon festgesetzt.* |
| **convincere qu. di qc.** | *überzeugen* | Ho convinto Primo **dello sbaglio** che aveva commesso.<br>*Ich habe Primo von dem Fehler überzeugt, den er gemacht hatte.* |
| **credere a qu./qc.** | *jemandem etwas glauben, (an) etwas glauben* | Giovanni crede **a Emilio.** *Giovanni glaubt Emilio.*<br>Non crede **ai fantasmi.**<br>*Er glaubt nicht an Gespenster.* |
| **credere in qu./ qc.** | *an etwas/jemanden glauben* | Crede **in Dio.** *Er glaubt an Gott.* |
| **credere qc.** | *etwas glauben* | Non bisogna credere **tutto.**<br>*Man muss nicht alles glauben.* |
| **curarsi di qc.** | *sich um etwas kümmern* | Non si cura **delle apparenze.**<br>*Er kümmert sich nicht um den äußeren Schein.* |
| **dare qc. a qu.**<br><br><br><br>**darsi a qc.** | *jemandem etwas geben,*<br>*jemanden etwas nennen,*<br>*sich einer Sache widmen* | Il padre ha dato **un po' di denaro ai figli.**<br>*Der Vater hat seinen Kindern etwas Geld gegeben.*<br>La madre ha dato **del birbone a suo figlio.**<br>*Die Mutter hat ihren Sohn einen Schlingel genannt.*<br>Si è dato **alla musica.**<br>*Er hat sich der Musik gewidmet.* |
| **decidere qc.** | *beschließen* | Abbiamo già deciso **il giorno della partenza.**<br>*Wir haben den Tag der Abreise schon beschlossen.* |
| **desiderare qc.** | *wünschen, mögen* | L'ospite desidera **un bicchiere di vino.**<br>*Der Gast möchte ein Glas Wein.* |
| **destinare qc./ qu. a qc./qu.** | *bestimmen, zuweisen* | La direzione ha destinato **l'incasso di oggi a beneficenza.**<br>*Die Direktion hat die heutigen Einnahmen für wohltätige Zwecke bestimmt.*<br>I genitori hanno destinato **il figlio al sacerdozio.**<br>*Die Eltern haben ihren Sohn zum Priestertum bestimmt.*<br>Il capo ha destinato **il nuovo impiegato al reparto spedizioni.**<br>*Der Chef hat den neuen Angestellten der Versandabteilung zugewiesen.* |
| **determinare qc.** | *entscheiden über* | Il brutto tempo ha determinato **la nostra sorte.**<br>*Das schlechte Wetter hat über unser Schicksal entschieden.* |
| **dimenticare qu./qc.** | *vergessen* | Ha dimenticato **il libro** a casa.<br>*Er hat das Buch zu Hause vergessen.* |
| **dimenticarsi di qc./qu.** | *nicht mehr an etwas denken* | Si è completamente dimenticato **del libro.**<br>*Er hat überhaupt nicht mehr an das Buch gedacht.* |
| **dimostrare qc. a qu./per qc.** | *zeigen* | La famiglia italiana ha dimostrato **molta simpatia a mio figlio/per le sue attività.**<br>*Die italienische Familie hat sehr viel Sympathie für unseren Sohn/für seine Aktivitäten gezeigt.* |

| Inf.+costruzione | Bedeutung | Beispiel |
|---|---|---|
| **dimostrare qc.** | *darlegen, beweisen* | Ha dimostrato **la giustezza della sua teoria.**<br>*Er hat die Richtigkeit seiner Theorie dargelegt.* |
| **dire qc. a qu.** | *zu jemandem etwas sagen* | Il professore ha detto **alcune parole all'alunno.**<br>*Der Lehrer hat einige Worte zum Schüler gesagt.* |
| **disperare di qc.**<br><br>**disperarsi per qc.** | *die Hoffnung aufgeben*<br>*verzweifeln an* | Dispero **del suo successo.**<br>*Ich habe keine Hoffnung mehr, dass er Erfolg haben wird.*<br>Il giovane studente si dispera **per la bocciatura.**<br>*Der junge Student verzweifelt, weil er durchgefallen ist.* |
| **disporre qc. per qc.**<br>**disporsi a qc.** | *vorbereiten, sich auf etwas vorbereiten* | Ha disposto **tutto per la partenza.**<br>*Er hat alles für die Reise vorbereitet.*<br>Si dispone **alla partenza.** *Er bereitet sich auf die Abreise vor.* |
| **divertire qu.**<br><br>**divertirsi a qc.** | *unterhalten/gefallen*<br>*etwas gern mögen* | Questo gioco diverte **i bambini.**<br>*Dieses Spiel gefällt den Kindern*<br>Si diverte **agli scherzi.** *Er mag Scherze.* |
| **domandare qc. a qc.** | *jemanden um etwas fragen, etwas von jemandem verlangen* | Ho domandato **il prezzo al venditore.**<br>*Ich habe den Verkäufer nach dem Preis gefragt.*<br>Ho domandato **una stoffa rossa alla venditrice.**<br>*Ich habe von der Verkäuferin einen roten Stoff verlangt.* |
| **domandare di qu.** | *nach jemandem fragen* | Sandro ha telefonato per domandare **di te.**<br>*Sandro hat angerufen, um nach dir zu fragen.* |
| **dubitare di qu./qc.** | *zweifeln an* | Dubito **del nuovo impiegato.**<br>*Ich zweifle an dem neuen Angestellten.*<br>Dubito **delle mie proprie forze.**<br>*Ich zweifle an meinen eigenen Kräften.* |
| **escludere qu./qc.** | *ausschließen* | Si esclude **una tale ipotesi.**<br>*Eine derartige Hypothese ist auszuschließen.*<br>Hanno escluso **il candidato dalla gara.**<br>*Sie haben den Sportler vom Wettkampf ausgeschlossen.* |
| **fare qc.** | *machen/tun* | Minella fa **la minestra.** *Minella macht/bereitet die Suppe.*<br>Pancrazio fa **il furbo.** *Pancrazio spielt den Schlauen.*<br>Girolamo fa **il medico.** *Girolamo ist Arzt.* |
| **fingere qc.** | *sich stellen, etwas vorgeben* | Finge **la sordità.**<br>*Er stellt sich taub./Er gibt Taubheit vor.* |
| **finire qc.** | *beenden, fertig...* | Franco finisce **la lettera.** *Franco schreibt den Brief fertig.* |
| **forzare qu.**<br><br>**forzare qc.** | *zwingen*<br><br>*etwas mit Gewalt tun* | Hanno forzato **Giovanni** a studiare musica.<br>*Sie haben Giovanni gezwungen, Musik zu studieren.*<br>I ladri hanno forzato **la porta.**<br>*Die Diebe haben die Tür aufgebrochen.* |
| **giocare a qc.**<br><br>**giocare qc.** | *(ein Spiel) spielen*<br><br>*aufs Spiel setzen ausspielen* | I bambini giocano **a scacchi/a pallone.**<br>*Die Kinder spielen Schach/Ball.*<br>In questa impresa ci giochi **la vita.**<br>*Bei dieser Unternehmung setzt du dein Leben aufs Spiel.*<br>Ha giocato **mille lire.**<br>*Er hat tausend Lire eingesetzt.* |

| Inf.+costruzione | Bedeutung | Beispiel |
|---|---|---|
| **giocarsi qc.** | *verspielen, verlieren* | Ha vinto giocando **l'ultimo asso.**<br>*Er hat gewonnen, indem er das letzte Ass ausspielte.*<br>Si è giocato **quel bel posto.**<br>*Er hat diese gute Stellung (durch eigene Schuld) verloren.* |
| **godere di qc.**<br>**godere qc.** | *genießen*<br>*genießen, sich einer Sache erfreuen* | I politici godono **di molti privilegi.**<br>*Die Politiker genießen viele Privilegien.*<br>Gode **ottima salute.**<br>*Er erfreut sich bester Gesundheit.* |
| **godersi qc.** | *genießen* | Mi godo **la vita.**<br>*Ich genieße das Leben.* |
| **guardare qc./qu.**<br>**guardare a qc.** | *anschauen, bewachen*<br>*auf etwas schauen, sich kümmern um* | Ho guardato **le fotografie delle ultime vacanze.**<br>*Ich habe die Fotos der letzten Ferien angesehen.*<br>Non guardare **alle spese.**<br>*Schau nicht auf die Ausgaben.*<br>Guarda **ai fatti propri.**<br>*Kümmere dich um deine eigenen Angelegenheiten.* |
| **guardarsi da qc./qu.** | *sich hüten vor* | Guardati **dalle correnti d'aria.**<br>*Hüte dich vor Zugluft.* |
| **imparare qc. da qu.** | *etwas von jemandem lernen* | Il piccino ha imparato **il gioco da suo padre.**<br>*Der Kleine hat das Spiel von seinem Vater gelernt.* |
| **imporre qc. a qu.** | *jemandem etwas auferlegen* | **Ci** hanno imposto **quell'obbligo.**<br>*Sie haben uns diese Verpflichtung auferlegt.* |
| **incaricare qu. di qc.** | *jemanden mit etwas betrauen* | Ha incaricato **la sua segretaria di un lavoro speciale.**<br>*Er hat seine Sekretärin mit einer besonderen Aufgabe betraut.* |
| **incoraggiare qu. a qc.** | *jemanden zu etwas ermutigen* | L'allenatore ha incoraggiato **la squadra alla perseveranza.**<br>*Der Trainer hat die Mannschaft zur Ausdauer ermutigt.* |
| **intendersi di qc.** | *etwas von einer Sache verstehen* | Mio padre s'intende **di musica.**<br>*Mein Vater kennt sich in der Musik aus.* |
| **interessarsi a qc./qu.**<br>**interessarsi di qc.** | *sich interessieren für*<br>*sich mit etwas befassen* | Non s'interessa **alla matematica.**<br>*Er interessiert sich nicht für Mathematik.*<br>Non si interessa **di matematica.**<br>*Er befasst sich nicht mit Mathematik.* |
| **invitare qu. a qc.** | *jemanden zu etwas einladen* | Hanno invitato **tutti gli abitanti alla festa.**<br>*Sie haben alle Bewohner zum Fest eingeladen.* |
| **lasciare qu./qc.** | *verlassen* | Abbiamo lasciato **l'Italia** un mese fa.<br>*Wir haben Italien vor einem Monat verlassen.* |
| **lasciare qc. a qu.** | *übrig lassen* | Ha lasciato **una bottiglia al suo amico.**<br>*Er hat seinem Freund eine Flasche übrig gelassen.* |
| **mancare a qu.** | *jemandem fehlen* | **Gli** manca la forza.<br>*Es fehlt ihm die Kraft.* |
| **mancare di qc.** | *fehlen an* | Egli manca **di forza.**<br>*Es fehlt ihm an Kraft.* |
| **mancare a qc.** | *vernachlässigen* | Non bisogna mancare **ai propri doveri.**<br>*Man darf seine Pflichten nicht vernachlässigen.* |

| Inf.+costruzione | Bedeutung | Beispiel |
|---|---|---|
| **meravigliarsi a qc./di qc./ di qu.** | *sich über etwas/ jemanden wundern staunen* | **Si** è meravigliato **a quello spettacolo.**<br>*Er war über diesen Anblick verwundert.*<br>Si è meravigliata **di suo marito.**<br>*Sie war über ihren Gatten verwundert.*<br>Mit **a** wird ein völlig unerwartetes Ereignis ausgedrückt, mit **di** ein nicht den Erwartungen entsprechendes. |
| **mettersi a qc.** | *sich an etwas machen* | Mettiti **al lavoro!**<br>*Mach dich an die Arbeit!* |
| **obbligare qu. a qc.** | *jemanden zu etwas zwingen* | Hanno obbligato **il prigioniero** al **silenzio.**<br>*Sie haben den Gefangenen zum Stillschweigen gezwungen.* |
| **occuparsi di qu./di qc.** | *sich mit jemandem/etwas beschäftigen* | Aldo si occupa **dei bambini.**<br>*Aldo beschäftigt/befasst sich mit den Kindern.*<br>(auch: *kümmert sich um die Kinder*)<br>Emilio si occupa **di letteratura.**<br>*Emilio beschäftigt sich mit Literatur.* |
| **offrire qc. a qu.** | *jemandem etwas anbieten* | Sofia offrì **un caffè al suo ospite.**<br>*Sofia bot ihrem Gast Kaffee an.* |
| **pagare qc./qu.** | *bei jemandem bezahlen, jemanden bezahlen* | Ho pagato **il cameriere.**<br>*Ich habe beim Kellner bezahlt.*<br>*Ich habe den Kellner bezahlt.* |
| **pagare qc. a qu.** | *etwas bei jemandem bezahlen, jemandem etwas bezahlen* | Ho pagato **il pranzo al cameriere.**<br>*Ich habe das Essen beim Kellner bezahlt.*<br>Ho pagato **il pranzo al mio amico.**<br>*Ich habe meinem Freund das Essen bezahlt.* |
| **parlare a/con qu. di qc.** | *mit jemandem über etwas sprechen* | Ho parlato **coll'architetto della trasformazione della casa.**<br>*Ich habe mit dem Architekten über den Umbau des Hauses gesprochen.* |
| **parlare di/su qc./qu.** | *einen Vortrag halten über* | Lo studioso **parlò su/di** Dante.<br>*Der Wissenschaftler sprach über Dante.* |
| **pensare a qu./qc.** | *an jemanden/ etwas denken* | Penso sempre **a te.**<br>*Ich denke immer an dich.* |
| **pensare qc./qu.** | *über etwas/jemanden nachdenken* | Ho pensato a lungo **la risposta** che dovevo dare.<br>*Ich habe lange über die Antwort, die ich geben sollte, nachgedacht.* |
| **permettere qc. a qu.** | *jemandem etwas erlauben* | Non abbiamo permesso **il viaggio ai nostri bambini.**<br>*Wir haben unseren Kindern die Reise nicht erlaubt.* |
| **permettersi qc.** | *sich etwas leisten, sich etwas erlauben* | Non posso permettermi **una tale spesa.**<br>*Ich kann mir eine solche Ausgabe nicht leisten.* |
| **perdonare a qu.** | *jemandem verzeihen* | **Gli** ho già perdonato.<br>*Ich habe ihm schon verziehen.* |
| **perdonare qc. a qu.** | *jemandem etwas verzeihen* | Ho perdonato **gli insulti al mio vicino.**<br>*Ich habe meinem Nachbarn die Beleidigungen verziehen.* |
| **perdonare qu. di qc.** | *jemandem etwas verzeihen* | **Lo** perdono **del male** che mi ha fatto.<br>*Ich verzeihe ihm das Leid, das er mir angetan hat.* |
| **persuadere qu. di qc.** | *jemanden überzeugen* | L'ultima opera dell'artista ha persuaso **i critici.**<br>*Das letzte Werk des Künstlers hat die Kritiker überzeugt.* |

| Inf.+costruzione | Bedeutung | Beispiel |
|---|---|---|
| **persuadere qu. di qc.** | *jemanden überzeugen/zu etwas bringen* | Ho persuaso **il segretario del suo errore.**<br>*Ich habe den Sekretär dazu gebracht, seinen Fehler einzusehen.* |
| **preferire qu. a. qu.** | *jemanden lieber haben/vorziehen* | Paola ha preferito **Bruno al suo rivale.**<br>*Paola hat Bruno seinem Rivalen vorgezogen.* |
| **preferire qc./qu. (a qc) qu.** | *etwas/jemanden lieber haben* | Preferisco **un gelato (a un caffè).**<br>*Ich nehme lieber Eis (als Kaffee).* |
| **prestare qc. a qu.** | *jemandem etwas leihen* | Franco ha prestato **centomila lire a suo fratello.**<br>*Franco hat seinem Bruder hunderttausend Lire geliehen.* |
| **prestarsi a qc.** | *Anlass geben zu* | Un tale atteggiamento può prestarsi **a un malinteso.**<br>*Eine derartige Haltung kann Anlass zu Missverständnissen geben.* |
| **pretendere qc. da qu.** | *etwas verlangen* | Pretende **centomila lire** per un lavoro fatto male.<br>*Er verlangt hunderttausend Lire für eine schlecht gemachte Arbeit.* |
| **proporre qc. a qu.** | *jemandem etwas vorschlagen* | Il capo dello stato ha proposto **una tregua al suo nemico.**<br>*Das Staatsoberhaupt hat seinem Feind einen Waffenstillstand vorgeschlagen.* |
| **proteggere qu./qc. da qu./qc.** | *jemanden/etwas vor jemandem/etwas schützen* | La polizia protegge **la popolazione dai malviventi.**<br>*Die Polizei schützt die Bevölkerung vor den Übeltätern.*<br>Il minio protegge **il ferro dalla ruggine.**<br>*Das Minium schützt Eisen vor Rost.* |
| **raccomandare qc./qu. a qu.** | *jemandem etwas/jemanden ans Herz legen* | **Ti** raccomando **Roberta.**<br>*Kümmere dich um Roberta.*<br>**Ti** raccomando **la mia macchina fotografica.**<br>*Pass auf meinen Fotoapparat auf.* |
| **rassegnarsi a qc.** | *sich mit etwas abfinden* | Il ferito si è rassegnato **alla sua infermità.**<br>*Der Verletzte hat sich mit seiner Invalidität abgefunden.* |
| **ricordare qc./qu.** | *sich an etwas/jemanden erinnern* | Non mi ricordo **quel giorno.**<br>*Ich erinnere mich nicht an diesen Tag.* |
| **ricordare qu. a qu.**<br>**qc. a qu.**<br>**ricordarsi di qc./qu.** | *jemand an etwas erinnern*<br>*jemand an jemanden erinnern*<br>*sich an etwas/jemanden erinnern* | Non ricorda**mi quello strano tipo!**<br>*Erinnere mich nicht an diesen komischen Kerl!*<br>Ricordò **la promessa a suo padre.**<br>*Er erinnerte seinen Vater an sein Versprechen.*<br>Mi ricordo **dei giorni più felici.**<br>*Ich erinnere mich an die glücklicheren Tage.* |
| **ridurre qu. a qc.** | *jemanden zu etwas bringen/zu etwas zwingen* | Hanno ridotto **il prigioniero al silenzio.**<br>*Sie haben den Gefangenen zum Schweigen gebracht.* |
| **rinunciare a qc.** | *auf etwas verzichten* | Malato, dovette rinunciare **al fumo.**<br>*Da er krank war, musste er aufs Rauchen verzichten.* |
| **rispondere a qu.**<br>**rispondere a qc.** | *jemandem zurückreden*<br>*auf etwas antworten* | Non rispondere **ai genitori!**<br>*Man redet den Eltern nicht zurück!*<br>Non ho ancora risposto **alla tua lunga lettera.**<br>*Ich habe auf deinen langen Brief noch nicht geantwortet.* |

| Inf.+costruzione | Bedeutung | Beispiel |
|---|---|---|
| **rispondere di qu./qc.** | *für jemanden die Verantwortung übernehmen* | Non rispondo **di questo giovanotto.**<br>*Ich übernehme für diesen jungen Mann die Verantwortung nicht.* |
| **sapere qc.**<br>**sapere di qu./qc.**<br>**sapere di qc.** | *etwas können*<br>*von jemandem etwas wissen*<br>*nach etwas schmecken* | Sa **l'italiano.** *Er kann Italienisch.*<br>Sa **di te.** *Er weiß von dir.*<br>Questo vino sa **di tappo.** *Dieser Wein schmeckt nach Kork.* |
| **sbagliare qc.** | *sich irren* | Ho sbagliato **porta.** *Ich habe mich in der Tür geirrt.* |
| **scommettere qc.** | *um etwas wetten* | Ha scommesso **una grossa somma.**<br>*Er hat um eine große Summe gewettet.* |
| **sconsigliare qc. a qu.** | *jemandem von etwas abraten* | I genitori **gli** hanno sconsigliato **il viaggio.**<br>*Seine Eltern haben ihm von der Reise abgeraten.* |
| **scusarsi con qu. di qc.** | *sich bei jem. für etw. entschuldigen* | Mi sono scusato **con lui del ritardo.**<br>*Ich habe mich bei ihm für die Verspätung entschuldigt.* |
| **scusare qc.** | *etwas entschuldigen* | Scusi **l'obiezione!** *Entschuldigen Sie den Einwand!* |
| **sentire qc.** | *etwas fühlen*<br>*etwas hören* | Sento **la morte che si avvicina.**<br>*Ich fühle den herannahenden Tod.*<br>Sento **un rumore.** *Ich höre ein Geräusch.* |
| **servire a qu./qc.** | *jemandem/einer Sache nützen* | E' un incidente che serve **al governo.**<br>*Das ist ein Vorfall, der der Regierung nützt.* |
| **servire qu.** | *jemandem dienen, in jemandes Dienst stehen* | E' un tecnico che serve **il governo.**<br>*Er ist ein Techniker im Dienst der Regierung.* |
| **servire qc. a qu.** | *jemandem etwas servieren* | Il cameriere serve **il menù ai turisti.**<br>*Der Kellner serviert den Touristen das Menü.* |
| **sfuggire a qu.**<br>**sfuggire qu.** | *vor jem. flüchten*<br>*jemandem ausweichen* | Sfuggì **alla polizia.** *Er floh vor der Polizei.*<br>Sfugge **la sua vecchia fidanzata.**<br>*Er weicht seiner früheren Verlobten aus.* |
| **soffrire qc.**<br>**soffrire di qc.** | *unter etwas leiden*<br>*an etwas leiden* | Soffre **il grande caldo.** *Er leidet unter der großen Hitze.*<br>Alessandro soffre **di allergia.**<br>*Alessandro leidet an einer Allergie.* |
| **sperare qc.** | *auf etwas hoffen* | Da anni Luigi spera **una promozione.**<br>*Luigi hofft seit Jahren auf eine Vorrückung.* |
| **sperare qc. da qu.** | *etwas von jemandem erwarten* | Spero **un regalo dal mio amico.**<br>*Ich erwarte mir ein Geschenk von meinem Freund.* |
| **succedere a qu./qc.** | *auf jemanden folgen*<br>*auf etwas folgen* | **A Vittorio Emanuele II** successe Umberto I.<br>*Auf Vittorio Emanuele II. folgte Umberto I.*<br>**Alla tempesta** successe **una grande bonaccia.**<br>*Auf den Sturm folgte eine große Flaute.* |
| **suggerire qc. a qu.** | *jemandem etwas empfehlen*<br>*jemanden auf etwas bringen* | Il segretario suggerì **una buona soluzione al direttore.**<br>*Der Sekretär brachte den Chef auf eine gute Lösung.* |

| Inf.+costruzione | Bedeutung | Beispiel |
|---|---|---|
| **temere qu./qc.** | *sich vor jemandem/etw. fürchten* | Mio figlio teme **le vespe.**<br>*Mein Sohn fürchtet sich vor Wespen.* |
| **tenere qc.** | *halten* | Attento, tengo **un bicchiere** in mano.<br>*Achtung, ich halte ein Glas in der Hand.* |
| **tenerci a qc.** | *großen Wert legen auf* | Ci tengo molto **a questo libro.**<br>*Ich lege großen Wert auf dieses Buch.* |
| **tentare qc.** | *etwas versuchen* | Dobbiamo tentare **un'altra soluzione.**<br>*Wir müssen eine andere Lösung versuchen.* |
| **tentare qu.** | *jemanden verlocken* | Questa offerta ha tentato **mio marito.**<br>*Dieses Angebot hat meinen Mann verlockt.* |
| **toccare qu./qc.** | *jemanden/etwas berühren* | Non toccare **la merce!**<br>*Ware nicht berühren!* |
| **toccare a qu.** | *an der Reihe sein* | Tocca **a lui!** *Er ist an der Reihe!* |
| **vantare qc. di qu.** | *loben, rühmen* | Il padrone ha vantato **i meriti del suo collaboratore.**<br>*Der Chef hat die Verdienste seines Mitarbeiters gelobt.* |
| **vantare qc.** | *sich rühmen* | La nostra città vanta **molti splendidi monumenti.**<br>*Unsere Stadt kann sich vieler herrlicher Baudenkmäler rühmen.* |
| **vantarsi di qc.** | *auf etwas stolz sein mit etwas großtun* | Si vanta continuamente **delle sue ricchezze.**<br>*Er tut die ganze Zeit mit seinem Reichtum groß.* |
| **vergognarsi di qc./di qu.** | *sich einer Sache/jem. schämen* | Si vergogna **del suo comportamento.**<br>*Er schämt sich seines/für sein Verhalten(s).* |
| **vietare qc. a qu.** | *jemandem etwas verbieten* | Il poliziotto ha vietato **l'ingresso al passante.**<br>*Der Polizist hat dem Passanten den Eintritt verwehrt.* |

692 # Die adverbiale Bestimmung
(l'avverbiale)

Die adverbiale Bestimmung kann folgende Formen haben:

**Adverb** (avverbio) und **adverbiale Wendung** (locuzione avverbiale)
**Gerundio**
**Adverbialsatz** (proposizione avverbiale)

Siamo arrivati **tardi.** *Wir sind spät angekommen.* – Adverb

È arrivato **all'improvviso.**
*Er ist unerwartet aufgetaucht.* – Adverbiale Wendung

Gli ha fatto il servizio **per simpatia.**
*Sie hat ihm den Dienst aus Sympathie erwiesen.* – per + Nomen

Me l'ha detto **ridendo.** *Er hat es mir lachend gesagt.* – Gerundio

Verrò **quando potrò.**
*Ich werde kommen, wann ich kann.* – Adverbialsatz: Temporalsatz

693 # Das Adverb

Das Adverb ist unveränderlich.
Nach der Art der Bildung unterscheidet man:

a) ursprüngliche (einfache) Adverbien: già *schon*, volentieri *gern*, subito *plötzlich...*

b) zusammengesetzte Adverbien: adagio *langsam*, domani *morgen*, insieme *gemeinsam*, persino *sogar...*

c) abgeleitete Adverbien:

von einem Nomen oder einem Verb mit der Endung **-oni:**

ginocchio – ginocchi**oni** *auf den Knien*

ruzzolare – ruzzol**oni** *rollend*

Auf diese Weise können heute keine Adverbien mehr abgeleitet werden.

von einem Adjektiv mit der Endung **-mente:**

felice – felice**mente,** silenzioso – silenzios**amente**

94 **Die Bildung des Adverbs auf -mente**

Von den meisten Adjektiven kann ein Adverb auf **-mente** gebildet werden, und zwar wie folgt:

95 a) von Adjektiven, die im S. nur eine Form haben: die Endung **-mente** wird an die Singularform angehängt.

felice – felice**mente** *glücklich, glücklicherweise*
dolce – dolce**mente** *sanft*
recente – recente**mente** *kürzlich, unlängst*

Bei Adjektiven auf **-le** und **-re** fällt das **-e** der Endung weg:

genti**le** – gentil**mente** *freundlich, nett*
particola**re** – particolar**mente** *besonders*

96 b) von Adjektiven, die eine **f. Form auf -a** haben, wird die Endung an diese f. Form angefügt.

certo/**a** – cert**amente** *sicher, gewiss*
rapido/**a** – rapid**amente** *rasch, schnell*

97 c) Sonderbildungen:

benevolo – benevol**mente** *wohlwollend*
leggero – legger**mente** *leicht*
violento – violent**emente** *heftig*

98 Einige Adjektive bilden **unregelmäßige Adverbien**

buono – **bene** *gut*
cattivo – **male** *schlecht, böse*
migliore – **meglio** *besser*
peggiore – **peggio** *schlechter*

99 Einige Adjektive werden in ihrer **m. Form als Adverbien** verwendet. Dieser Gebrauch ist meist an stehende Wendungen gebunden.

| | | |
|---|---|---|
| **forte** | parlare **forte** | *laut sprechen* |
| **chiaro** | parlare **chiaro** | *deutlich sprechen* |
| **alto** | mirare **alto** | *hoch hinaus wollen* |
| | tener **alto** | *jemanden/etwas schätzen* |
| | volare **alto** | *hoch fliegen (auch übertragen)* |
| **falso** | cantare **falso** | *falsch singen* |
| | suonare **falso** | *falsch spielen (Instrument)* |
| **giusto** | cantare **giusto** | *richtig singen* |
| | contare **giusto** | *richtig zählen/rechnen* |
| | suonare **giusto** | *richtig spielen (Instrument)* |

| | | |
|---|---|---|
| **fermo** | tenere **fermo** | *stillhalten, nicht nachgeben* |
| **diritto** | camminare **diritto**<br>andare **diritto** | *gerade gehen* |
| **fisso** | guardare **fisso** | *starr anschauen* |
| **guercio** | guardare **guercio** | *schielen* |
| **piano** | parlare **piano** | *leise sprechen* |
| **sodo** | lavorare **sodo** | *hart arbeiten* |
| **svelto** | parlare **svelto** | *rasch sprechen* |
| **presto** | tornare **presto** | *bald zurückkommen* |
| **leggero** | vestirsi **leggero**<br>(auch: leggermente) | *sich leicht anziehen* |
| **pesante** | vestirsi **pesante** | *sich warm anziehen* |

**700** Oft besteht zwischen dem adverbial gebrauchten Adjektiv und dem Adverb ein Bedeutungsunterschied:

parlare **italiano** *Italienisch sprechen*
parlare **italianamente** *auf italienische Art, wie ein Italiener sprechen*
parlare **forte** *laut sprechen*
parlare **fortemente** *mit Begeisterung sprechen*

**701** Bezieht sich die Bestimmung nicht auf das Verb, sondern eindeutig auf das **Subjekt** oder **Objekt,** so steht das **Adjektiv.**

**Questa azione** gli costa **cara.** *Diese Tat kommt ihn teuer zu stehen.*
**I bambini** si allontanarono **zitti zitti.** *Die Kinder entfernten sich ganz leise.*

**702** Neben der Bildung auf **-mente** finden sich noch folgende periphrastische Formen:

**di + Adjektiv**

**alla + Eigennamen oder abgeleitetes f. Adjektiv**

**in + Adjektiv**

| | | |
|---|---|---|
| recente | recentemente | di recente *unlängst* |
| continuo | continuamente | di continuo *fortwährend* |
| nuovo | nuovamente | di nuovo *noch einmal* |

La saluto **nuovamente/di nuovo.**
*Ich begrüße Sie nochmals.* – Die Form **di nuovo** ist eleganter.

bistecca **alla fiorentina** *Schnitzel auf Florentiner Art*
miele **all'inglese** *Honig auf englische Art*
Spaghetti **alla Edoardo** *Spaghetti in der Art Edoardos*
Questo lavoro è stato fatto **alla svelta.** *Diese Arbeit wurde in aller Hast gemacht.*

| | | |
|---|---|---|
| breve | brevemente | in breve *kurz* |
| succinto | succintamente | in succinto *in aller Kürze* |

Le espongo **succintamente/in succinto** le mie ragioni.
*Ich lege Ihnen in aller Kürze meine Gründe dar.*

03 Bei einigen Adjektiven besteht zwischen der Bildung auf **in** und der Bildung auf **-mente** ein Bedeutungsunterschied.

basso *niedrig, gemein* – bassamente *niedrig, gemein* – in basso *unten*

Ada si è comportata **bassamente.** *Ada hat sich gemein benommen.*

La cucina si trova **in basso.** *Die Küche liegt unten.*

04 Oft steht anstelle des Adverbs auf **-mente** das vom Adjektiv abgeleitete **Nomen mit der Präposition con.**

disperato – disperatamente – **con disperazione**

Quando il bambino vide il suo cagnolino malato si mise a piangere **disperatamente/con disperazione.**
*Als das Kind sein krankes Hündchen sah, begann es herzzerreißend zu weinen.*

## 05 Die Vergleichsformen des Adverbs

(la comparazione dell'avverbio)

Die meisten Adverbien der Art und Weise (s. 694 ff.) sowie einige andere Adverbien (vor allem Temporaladverbien) bilden Vergleichsformen wie die Adjektive (s. 196).

06 **Die Gleichheitsstufe** (comparativo di uguaglianza)

(tanto) + Adverb + quanto/come

Giacomo corre **(tanto) velocemente quanto/come** Giulio.
*Giacomo läuft (eben)so schnell wie Giulio.*

Emilio viene a vederci **(tanto) raramente quanto/come** il suo amico.
*Emilio kommt uns genauso selten besuchen wie sein Freund.*

707 **Der Komparativ** (il comparativo)

Es gibt die Mehrstufe (comparativo di maggioranza) und die Minderstufe (comparativo di minoranza). Die Mehrstufe wird gebildet, indem man dem Adverb **più** voranstellt, die Minderstufe wird gebildet, indem man dem Adverb **meno** voranstellt.

raramente – **più raramente** *seltener*
– **meno raramente** *weniger selten*

Vedo Emilio **meno raramente** che suo fratello.
*Ich sehe Emilio weniger selten als seinen Bruder.*

708 **Der Superlativ** (il superlativo)

709 Der **relative Superlativ** ist formal mit dem Komparativ identisch.

Carlo corre **più velocemente** di Maria.
*Carlo läuft schneller als Maria.*

Chi corre **più velocemente?**
*Wer läuft schneller/am schnellsten?* – Hier entscheidet der Zusammenhang, ob es sich um einen Komparativ oder um einen Superlativ handelt.

Chi corre **più velocemente di voi tutti?**
*Wer läuft am schnellsten von euch allen?*

710 **Der absolute Superlativ** wird wie folgt gebildet.

a) Bei den Adverbien, die nicht auf **-mente** enden, fügt man **-issimo** an den Stamm.

presto – prest**issimo** *sehr schnell*

Carlo torna **prestissimo.** *Carlo kommt sehr rasch zurück.*

b) Bei den von Adjektiven abgeleiteten Adverbien fügt man **-mente** an den **absoluten Superlativ der f. Form des Adjektivs** an.

veloce – veloc**issimo/a** – velocissim**amente**

Carlo corre **velocissimamente.** *Carlo läuft äußerst schnell.*

711 Unregelmäßige Vergleichsformen:

| | | |
|---|---|---|
| bene | meglio | ottimamente/benissimo |
| male | peggio | pessimamente/malissimo |
| grandemente | maggiormente | massimamente/massimo |
| molto | più | moltissimo |
| poco | meno | pochissimo |
| assai | più | assaissimo |

12 ## Die Funktionen des Adverbs

Die Adverbien beziehen sich auf

13 a) einen ganzen Satz.

**Certamente,** Mario abita in questa casa.
*Sicherlich wohnt Mario in diesem Haus.*

14 b) eine Verbalgruppe (ein Verb).

Carlo corre **velocemente.** *Carlo läuft schnell.*

15 c) eine Nominalgruppe (ein Nomen).

La **quasi totalità** degli alunni fa errori di ortografia.
*Fast die Gesamtheit der Schüler macht Rechtschreibfehler.*

16 d) ein Adjektiv.

Sono **molto lieto** di fare la sua conoscenza.
*Ich freue mich sehr, ihre Bekanntschaft zu machen.*

Il suo arrivo ci è **particolarmente gradito.**
*Ihr Kommen ist uns äußerst angenehm.*

17 e) ein Adverb.

Il gruppo è arrivato **troppo tardi.**
*Die Gruppe ist zu spät angekommen.*

Carlo viene **assai raramente** a vederci.
*Carlo kommt sehr selten zu Besuch.*

18 Die nähere Bestimmung eines Adverbs auf **-mente** durch ein anderes Adverb auf **-mente** ist unzulässig.

Correva in **maniera straordinariamente veloce.**
(Nicht: *Correva straordinariamente velocemente!)
*Er lief außergewöhnlich schnell.*

19 ## Die Einteilung der Adverbien nach ihrer Bedeutung

20 ### Die Adverbien der Art und Weise

Sie bestimmen die Art und Weise, in der eine Handlung abläuft. Es sind dies vor allem die Adverbien auf **-mente,** die meisten anderen abgeleiteten Adverbien (s. 694 ff.) und die folgenden einfachen Adverbien.

| Adverb | Übersetzung | Beispiel |
|---|---|---|
| **adagio** | *langsam, gemächlich* | Cammina **adagio,** se no, caschi!<br>*Geh langsam, sonst fällst du!* |
| **apposta** | *absichtlich* | Non l'ho fatto **apposta!**<br>*Ich habe es nicht absichtlich gemacht!*<br>Sono venuto **apposta** per lui.<br>*Ich bin nur seinetwegen gekommen.* |
| **così** | *so* | Non rispondere **così** a tuo padre!<br>*So antwortest du deinem Vater nicht!* |
| **piano** | *langsam, vorsichtig, sanft, leise* | Bisogna andarci **piano** con lui.<br>*Mit ihm muss man behutsam umgehen.* |
| **presto** | *früh, schnell* | Ha fatto **presto** a cambiar idea.<br>*Er hat seine Meinung schnell geändert.* |
| **volentieri** | *gern* | Teresa studia **volentieri.**<br>*Teresa studiert gern.*<br>Vuoi uscire a fare due passi? – **Volentieri.**<br>*„Möchtest du ein paar Schritte spazieren gehen?" „Gern."* |

721 **Die Temporaladverbien** (avverbi di tempo)

Die Temporaladverbien geben an, in welcher Zeit und zu welchem Zeitpunkt eine Handlung abläuft. Sie stellen zudem Zeitbezüge her. Dabei kann es sich um Bezüge zu Zeitpunkten außerhalb des Textes und zu solchen innerhalb des Textes handeln.

722 **Zeitachse**

Geht man von der Sprechergegenwart aus, so erhält man folgendes Grundschema für Zeitangaben und Zeitbezüge.

Sprechergegenwart

| | | | | | | |
|---|---|---|---|---|---|---|
| prima<br>*früher*<br>nel passato<br>*in der Vergangenheit* | l'altro ieri<br>ieri l'altro<br>avantieri<br>*vorgestern* | ieri<br>*gestern* | oggi<br>*heute*<br>adesso/ora<br>*jetzt*<br>attualmente<br>*derzeit*<br>per il momento<br>*im Augenblick* | domani<br>*morgen*<br>subito<br>*sofort*<br>fra poco tempo<br>*bald* | dopodomani<br>domani l'altro<br>posdomani<br>*übermorgen* | nell'avvenire<br>nel futuro<br>*in Zukunft* |

Dieses Schema kann noch mit Wendungen wie **l'anno scorso** *vergangenes Jahr*, **la settimana scorsa** *vergangene Woche*, **l'anno prossimo** *nächstes Jahr*, **la settimana prossima** *nächste Woche*, **fra qualche giorno** *in/nach einigen Tagen* usw. erweitert werden.

Rückt der in der obigen Zeitachse gekennzeichnete Nullpunkt („Sprechergegenwart") in die Vergangenheit oder in die Zukunft, so ändern sich die Temporaladverbien. Die außertextlichen Zeitbezüge werden zu innertextlichen.

23

| Sprechergegenwart | Zeitpunkt der Vergangenheit oder Zukunft |
|---|---|
| **oggi**<br>*heute* | **quel giorno lì** *an jenem Tag*<br>**allora** *damals* |
| **ieri**<br>*gestern* | **il giorno prima/precedente**<br>*am Tag vorher, tags zuvor* |
| **l'altro ieri**<br>*vorgestern* | **due giorni prima**<br>*zwei Tage vorher* |
| **l'anno scorso**<br>*im vergangenen Jahr* | **l'anno prima**<br>*im Jahr vorher* |
| **domani**<br>*morgen* | **il giorno dopo/seguente**<br>*am folgenden Tag, tags darauf* |
| **dopodomani**<br>*übermorgen* | **due giorni dopo/due giorni più tardi**<br>*zwei Tage danach* |
| **adesso/ora, attualmente, per il momento**<br>*jetzt, derzeit* | **allora/in quel momento**<br>*damals, in jenem Augenblick* |
| Quando sono arrivato **stamani,** Luigi mi ha detto che dovevo già venire **ieri.**<br>*Als ich heute Morgen ankam, sagte mir Luigi, dass ich schon gestern hätte kommen sollen.* | Quando arrivai **la mattina di quel giorno,** Luigi mi disse che sarei già dovuto venire il **giorno prima.**<br>*Als ich an jenem Morgen ankam, sagte mir Luigi, dass ich schon am Tag zuvor hätte kommen sollen.* |

24 Die wichtigsten übrigen Temporaladverbien sind:

| Adverb | Übersetzung | Beispiel |
|---|---|---|
| **ancora** | *noch* | Un anno fa ero **ancora** in Italia.<br>*Vor einem Jahr war ich noch in Italien.* |
| **dapprima** | *zunächst* | **Dapprima** si arrabbiò, poi tacque.<br>*Zuerst geriet er in Zorn, dann schwieg er.* |
| **dopo** | *nachher* | Usciremo **dopo.** *Wir gehen nachher aus.* |
| **finalmente** | *endlich* | **Finalmente** ti sei deciso! *Endlich hast du dich entschlossen!* |
| **prima** | *vorher, zuerst* | Se vieni a cena da me lunedì, fammelo sapere **prima!**<br>*Wenn du am Montag zu mir zum Abendessen kommst, sag es mir vorher!* |
| **precedente-mente** | *vorher* | Questo non concorda con quanto avevi **precedente-mente** affermato.<br>*Das steht nicht im Einklang mit dem, was du vorher behauptet hattest.* |
| **quindi** | *daraufhin, dann* | Andai diritto per un buon tratto, **quindi** girai a sinistra.<br>*Ich ging ein gutes Stück geradeaus, dann bog ich links ein.* |
| **sempre** | *immer* | Viene **sempre** in ritardo. *Er kommt immer zu spät.* |
| **per sempre** | *für immer* | Si separarono **per sempre.** *Sie trennten sich für immer.* |

| Adverb | Übersetzung | Beispiel |
|---|---|---|
| **da sempre** | *seit immer* | Ci conosciamo **da sempre.** *Wir kennen uns schon seit jeher.* |
| **spesso** | *oft* | Ci vediamo **spesso,** Ada ed io.<br>*Wir sehen einander oft, Ada und ich.* |
| **subito/imme-diatamente** | *sofort/ pötzlich* | Se vuoi, parto **immediatamente.**<br>*Wenn du willst, fahre ich sofort.* |
| **tardi** | *spät* | Torniamocene a casa, **è tardi.**<br>*Gehen wir nach Hause, es ist spät.* |
| **stamattina/ stamane** | *heute Morgen* | **Stamattina** fa bel tempo.<br>*Heute Morgen ist schönes Wetter.* |
| **stanotte** | *heute Nacht* | **Stanotte** ho dormito male.<br>*Heute Nacht habe ich schlecht geschlafen.* |
| **stasera** | *heute Abend* | **Stasera** guarderemo un film alla televisione.<br>*Heute Abend schauen wir uns einen Film im Fernsehen an.* |
| **stavolta** | *diesmal* | **Stavolta** hai torto tu. *Diesmal hast du Unrecht.* |
| **talvolta/ ogni tanto** | *hin und wieder/ manchmal* | **Talvolta** sbaglio parlando italiano.<br>*Manchmal mache ich beim Italienischsprechen Fehler.* |

725 **Die Lokaladverbien** (avverbi di luogo)

Die Lokaladverbien bestimmen den **Ort einer Handlung,** die **Lage des Gegenstandes im Raum,** die **Entfernung vom Sprecher.**

Grundlegend für die Lokaladverbien sind folgende Paare

| | näher | entfernter |
|---|---|---|
| beim Sprecher | **qui** | **qua** |
| nicht beim Sprecher | **lì** | **là** |
| beim Angesprochenen | **costì** | **costà** |

726 Im Deutschen entsprechen diesen Adverbien **hier/da, dort/da** bzw. **dorthin, hierher** usw., ohne dass eine genaue Zuweisung zu den italienischen Adverbien erfolgen kann. Die tatsächliche Übersetzung hängt von der jeweiligen Kommunikationssituation ab.

**Qui** si sta bene. *Hier fühlt man sich wohl.*

**Qua** c'è fresco. *Hier/Da ist es kühl.*

**Lì non** si poteva più abitare. *Dort konnte man nicht mehr wohnen.*

**Là** si viveva male. *Man lebte dort/da schlecht.*

Come si sta **costì?** *Wie lebt man dort?*

Verrò presto **costà.** *Ich komme bald dorthin (wo ihr seid).*

Die Formen auf **-a** sind im Allgemeinen **ungenauer** als die Formen auf **-i.** Wird auf zwei Örtlichkeiten hingewiesen, bezeichnet die Form auf **-i** den näher gelegenen Ort, die Form auf **-a** den entfernteren (s. 227).

Außer in der Toskana werden die Formen **costì** und **costà** heute meist durch **lì** und **là** ersetzt.

727 **Qua** und **là** und in beschränktem Maße auch **qui** und **lì** können durch weitere Lokaladverbien näher bestimmt werden.

| Adverb | Übersetzung | Beispiel |
|---|---|---|
| **quaggiù** | *hier/da unten* | **Quaggiù** si sta bene.<br>*Hier unten ist es angenehm.* |
| **quassù** | *hier/da oben* | **Quassù** si gode una bellissima vista.<br>*Hier oben hat man einen herrlichen Ausblick.* |
| **lassù** | *dort oben* | |
| **laggiù** | *dort unten* | |
| **qui accanto** | *hier/da daneben* | Il mio amico abita **qui accanto.**<br>*Mein Freund wohnt hier daneben.* |
| **qui/qua dietro** | *hier/dort hinten dahinter* | Il garage si trova **qua dietro.**<br>*Die Garage befindet sich dort hinten.* |

728 Die Adverbien **qui/qua, lì/là** können auch von Präpositionen, vor allem von **di** und **da,** begleitet sein.

Per arrivare al centro dobbiamo passare **di lì.**
*Um ins Zentrum zu gelangen, müssen wir dort vorbeifahren.*

Andiamo **di qua!** *Gehen wir da!*

729 Weitere Lokaladverbien

| Adverb | Übersetzung | Beispiel |
|---|---|---|
| **accanto** | *daneben* | Carlo abita qui **accanto.**<br>*Carlo wohnt hier daneben.* |
| **addosso** | *am Rücken, bei, an sich* | Che cosa porti **addosso?**<br>*Was trägst du da auf dem Rücken?*<br>Non porto mai molto denaro **addosso.**<br>*Ich trage nie viel Geld bei mir.*<br>Carlo aveva **addosso** una febbre da cavallo.<br>*Carlo glühte vor Fieber.* |
| **altrove** | *anderswo(hin)* | Non vive più a **Lecce,** vive **altrove.**<br>*Er wohnt nicht mehr in Lecce, er wohnt jetzt woanders.*<br>Per le vacanze estive non vado più a Rimini, vado **altrove.**<br>*In den Sommerferien fahre ich nicht mehr nach Rimini, ich fahre woanders hin.* |
| **attorno/ intorno** | *ringsum* | Non c'era nessuno **attorno/intorno.**<br>*Es war niemand ringsum.* |
| **dappertutto** | *überall* | Lo conoscono **dappertutto.**<br>*Sie kennen ihn überall.* |
| **davanti/ dinanzi** | *vorn(e)/davor* | **Davanti** c'è posto. *Vorne ist Platz.* |

| Adverb | Übersetzung | Beispiel |
| --- | --- | --- |
| **dentro** | *drinnen, hinein, herein* | **Dentro** si sta bene, fuori fa fresco.<br>*Drinnen ist es angenehm, draußen ist es frisch.*<br>Venite **dentro!** *Kommt herein!*<br>Andate **dentro**, vi raggiungerò subito!<br>*Geht hinein, ich komme euch gleich nach!* |
| **dietro** | *hinten, nach hinten* | Al cinema, preferisco star **dietro.**<br>*Im Kino sitze ich lieber hinten.*<br>Venite **dietro** con noi!<br>*Kommt mit uns nach hinten!* |
| **fuori** | *draußen, hinaus, heraus* | Venite **fuori,** qui si sta bene!<br>*Kommt heraus, hier ist es angenehm!*<br>Andate **fuori,** vi raggiungerò subito!<br>*Geht hinaus, ich komme euch gleich nach!*<br>Fa bel tempo, i bambini giocano **fuori.**<br>*Es ist schönes Wetter, die Kinder spielen draußen.* |
| **giù** | *unten, hinunter, herunter* | I bambini giocano **giù,** nel cortile.<br>*Die Kinder spielen unten im Hof.*<br>Va **giù** a vedere i bambini.<br>*Geh hinunter und schau, was die Kinder machen.*<br>I bambini ti invitano a venire **giù** per giocare con loro.<br>*Die Kinder laden dich ein, hinunterzukommen, um mit ihnen zu spielen.* |
| **incontro** | *entgegen* | Quando il piccino vide sua madre le corse **incontro.**<br>*Als der Kleine seine Mutter sah, lief er ihr entgegen.* |
| **indietro** | *zurück* | Fa' due passi **indietro!**<br>*Geh zwei Schritte zurück!* |
| **lontano** | *weit* | Non posso andare **lontano,** sono stanco.<br>*Ich kann nicht weit gehen, ich bin müde.*<br>E' un uomo che vede **lontano.**<br>*Er ist ein Mann mit Weitblick.* |
| **presso** | *in der Nähe* | I nostri amici abitano **qui presso.**<br>*Unsere Freunde wohnen hier in der Nähe.* |
| **sopra** | *oben, hinauf, herauf* | A destra ci sono i libri e **sopra** i dischi.<br>*Rechts stehen die Bücher und oben die Schallplatten.*<br>Vieni **sopra!** *Komm herauf!*<br>Va' **sopra,** gli altri sono già **lì!**<br>*Geh hinauf, die anderen sind schon dort!* |
| **sotto** | *unten, hinunter, herunter, darunter* | Vieni **sotto!** *Komm herunter!*<br>Va' **sotto** dagli altri! *Geh zu den anderen hinunter!*<br>Sul tavolo c'era il giornale e **sotto** alcuni libri.<br>*Auf dem Tisch lag die Zeitung und darunter einige Bücher.* |
| **su**<br>wie **sopra** | *oben, hinauf, herauf* | Sono **su** in ufficio. *Ich bin oben im Büro.*<br>Vieni **su** da me! *Komm zu mir herauf!*<br>Va' **su,** torno subito! *Geh hinauf, ich komme gleich zurück!* |

| Adverb | Übersetzung | Beispiel |
|---|---|---|
| **via** | *fort, weg* | Non andare **via** adesso, ho bisogno di te!<br>*Geh jetzt nicht weg, ich brauche dich!*<br>Le macchie di frutta difficilmente vanno **via.**<br>*Obstflecken gehen nur schwer weg.* |
| **vicino** | *in der Nähe* | Quell'incidente accadde qui **vicino** sull'incrocio.<br>*Dieser Unfall ereignete sich hier in der Nähe an der Kreuzung.* |

Zu **ci** und **vi** s. 278–281.

730 **Die Adverbien des Grades und der Menge** (gli avverbi di quantità)

Mit ihnen wird die Intensität abgestuft, die ein Verb, ein Adverb oder ein Adjektiv ausdrücken.
Diese Adverbien stehen in einer gewissen Abstufung zueinander, wobei der Ausgangspunkt in den Adverbien **abbastanza, sufficentemente** *genug, ausreichend* zu sehen ist.

Vieni a riposarti, hai lavorato **abbastanza.**
*Komm, ruh dich aus, du hast genug gearbeitet.*

Non hai più bisogno che ti accompagni, sei **abbastanza** grande per andarci da solo.
*Es ist nicht mehr nötig, dass ich dich begleite, du bist groß genug, um allein hinzugehen.*

Carla supererà senz'altro l'esame, è **sufficentemente** preparata.
*Carla wird die Prüfung sicher bestehen, sie ist ausreichend vorbereitet.*

731 Die wichtigsten Adverbien des Grades und der Menge:

| Adverb | Übersetzung | Beispiel |
|---|---|---|
| **pochissimo** | *sehr wenig* | E' timido, parla **pochissimo.**<br>*Er ist schüchtern, er spricht sehr wenig.* |
| **appena** | *kaum* | Poteva **appena** muoversi.<br>*Er konnte sich kaum bewegen.* |
| **poco** | *wenig* | Parla **poco.** *Er spricht wenig.*<br>E' **poco** intelligente. *Er ist wenig intelligent.* |
| **alquanto** | *ziemlich* | Ero **alquanto** seccato, quando mi disse questo.<br>*Ich war ziemlich verärgert, als er mir das sagte.* |
| **parecchio** | *ziemlich, sehr, ziemlich viel* | Ho corso **parecchio.**<br>*Ich bin ziemlich viel gelaufen.*<br>Il solista è stato criticato **parecchio.**<br>*Der Solist wurde ziemlich viel kritisiert.*<br>Sono stato **parecchio** contento.<br>*Ich war sehr zufrieden.* |
| **molto** | *viel, sehr*<br>*sehr viel* | Giovanna lavora **molto.**<br>*Giovanna arbeitet sehr viel.*<br>Questi ultimi anni, Giovanna è stata **molto** malata.<br>*In den letzten Jahren war Giovanna sehr krank.* |

| Adverb | Übersetzung | Beispiel |
|---|---|---|
| **troppo** | *zu (viel)* | Giovanna lavora **troppo.** *Giovanna arbeitet zu viel.*<br>Giovanna è **troppo** sensibile.<br>*Giovanna ist zu empfindlich.*<br>La macchina camminava **troppo** velocemente.<br>*Das Auto fuhr zu schnell.* |
| **completamente** | *völlig* | Il lungo lavoro l'ha **completamente** estenuato.<br>*Die lange Arbeit hat ihn gänzlich erschöpft.*<br>E' **completamente** matto. *Er ist völlig verrückt.* |
| **tanto** | *so viel* | Non voglio che venga anche lei, parla **tanto.**<br>*Ich möchte nicht, dass sie auch kommt, sie redet so viel.* |

**732** Einige Gradadverbien enthalten die Idee der Gleichheit oder des Komparativs.

| Adverb | Übersetzung | Beispiel |
|---|---|---|
| **almeno** | *wenigstens* | Dovevi **almeno** dirmelo!<br>*Du hättest es mir wenigstens sagen können!*<br>Guadagna **almeno** tre milioni al mese.<br>*Er verdient mindestens drei Millionen im Monat.* |
| **altrettanto** | *genauso (viel)*<br>*ebenso (viel)* | E' alto quanto me, ma non è **altrettanto** robusto.<br>*Er ist so groß wie ich, aber nicht so kräftig.*<br>Gina parla molto e Barbara parla almeno **altrettanto.**<br>*Gina spricht viel, und Barbara spricht mindestens ebenso viel.* |
| **più** | *mehr* | Gina parla molto, ma Barbara parla di **più.**<br>*Gina spricht viel, aber Barbara spricht mehr.* |
| **meno** | *weniger* | Gina non parla molto, ma Elena parla ancora **meno.**<br>*Gina spricht nicht viel, aber Elena spricht noch weniger.* |

**733** **Adverbien der persönlichen Stellungnahme** (gli avverbi di giudizio)

**734** Adverbien der Zustimmung

Das wichtigste dieser Adverbien ist **sì** *ja*. Es dient auch als affirmative Antwort auf eine negative Frage (*doch*).

Vieni con noi? – Sì. *„Kommst du mit uns?" „Ja."*

E tu non vieni? – Sì! *„Und du kommst nicht mit?" „Doch!"*

Zur Bekräftigung der Bejahung wird das **sì oft wiederholt.**

Ma è proprio vero che l'hai visto? – **Sì, sì,** ti dico che l'ho visto!
*„Ist es wahr, dass du es gesehen hast?" „Ja, wenn ich es dir schon sage!"*

Im Übrigen verfügt das Italienische über eine große Anzahl von Adverbien und adverbialen Wendungen, die Zustimmung ausdrücken, wobei nur geringfügige Unterschiede zwischen der Intensität der einzelnen Ausdrücke bestehen.

**proprio, proprio così** *ja, jawohl, genauso*

**appunto, per l'appunto, perfettamente** *ja gewiss, bestimmt, genau*

**giusto** *richtig, stimmt*

**esatto/esattamente** *genau, richtig, das ist es*

**senza dubbio** *zweifellos*

**naturalmente** *natürlich*

**certo/certamente** *sicher, gewiss*

Vuoi venire con noi? – **Certo/Certamente.**
*„Möchtest du mitkommen?" „Sicher."*

Sei stato tu? – **Proprio.** *„Warst du es?" „Ja, ich war's."*

Questo romanzo è bello quanto l'altro. – **Giusto!**
*„Dieser Roman ist genauso schön wie der andere." „Richtig."*

Auf eine Bitte antwortet man oft mit **Come no?** *Warum denn nicht, selbstverständlich!*

Posso chiederle qualche cosa? – **Come no?**
*„Darf ich Sie etwas fragen?" „Selbstverständlich!"*

**735** Adverbien der Verneinung (s. Kapitel Verneinung 49 ff.)

**736** Adverbien des Zweifels (avverbi di dubbio)

Diese Adverbien stehen zwischen klarer Bejahung und klarer Verneinung. Sie drücken **Zweifel** (dubbio), **Unsicherheit** (incertezza), **Wahrscheinlichkeit** (probabilità) oder **Möglichkeit** (possibilità) aus.

| Adverb | Übersetzung | Beispiel |
|---|---|---|
| **forse** | *vielleicht* | kann je nach Zusammenhang und Intonation sehr viele Nuancen ausdrücken.<br>**Forse** ho agito male. *Vielleicht habe ich es falsch gemacht.*<br>**Forse forse** mi hai convinto.<br>*Vielleicht hast du mich doch überzeugt.* – Die Wiederholung drückt einen höheren Grad der Wahrscheinlichkeit aus.<br>**Forse** verrò a vederti, **molto forse.**<br>*Vielleicht komme ich dich besuchen, aber nur vielleicht!* – **Molto forse** drückt einen geringeren Grad von Wahrscheinlichkeit aus. |
| **può darsi**<br>**può essere** | *vielleicht*<br>*möglich*<br>*kann sein* | Ci sono venti chilometri tra Latisana e Lignano. – **Può darsi.**<br>*„Von Latisana nach Lignano sind es 20 km." „Möglich."* |
| **probabilmente** | *wahrscheinlich* | **Probabilmente** non può venire perché ha perso il treno.<br>*Wahrscheinlich kann er nicht kommen, weil er den Zug versäumt hat.* |

| Adverb | Übersetzung | Beispiel |
|---|---|---|
| **quasi** | *beinahe, fast* | E' **quasi** perfetto. *Es ist fast perfekt.*<br>E' **quasi** un anno che non ci siamo visti.<br>*Es ist fast ein Jahr her, dass wir uns gesehen haben.*<br>**Quasi quasi** ti do ragione.<br>*Ich gebe dir weitgehend Recht.* – Die Verdoppelung drückt einen höheren Grad von Wahrscheinlichkeit aus. |
| **eventualmente** | *eventuell, vielleicht* | Vieni a vedermi stasera, ti posso **eventualmente** già dare la risposta.<br>*Komm heute Abend zu mir, ich kann dir eventuell schon die Antwort geben.* |

737 **Das Präsentativadverb ecco** (l'avverbio presentativo **ecco**)

Ecco kann verschiedene Funktionen und Bedeutungen haben.

a) Darstellung des plötzlichen Auftretens von Personen und Sachen.

**Ecco** mio padre. *Da ist mein Vater.*

**Ecco** l'uomo da salutare. *Da ist der Mann, den wir begrüßen müssen.*

Giocavamo tranquillamente **quand'ecco** sentimmo grida d'aiuto.
*Wir spielten gerade in aller Ruhe, als wir plötzlich Hilferufe hörten.*

b) Eröffnung oder Beendigung einer Aussage.

**Ecco:** ci incontriamo domani alle sei davanti al cinema.
*Also gut, treffen wir uns morgen um sechs vor dem Kino.*

Non volevo offenderti, **ecco (tutto).**
*Ich wollte dich nicht kränken.* – **Ecco** kann hier unübersetzt bleiben. Es markiert hier nur das Ende der Aussage und deren Bekräftigung. Fallweise sind aber auch Übersetzungen möglich, z. B. **wirklich nicht, auf gar keinen Fall** usw.

c) In Verbindung mit dem **participio passato** einiger Verben drückt es den raschen Abschluss einer Handlung aus.

**Ecco** fatto! *Schon fertig!*

d) In Verbindung mit einem **infinito** kann es einerseits Wiederholung, andererseits das unmittelbare Eintreten einer Handlung ausdrücken.

Alle quattro del pomeriggio **ecco spuntare** invariabilmente Gregorio.
*Jeden Nachmittag um vier tauchte unbeirrbar Gregorio auf.*

Volevamo cominciare a cenare. **Ed ecco entrare** la nostra vicina.
*Wir wollten gerade mit dem Abendessen anfangen, da trat plötzlich unsere Nachbarin ein.*

e) **Ecco** kann in Verbindung mit **mi, ti, lo, la, li, le, ci, vi** verbunden werden.

Michele, dove sei? – **Eccomi!** *„Michele, wo bist du?" „Da bin ich schon!"*

Zu den Adverbien, die als Fragewörter bzw. Relativpronomina Verwendung finden, s. 21–26, 676.

738 ## Die Stellung des Adverbs
(la collocazione dell'avverbio)

739 Das Adverb bezieht sich auf ein **Verb:** das Adverb steht gewöhnlich unmittelbar **hinter** dem Verb.

Leonardo vive **miseramente.** *Leonardo lebt elend.*

L'insegnante parla **adagio.** *Der Lehrer spricht langsam.*

Steht das Adverb **vor dem Verb,** so wird es hervorgehoben.

**Presto** te ne pentirai! *Es wird dir bald Leid tun!*

**Molto difficilmente** si adattano a questa vita.
*Sie können sich nur sehr schwer an dieses Leben anpassen.*

In den zusammengesetzten Tempora steht das Adverb entweder hinter dem **participio passato** oder hinter dem **Hilfsverb.** Steht es hinter dem Hilfsverb, tritt es stärker hervor.

Dopo l'incidente ha sofferto **molto.**

Dopo l'incidente ha **molto** sofferto.
*Nach dem Unfall hat er sehr gelitten.* – Im Deutschen liegt der Unterschied vor allem in der Betonung und in der Satzmelodie.

740 Das Adverb bezieht sich auf ein **Adjektiv** oder ein **Adverb.** Es steht dann meistens vor dem Wort, das es näher bestimmt.

E' una ragazza **incredibilmente** brava.
*Sie ist ein unglaublich tüchtiges Mädchen.*

Questo sarebbe **troppo** bello! *Das wäre zu schön!*

741 Das Adverb bezieht sich auf **einen ganzen Satz.** Es kann am Anfang oder am Ende des Satzes stehen, gelegentlich findet es sich aber auch nach dem Verb.

**Probabilmente,** non si è accorto di nulla.
*Wahrscheinlich hat er nichts bemerkt.*

Non si è accorto di nulla, **probabilmente.**
*Er hat nichts bemerkt – wahrscheinlich.*

Non si è accorto **probabilmente** di nulla.
*Er hat wahrscheinlich nichts bemerkt.*

Manchmal ändert sich mit der Stellung des Adverbs die Bedeutung des Satzes.

**Domani** farò quello che mi hai detto.
*Morgen mache ich, was du mir gesagt hast.*

Farò **domani** quello che mi hai detto.
*Was du mir gesagt hast, mache ich morgen.*

742 # Die Wortfolge
(l'ordine delle parole nella proposizione)

Die Wortfolge ist im It. verhältnismäßig frei. Dennoch gibt es gewisse Grundregeln bzw. -tendenzen.

743 **Grundregel**

**Subjekt – Verb – COD**

| | | | |
|---|---|---|---|
| La madre | cerca | suo figlio | *Die Mutter sucht ihren Sohn.* |
| Subjekt | Verb | COD | |
| Il figlio | cerca | sua madre | *Der Sohn sucht seine Mutter.* |

**ohne COD**

| | | |
|---|---|---|
| La madre | lavora | *Die Mutter arbeitet.* |
| Subjekt | Verb | |

**mit Prädikatsnomen und Kopula (Hilfsverb)**

| | | | |
|---|---|---|---|
| Il figlio | è | contento | *Der Sohn ist zufrieden.* |
| Subjekt | Hilfsverb | Prädikatsnomen | |

**mit COD und COI**

| | | | | |
|---|---|---|---|---|
| Paolo | rende | un libro | al suo amico | *Paolo gibt seinem Freund ein Buch zurück.* |
| Subjekt | Verb | COD | COI | |

Im Allgemeinen steht das **COD vor dem COI.** (s. 755)

Für die **übrigen Elemente** gelten folgende Regeln:

744 **Attribut** (s. 651 ff)

Der Appellativ steht **unmittelbar vor dem Eigennamen.**

lo **scrittore** Pavese *der Schriftsteller Pavese*

il **fiume** Tevere *der Tiberfluss*

**via** Cavour *Cavourstraße*

Das Nominalattribut steht **unmittelbar hinter dem Nomen.**

lo scrittore **Pavese** *der Schriftsteller Pavese*

Die Apposition steht **unmittelbar hinter dem Nomen.**

Roma, **capitale d'Italia** *Rom, die Hauptstadt Italiens*

745 # Die Inversion
(l'inversione)

Die Inversion findet sich,

746 wenn das Subjekt hervorgehoben werden soll:

Allora **apparve il presidente.** *Da erschien der Präsident.*

747 in der Werbung:

E' uscita **la nuova edizione dell'opera.**
*Die neue Ausgabe des Werks ist erschienen.*

748 in der Amtssprache:

Sarà fatta **un'inchiesta.**
*Eine Untersuchung wird in die Wege geleitet werden.*

749 bei gefühlsbetonter Ausdrucksweise:

Sopravvengono in quell'istante **cinque o sei individui** che mi sbarrano la via.
*In diesem Augenblick tauchen fünf oder sechs Individuen auf, die mir den Weg versperren.* – Der Erzähler ist aufgeregt, während er das sagt.

750 wenn zur Hervorhebung ein prädikatives Adjektiv am Kopf des Satzes steht:

**Grande** fu la mia sorpresa! *Groß war meine Überraschung!*

751 wenn ein Satz mit einem Verb der Redeerwähnung in die direkte Rede eingeschoben oder der direkten Rede nachgestellt wird:

Questa volta, **disse il comandante,** l'attacco sarà condotto in direzione dell'aerodromo.
*„Diesmal", sagte der Kommandant, „wird der Angriff in Richtung Flughafen geführt."*

Non sarà un'impresa difficile, **osservò Pietro.**
*„Das wird keine schwierige Angelegenheit sein", bemerkte Pietro.*

752 im Fragesatz (s. 8–12):

E' utile **questa roba?** *Ist das Zeug brauchbar?*

Sono tornati **i bambini?** *Sind die Kinder schon zurück?*

753 **Andere Satzkonstruktionen**

Weicht der Satzbau von der **geraden Wortfolge** ab, so geschieht dies meist in der Absicht, ein Satzglied hervorzuheben.

754 Der Satz beginnt mit dem Objekt oder der Umstandsergänzung. Das Objekt bzw. die Umstandsergänzung wird **vor dem Verb in Form eines Pronomens wieder aufgenommen** bzw. an den Infinitiv angefügt.

La **poltrona, la** voglio io! *Den Lehnstuhl will ich!*

**I giornali, li** ho già letti. *Die Zeitungen habe ich schon gelesen.*

**Quest'uomo,** è bravo chi **lo** capisce. *Wer den Mann versteht, ist tüchtig.*

**La fattura,** non buttar**la.** *Die Rechnung darf man nicht wegwerfen.*

**A Torino,** non **ci** vado. *Nach Turin fahre ich nicht.*

Auch folgende Wortstellung ist möglich:

**Li** ho già letti, **i giornali.** *Ich habe sie schon gelesen, die Zeitungen.*

Non buttar**la,** la ricevuta! *Nicht wegwerfen die Rechnung!*

E' bravo, chi **lo** capisce, quell'uomo. *Der ist tüchtig, der diesen Mann versteht.*

Non **ci** vado, a Torino. *Ich fahre nicht hin nach Turin.*

755 Hervorhebung durch Segmentierung

**è/sono + hervorgehobenes Satzglied + che + Restsatz**

Ausgangssatz: Erica va a La Spezia per ferie. *Erika fährt nach La Spezia auf Urlaub.*

**E' Erica** che va a La Spezia per ferie. *Erika fährt auf Urlaub nach La Spezia.*

**E' a La Spezia** che Erica va per ferie.
*Erika fährt nach La Spezia auf Urlaub.* Auch: *Nach La Spezia fährt…*

**E' per ferie** che Erica va a La Spezia. *Erika fährt auf Urlaub nach La Spezia.*

Im Deutschen erfolgt die Hervorhebung meist durch Satzbetonung, nicht durch Veränderung der Wortstellung.

Steht das hervorzuhebende Subjekt oder Objekt im Plural, so verwendet man am Satzanfang **sono,** nicht **è.**

**Sono** i bambini che vogliono partire. *Die Kinder wollen wegfahren.*

**Sono i giochi** che i bambini vogliono. *Die Kinder wollen die Spiele.*

Fallweise kann das COI auch vor dem COD stehen:

a) aus stilistischen Erwägungen.

b) wenn das COD näher bestimmt und dadurch länger als das COI ist.

Spinello ha portato a suo cognato **il libro che gli ho prestato.**
*Spinello hat seinem Schwager das Buch gebracht, das ich ihm geborgt habe.*

# Der zusammengesetzte Satz

**(la frase complessa)**

756 Ein zusammengesetzter Satz besteht aus zwei oder mehreren Teilsätzen. Jeder dieser Teilsätze enthält gewöhnlich ein vollständiges Prädikat und kann Erweiterungen verschiedener Art aufweisen.

Die Teilsätze können

**unverbunden** nebeneinander stehen (Aneinanderreihung – coordinazione asindetica),
durch eine **beiordnende Konjunktion** (Beiordnung – congiunzione coordinativa) oder
durch eine **unterordnende Konjunktion** (Unterordnung – congiunzione subordinativa)

miteinander verbunden sein.

757

## Die Reihung
(coordinazione asindetica)

Die Teilsätze sind **Hauptsätze** und stehen ohne äußeres sprachliches Verknüpfungselement nebeneinander. In der Schrift werden sie durch Kommas, Strichpunkte oder Punkte voneinander getrennt.

Scesi le scale, uscii dal portone, chiamai un tassì.
*Ich lief die Treppe hinunter, ging zum Haustor hinaus, rief ein Taxi.*

758

## Die Beiordnung
(congiunzione coordinativa)

Die Teilsätze gleichen Grades werden durch beiordnende Konjunktionen miteinander verbunden.

Giovanni ha comprato una nuova macchina **e** ha venduto quella vecchia.
*Giovanni hat ein neues Auto gekauft und hat das alte verkauft.*

## Die beiordnenden Konjunktionen

759 **Kopulative Konjunktionen** (congiunzioni copulative)

| Konjunktion | Übersetzung | Beispiel |
|---|---|---|
| **e/ed** | *und* | Noi partiamo **e** voi restate. *Wir fahren weg, und ihr bleibt da.* Partii molto presto **ed** evitai così le ore di punta. – Vor **e-** steht meist **ed.** *Ich fuhr sehr früh weg und vermied so die Verkehrsspitze.* |
| **né** | *und nicht, auch nicht, weder… noch* | Non venne, **né** lo vidi più. *Er ist nicht gekommen, und ich habe ihn auch nicht mehr gesehen.* Non so se è partito **né** se partirà. *Ich weiß weder, ob er schon weg ist, noch, ob er überhaupt wegfahren wird.* |
| **neanche/ neppure** | *auch nicht* | Non ci ha scritto **e neanche/neppure** ci ha telefonato. *Er hat uns nicht geschrieben, und er hat auch nicht angerufen.* |

760 **Disjunktive Konjunktionen** (congiunzioni disgiuntive)

Disjunktive Konjunktionen verbinden miteinander zwei Möglichkeiten, die einander ausschließen.

| Konjunktion | Übersetzung | Beispiel |
|---|---|---|
| **o** | *oder* | E' ancora qui **o** è già andato via? *Ist er noch da, oder ist er schon weggegangen?* |
| **oppure** | *oder, sonst* | Mi chiederai perdono **oppure** sarai punito. *Du wirst mich um Verzeihung bitten, sonst wirst du bestraft.* |
| **ossia/ ovvero** | *genauer gesagt* | L'ho visto ieri sera, **ossia/ovvero** nel pomeriggio verso le cinque. *Ich habe ihn gestern Abend, genauer gesagt, am Nachmittag gegen fünf, gesehen.* |
| **ovvero** | *oder* | Tu hai torto, **ovvero** sono io che sbaglio. *Entweder hast du Unrecht, oder ich irre mich.* |

761 **Adversative Konjunktionen** (congiunzioni avversative)

Sie drücken einen Gegensatz oder eine Einschränkung aus.

| Konjunktion | Übersetzung | Beispiel |
|---|---|---|
| **ma** | *aber* | Lo avevo messo in guardia, **ma** non mi diede ascolto. *Ich hatte ihn gewarnt, aber er hörte nicht auf mich.* |
| **però** | *jedoch* | Ti do questo libro, **però** voglio qualche cosa in cambio. *Ich gebe dir dieses Buch, möchte dafür jedoch etwas haben.* |
| **tuttavia** | *dennoch, aber* | Sono molto stanco, **tuttavia** vengo con te. *Ich bin sehr müde, komme aber dennoch mit dir.* |

| Konjunktion | Übersetzung | Beispiel |
|---|---|---|
| **anzi** | *(ja) sogar* | Non ero in ritardo, **anzi** sono arrivato in anticipo.<br>*Ich war nicht zu spät dran, ich bin sogar zu früh gekommen.* |
| **pure** | *dennoch* | Quello che dici è vero, ma **pure** tu hai la tua parte di torto.<br>*Was du sagst, ist richtig, dennoch bist auch du nicht frei von Schuld.* |
| | *wenn auch noch so* | Ha bisogno di aiuto, sia **pure** modesto.<br>*Er braucht Hilfe, sei es auch noch so wenig.* |
| **eppure** | *trotzdem, doch* | L'avevo avvertito, **eppure** ha voluto andarci ugualmente.<br>*Ich hatte ihn gewarnt, dennoch wollte er hingehen.* |

762 **Deklarative Konjunktionen** (congiunzioni dichiarative)

Diese Konjunktionen leiten einen erklärenden Zusatz ein.

| Konjunktion | Übersetzung | Beispiel |
|---|---|---|
| **cioè** | *das heißt* | Angela è mia cognata, **cioè** ha sposato mio fratello.<br>*Angela ist meine Schwägerin, das heißt, sie hat meinen Bruder geheiratet.* |
| | *oder besser gesagt, genauer gesagt* | Ti telefonerò, **cioè,** verrò di persona.<br>*Ich werde dich anrufen, oder noch besser, ich komme selbst.* |
| **infatti** | *nämlich, tatsächlich* | Siamo arrivati in ritardo, **infatti** non c'è più nessuno.<br>*Wir sind zu spät gekommen, tatsächlich ist niemand mehr da.* |

763 **Adjunktive Konjunktionen** (congiunzioni aggiuntive)

Sie fügen zu der Aussage einen ähnlichen Inhalt hinzu.

| Konjunktion | Übersetzung | Beispiel |
|---|---|---|
| **anche** | *auch* | Il concerto mi è piaciuto; **anche mia moglie** lo ha apprezzato.<br>*Das Konzert hat mir gefallen; auch meine Frau hat es geschätzt.* |
| **anche se** | *auch wenn* | **Anche se** partissi subito, non arriverei in tempo.<br>*Auch wenn ich sofort wegginge, würde ich nicht mehr rechtzeitig hinkommen.* |
| **inoltre** | *überdies, darüber hinaus* | Gli ho telefonato più volte, **inoltre** gli ho anche scritto.<br>*Ich habe ihn mehrmals angerufen, und darüber hinaus habe ich ihm auch geschrieben.* |
| **per di più** | *und dazu darüber hinaus* | E' piovuto tutta la notte e **per di più** soffiava un vento terribile.<br>*Es hat die ganze Nacht geregnet, und dazu wehte ein schrecklicher Wind.* |

764 **Logische Konjunktionen** (congiunzioni conclusive)

Sie leiten Schlussfolgerungen, fallweise auch Begründungen ein.

| Konjunktion | Übersetzung | Beispiel |
|---|---|---|
| **dunque** | *also, folglich* | Ha firmato, **dunque** deve pagare. *Er hat unterschrieben, also muss er bezahlen.* |
| **quindi** | *daher, deshalb, also* | Più persone hanno visto Sofia, **quindi** è sicuramente tornata. *Mehrere Leute haben Sofia gesehen, also ist sie sicher zurückgekehrt.* |
| **perciò** **pertanto** | *daher, somit* | Ha mancato al suo dovere, **perciò/pertanto** sarà reso responsabile. *Er hat seine Pflicht vernachlässigt, daher/somit wird er zur Verantwortung gezogen.* |

765 **Korrelative Konjunktionen** (congiunzioni correlative)

| Konjunktion | Übersetzung | Beispiel |
|---|---|---|
| **e…e** **sia…sia** | *sowohl als auch* | Sa **e** leggere **e** scrivere a cinque anni. *Mit fünf Jahren kann er sowohl lesen als auch schreiben.* |
| **né…né** | *weder noch* | **Né** parla **né** lascia parlare. *Weder spricht er selbst, noch lässt er einen reden.* |
| **così…come** | *so…wie* | Non è **così** intelligente **come** dice. *Er ist nicht so intelligent, wie er sagt.* |
| **o…o** | *entweder…oder* | **O** te ne vai tu, **o** me ne vado io. *Entweder gehst du weg, oder ich gehe weg.* |
| **non solo …ma anche** | *nicht nur… sondern auch* | **Non solo** l'ho detto, **ma** l'ho **anche** scritto nella mia lettera. *Ich habe es nicht nur gesagt, sondern auch in meinem Brief geschrieben.* |

Die obigen Beispiele zeigen, dass die Grenze zwischen Konjunktion und Adverb oft unscharf ist. So kann die Beiordnung zweier gleichwertiger Sätze auch durch entsprechende Adverbien erfolgen.

**Ora** dice una cosa, **ora** ne dice un'altra.
*Bald sagt er so, bald so.*

**Oggi** sono bambini, **domani** saranno dei bravi cittadini.
*Heute sind sie noch Kinder, morgen werden sie tüchtige Staatsbürger sein.*

766 # Die Unterordnung
(congiunzione subordinativa)

Die Teilsätze sind durch **unterordnende Konjunktionen** miteinander verbunden (congiunzioni subordinative). Der durch eine solche Konjunktion eingeleitete Teilsatz heißt abhängiger Satz (proposizione subordinata o dipendente); er wird auch Gliedsatz genannt, da er die Stelle eines Satzgliedes des unabhängigen Satzes vertritt.

Sono sicuro **del suo arrivo.** *Ich bin seiner Ankunft sicher.* – COI

Sono sicuro **che arriverà.** *Ich bin sicher, dass er ankommen wird.* – Objektsatz

767 Ein Gliedsatz kann von einem Hauptsatz oder von einem anderen Gliedsatz abhängen. Von diesem Gliedsatz kann ein weiterer Gliedsatz abhängen, usw.; man spricht dann von Gliedsätzen 1., 2. und 3. Grades (subordinata di primo, secondo, terzo grado).

Ha fatto di tutto, **perché** il medico arrivasse,

Hauptsatz — Gliedsatz 1. Grades

**prima che** il male si aggravasse **e** presentasse i segni,

Gliedsatz 2. Grades — Gliedsatz 2. Grades, dem vorhergehenden Gliedsatz beigeordnet

**che** non si possono cancellare.

Gliedsatz 3. Grades

*Ich tat alles, damit der Arzt käme, bevor das Übel schlimmer würde und jene Spuren hinterlässt, die nicht mehr beseitigt werden können.*

768 Man unterscheidet zwischen **impliziten** und **expliziten** Gliedsätzen. Explizite Gliedsätze enthalten eine **finite** Verbalform (Personalform), implizite Gliedsätze enthalten eine **infinite** Verbalform (infinito, participio oder gerundio).

Vedemmo **che il sole tramontava.** – expliziter Gliedsatz
*Wir sahen, dass die Sonne unterging.*

Vedemmo **tramontare il sole.** – impliziter Gliedsatz, infinito
*Wir sahen die Sonne untergehen.*

**Mentre lui viveva,** la famiglia era ricca. – expliziter Gliedsatz
*Während er noch lebte, war die Familie reich.*

**Lui vivente,** la famiglia era ricca. – impliziter Gliedsatz, participio presente
Das Deutsche muss hier einen Gliedsatz oder eine adverbiale Bestimmung bilden: Zu seinen Lebzeiten…

**Se anche potessi,** non verrei domani. – expliziter Gliedsatz
*Auch wenn ich könnte, würde ich morgen nicht kommen.*

**Anche potendo,** non verrei domani. – impliziter Gliedsatz, gerundio; das Deutsche muss mit einem expliziten Gliedsatz übersetzen.

769 # Die verschiedenen Arten von Gliedsätzen

770 ## Der Subjektsatz
(la proposizione soggettiva)

Der Gliedsatz hat die Funktion eines **Subjekts.** Der Subjektsatz wird meist mit **che** an den Vordersatz angefügt, gelegentlich finden sich auch andere Konjunktionen. Zur Verwendung der **modi** s. 470 ff.

Era evidente **che i bambini avessero paura.** – expliziter Gliedsatz
*Es war offensichtlich, dass die Kinder Angst hatten.*

**La paura dei bambini** era evidente.
*Die Angst der Kinder war offensichtlich.*

Risultò evidente **come tu avessi paura.**
*Es war offensichtlich, wie sehr du dich fürchtetest.*

Das **che** kann auch wegfallen:

Sarebbe bene **andaste voi stessi.**
*Es wäre gut, wenn ihr selbst dorthin gingt.*

771 Der **implizite Subjektsatz** ist eine **Infinitivkonstruktion.**

E' ora **di andare** = E' ora **che andiamo.**
*Es ist Zeit zu gehen/, dass wir gehen.*
E' opportuno **dirglielo** = E' opportuno **che tu glielo dica/che noi glielo diciamo** usw.
*Es ist zweckmäßig, es ihm zu sagen = dass du es ihm sagst/ dass wir es ihm sagen usw.*

772 Der Subjektsatz kann abhängen von

a) einem unpersönlichen Verb (accadere, convenire, sembrare usw.):

Sembra **che Carla sia malata.** *Es scheint, dass Carla krank ist.*

b) von einem unpersönlich gebrauchten Verb (si dice, si crede usw.):

Si crede **che Carla sia malata.** *Man glaubt, dass Carla krank ist.*

c) von einem unpersönlichen Ausdruck des Typus:

| essere$_{\text{Personalform}}$ + Adjektiv/Nomen |
|---|

E' peccato **che Carla sia malata.**
*Es ist schade, dass Carla krank ist.*

773 **Der Objektsatz**
(la proposizione oggettiva)

Der Gliedsatz hat die Funktion eines Objekts. Er wird meist mit **che** an den Vordersatz angefügt, gelegentlich auch mit **come.** Zur Verwendung der Modi s. 470 ff.

Spero **qualche cosa.** *Ich hoffe etwas.* – COD

Spero **che non si preoccupi.**
*Ich hoffe, dass er sich keine Sorgen macht.* – Objektsatz

774 Der Objektsatz kann abhängen von Verben

a) des Sagens (dire, affermare usw.):

Ti dico **che avete risolto** bene il problema.
*Ich sage dir, dass ihr das Problem gut gelöst habt.*

b) der Meinung, des Zweifelns, des Urteils (pensare, credere, dubitare usw.):

Credo **che egli abbia capito.** *Ich glaube, er hat verstanden.*

c) der Wahrnehmung und der Erinnerung (vedere, percepire, ricordare usw.):

Ricordo **che non era venuto quel giorno.**
*Ich erinnere mich, dass er an jenem Tag nicht gekommen war.*

d) des Willensausdrucks, des Fürchtens (volere, desiderare, comandare, temere usw.):

Desidero **che venga anche lui.** *Ich wünsche, dass auch er kommt.*

e) des Gefühlsausdruckes (godere, rallegrarsi, dolersi usw.):

Mi rallegro **che sia già arrivato.** *Ich freue mich, dass er schon angekommen ist.*

Alle diese Verben können **eine indirekte Rede** einleiten.

775 Der **implizite Objektsatz** ist eine **Infinitivkonstruktion.** Außer mit den Verben der Wahrnehmung steht vor dem infinito die Präposition **di.** Sieht man von den Verben des **Befehlens,** des **Verbietens,** des **Erlaubens** und der **Wahrnehmung** ab, müssen das finite Verb und der **infinito dasselbe Subjekt** haben.

Credo **di aver agito correttamente.** *Ich glaube, richtig gehandelt zu haben.*

Credo **che abbia agito correttamente.** *Ich glaube, dass ich...*

Ordinò ai soldati **di cessare il fuoco.**
*Er befahl den Soldaten, das Feuer einzustellen.*

Ordinò ai soldati **che cessassero** il fuoco.
*Er befahl den Soldaten, dass sie das Feuer einstellen sollten.*

Sentivo **cantare gli uccelli.**
Sentivo **che gli uccelli cantavano.**
Sentivo **gli uccelli che cantavano.**
*Ich hörte die Vögel singen/wie die Vögel sangen.*

776 # Der Prädikatsatz
(la proposizione predicativa)

Der Prädikatsatz steht für ein Prädikatsnomen (Nomen, Adjektiv).

La sorte è **come uno se la fa.**
*Jeder ist seines Glückes Schmied.* – wörtlich: *Das Schicksal ist so, wie es sich einer macht.*

777 # Der Adverbialsatz
(la proposizione avverbiale)

steht für eine adverbiale Bestimmung. Er wird durch unterordnende Konjunktionen eingeleitet.

778 **Der Lokalsatz** (la proposizione locale)

steht für eine Ortsergänzung. Er wird durch eine lokale Konjunktion – meist **dove** *wo, wohin* – eingeleitet.

Non si sa mai **dove egli va.**
*Man weiß nie, wohin er geht.*

779 **Der Temporalsatz** (la proposizione temporale)

steht für eine Zeitergänzung. Er kann hinsichtlich des Hauptsatzes drei Zeitbezüge ausdrücken: **Gleichzeitigkeit** (contemporaneità), **Nachzeitigkeit** (posteriorità) und **Vorzeitigkeit** (anteriorità). Er wird von temporalen Konjunktionen eingeleitet.

780 a) Gleichzeitigkeit

Die Handlungen des Gliedsatzes und des Hauptsatzes laufen gleichzeitig ab.

| Konjunktion | Bedeutung | Beispiel |
|---|---|---|
| **quando** | *wenn, als* | Mi alzo **quando** sorge il sole.<br>*Ich stehe auf, wenn die Sonne aufgeht.*<br>**Quando** mi vide, mi salutò.<br>*Als er mich sah, grüßte er mich.* |
| **mentre** | *während* | **Mentre** ti aspettavo, ho saputo che eri partito.<br>*Während ich auf dich gewartet habe, habe ich erfahren, dass du weggefahren bist.* |
| **nel momento in cui** | *in dem Augenblick als/da* | Arrivò **nel momento in cui** volevo andarmene.<br>*Er kam gerade in dem Augenblick, als ich weggehen wollte.* |
| **allorché** | *als* | **Allorché** ti incontrai, stavi chiacchierando con una tua amica.<br>*Als ich dir begegnete, plaudertest du gerade mit einer Freundin.* |

| Konjunktion | Bedeutung | Beispiel |
|---|---|---|
| **dacché/ da quando** | *seit* | **Dacché** sei venuta, tutto va meglio. *Seit du da bist, geht alles besser.* **Da quando** wird jedoch wesentlich öfter verwendet. |
| **finché** | *bis* | Aspetterò **finché** tu (non) sia tornato. *Ich warte, bis du zurück bist.* Das **non** ist fakultativ und bleibt unübersetzt. s. 57 |
| **fin quando** | *solange (als)* | Potete restare **fin quando** volete. *Ihr könnt bleiben, solange ihr wollt.* |

Die Konjunktionen der Gleichzeitigkeit stehen mit dem **indicativo.** Nur **finché** in der Bedeutung von **bis** steht mit dem **congiuntivo.**

781 Die **implizite Konstruktion** erfolgt mit

dem **gerundio** (bei Subjektsgleichheit):

**Passeggiando** discutevamo. (= Mentre passeggiavamo, discutevamo.)
*Während des Spaziergangs diskutierten wir.*

einem **infinito**, vor dem **al** oder **sul** steht (substantivierter Infinitiv):

**Al primo vederlo,** l'ho riconosciuto. *Schon beim ersten Anblick erkannte ich ihn.*

**Sul sorgere** del sole mi alzai. *Bei Sonnenaufgang stand ich auf.*

782 b) Vorzeitigkeit

Die Handlung des Gliedsatzes läuft vor der des Hauptsatzes ab.

| Konjunktion | Bedeutung | Beispiel |
|---|---|---|
| **dopo che** | *nachdem* | **Dopo che** l'ebbi visto, lo salutai. *Nachdem ich ihn erblickt hatte, grüßte ich ihn.* – **dopo che** immer mit **zusammengesetzter Zeit.** |
| **quando** | *als* | **Quando** ebbe cominciato a parlare, tutti tacquero. *Als er zu sprechen begonnen hatte, wurde alles still.* |
| **(non) appena** | *kaum* | **(Non) appena** cominciò a parlare, tutti fecero silenzio. *Kaum hatte er zu sprechen begonnen, wurde alles still.* |

Im Allgemeinen stehen die Konjunktionen der Vorzeitigkeit mit dem **indicativo.**

783 Die **implizite Konstruktion** erfolgt mit

**dopo (di) + infinito composto** (Subjektsgleichheit):

**Dopo (di)** aver finito, me ne sono andato.
*Nachdem ich fertig war, bin ich weggegangen.*

**Dopo (di)** esserci lavati, ci siamo messi a tavola.
*Nachdem wir uns gewaschen hatten, setzten wir uns zu Tisch.*

Bei Subjektsgleichheit wird diese Konstruktion dem expliziten Gliedsatz vorgezogen.

**einer Partizipialkonstruktion:**

**Superata** questa crisi, tutto si aggiusterà.
*Ist diese Krise einmal überwunden, wird sich alles finden.*

784 c) Nachzeitigkeit

Die Handlung des Gliedsatzes läuft nach der des Hauptsatzes ab. Einleitende Konjunktion ist **prima che** *bevor.* Sie steht immer mit **congiuntivo.**

Si misero in cammino, **prima che cominciasse** a piovere.
*Sie machten sich auf den Weg, bevor es zu regnen begann.*

785 Die **implizite Konstruktion** erfolgt mit

**prima di + infinito** (Subjektsgleichheit):

**Prima di uscire** voglio terminare questo lavoro.
*Bevor ich ausgehe, möchte ich diese Arbeit fertig machen.*

Bei Subjektsgleichheit wird die implizite Konstruktion vorgezogen.

786 **Der Kausalsatz** (la proposizione causale)

Er gibt an, warum die Handlung des Hauptsatzes erfolgt ist. Er wird durch eine Kausalkonjunktion (congiunzione causale) eingeleitet und steht für eine Kausalergänzung.

787

| Konjunktion | Bedeutung | Beispiel |
|---|---|---|
| **perché** | *weil* | Non ho comprato il vestito, **perché** non mi piaceva. *Ich habe das Kleid nicht gekauft, weil es mir nicht gefallen hat.* |
| **poiché** | *da (ja)* | **Poiché** avete già deciso, facciamo così. *Da ihr schon entschieden habt, machen wir es so.* |
| **giacché** | *da, weil* | **Giacché** le cose stanno in questo modo, è meglio non cambiarle. *Da die Sache nun einmal so steht, ist es besser, nichts zu verändern.* |
| **siccome** | *da* | **Siccome** non c'era abbastanza gente, lo spettacolo non ebbe luogo. *Da nicht genügend Leute da waren, fand die Aufführung nicht statt.* |

Dazu gibt es einige konjunktionale Wendungen:

| | |
|---|---|
| **per il fatto** | *weil/wegen* |
| **dato che** | *vorausgesetzt, dass/weil* |
| **visto che/considerato che** | *in Anbetracht der Tatsache, dass* |

**Considerato che/Visto che** non ha risposto al nostro invito, possiamo supporre che non verrà.
*In Anbetracht der Tatsache, dass er auf unsere Einladung nicht geantwortet hat, können wir annehmen, dass er nicht kommen wird.*

788 Die Kausalsätze stehen mit dem **indicativo.** Nur nach **non perché** *nicht, weil* und **non (già) che** *nicht, dass* … steht der **congiuntivo.**

**Non perché mi piaccia** contraddirti…
*Nicht, weil ich dir gerne widerspreche…*

**Non (già) che sia** tanto peggio di tanti altri…
*Nicht, dass er um so vieles schlechter wäre als so viele andere…*

NB! **Non perché + congiuntivo… ma perché + indicativo**

Glielo dirò **non perché voglia** che si scusi, **ma perché preferisco** che conosca la mia opinione.
*Ich werde es ihm sagen, nicht, weil ich möchte, dass er sich entschuldigt, sondern weil es mir lieber ist, wenn er meine Meinung kennt.*

789 Die **implizite Konstruktion** erfolgt mit

**per + infinito composto** (Subjektsgleichheit):

Si è preso un raffreddore **per aver viaggiato** col finestrino aperto.
*Er hat sich verkühlt, weil er bei offenem Fenster gereist ist.*

**gerundio:**

Mi fu impossibile venire, **essendo** molto raffreddato.
*Es war mir unmöglich zu kommen, da ich sehr stark verkühlt war.*

**participio passato:**

**Offeso** dal suo atteggiamento, non gli scrissi dalle vacanze…
*Da ich durch seine Haltung gekränkt war, schrieb ich ihm nicht aus den Ferien.*

790 **Der Konsekutivsatz** (la proposizione consecutiva)

Der Konsekutivsatz drückt die Folge der Handlung des Hauptsatzes aus. Er wird durch eine Konsekutivkonjunktion (congiunzione consecutiva) eingeleitet.

791

| Konjunktion | Bedeutung | Beispiel |
|---|---|---|
| **così… che** | *so… dass* | Parlava **così** piano **che** non lo capivo.<br>*Er sprach so leise, dass ich ihn nicht verstand.* |
| **tanto… che** | *so… dass/<br>so sehr… dass* | Era **tanto** stanco **che** si è subito addormentato.<br>*Er war so müde, dass er sofort einschlief.* |
| **tale… che** | *derartig… dass* | La mia stanchezza era **tale che** mi addormentai subito.<br>*Ich war derartig müde, dass ich sofort einschlief.* |
| **talmente… che** | *derartig… dass* | La proposta era **talmente** sciocca **che** gli risi in faccia.<br>*Sein Vorschlag war derartig dumm, dass ich ihm ins Gesicht lachte.* |

792 Ohne korrelatives **che** werden die Konjunktionen **sicché** *sodass* und **di/in modo che** *sodass* verwendet.

Non ho ancora terminato il mio lavoro, **sicché** devo tornare in ufficio.
*Ich bin mit meiner Arbeit noch nicht fertig, sodass ich ins Büro zurückgehen muss.*

Sono arrivato troppo presto **di modo che** il negozio era ancora chiuso.
*Ich bin zu früh hingekommen, sodass das Geschäft noch geschlossen war.*

793 Die Konsekutivsätze stehen im Allgemeinen im **indicativo.** Der **congiuntivo** steht, wenn die im Gliedsatz ausgedrückte Folge **beabsichtigt** ist.

Fa' **in modo che** nessuno ti **veda.**
*Mach es so, dass dich niemand sieht.*

Der **condizionale** steht, wenn es sich um eine mögliche Folge oder um die Folge einer Bedingung handelt.

E' **tanto** buono **che** non **farebbe** male a una mosca.
*Er ist so gut, dass er keiner Fliege etwas zuleide täte.*

794 Die implizite Konstruktion erfolgt durch

**da/per + infinito**

Die beiden Präpositionen können in Korrelation mit den Adverbien **tanto, troppo, talmente** usw. stehen.

Ho una fame **da morire.** *Ich sterbe vor Hunger.*

E' abbastanza intelligente **per capire.**
*Er ist intelligent genug, um zu verstehen.*

E' **troppo** sciocco **per capire** tutto questo.
*Er ist zu dumm, um das alles zu verstehen.*

795 **Der Finalsatz** (la proposizione finale)

Er drückt die Absicht aus, in der die Handlung des Hauptsatzes durchgeführt wird.

Er wird durch eine Finalkonjunktion (congiunzione finale) eingeleitet.

796

| Konjunktion | Bedeutung | Beispiel |
|---|---|---|
| **perché** | *damit* | Dimmi tutto **perché** possa regolarmi.<br>*Sag mir alles, damit ich mich danach richten kann.* |
| **affinché** | *damit* | Insistè **affinché** egli partisse.<br>*Er blieb hartnäckig, damit er wegfahre.* – affinché gehört dem It. lett. an. |

Der Finalsatz steht immer im **congiuntivo.**

797 Die implizite Konstruktion erfolgt durch

**per/a/di/da + infinito**

Si deve mangiare **per vivere** e non vivere **per mangiare.**
*Man muss essen, um zu leben, und nicht leben, um zu essen.*

Ho fatto il tentativo **di convincerlo.**
*Ich habe den Versuch gemacht, ihn zu überzeugen.*

Dammi un libro **da leggere.** *Gib mir ein Buch zu lesen.*

798 Der implizite Finalsatz kann auch durch andere präpositionale Wendungen mit Infinitiv eingeleitet werden.

| Präp. Wendung | Bedeutung | Beispiel |
|---|---|---|
| **allo scopo di** | *mit dem Ziel, um zu* | Ha studiato musica **allo scopo di diventare** pianista. *Er hat Musik studiert, um Pianist zu werden.* |
| **al fine di** | *um zu* | Ho comprato un computer **al fine di semplificare** l'amministrazione. *Ich habe einen Computer gekauft, um die Verwaltung zu vereinfachen.* |
| **in modo di/da** | *um zu, dergestalt, dass* | Affrettatevi **in modo da non arrivare** in ritardo. *Beeilt euch, um nicht zu spät zu kommen.* |

799 **Der Konzessivsatz** (la proposizione concessiva)

Der Konzessivsatz nennt einen Gegengrund zu dem im übergeordneten Satz genannten Sachverhalt. Dieser Gegengrund beeinflusst jedoch diesen Sachverhalt nicht.
Der Konzessivsatz wird durch Konzessivkonjunktionen (congiunzione concessiva) eingeleitet.

| Konjunktion | Bedeutung | Beispiel |
|---|---|---|
| **benché** | *obwohl* | **Benché** sia tardi, non vogliamo partire. *Obwohl es spät ist, wollen wir nicht weggehen.* |
| **sebbene** | *obwohl* | **Sebbene** mi conoscesse, non mi salutò. *Obwohl er mich kannte, grüßte er mich nicht.* |
| **malgrado (che)** | *obwohl* | **Malgrado (che)** egli dicesse la verità, nessuno lo credeva. *Obwohl er die Wahrheit sagte, glaubte ihm niemand.* |
| **nonostante** | *obwohl* | **Nonostante (che)** facesse cattivo tempo, uscimmo. *Obwohl schlechtes Wetter war, gingen wir hinaus.* |
| **ancorché** | *obwohl* | Continuammo il nostro lavoro **ancorché** fosse già tardi. *Wir setzten unsere Arbeit fort, obwohl es schon spät war.* |
| **quand'anche** **anche quando** | *auch wenn* | **Quand'anche** fosse vero… *Auch wenn es wahr wäre…* |

| Konjunktion | Bedeutung | Beispiel |
|---|---|---|
| **anche se** | *selbst wenn* | **Anche se** volessi, non potrei.<br>*Auch wenn ich wollte, könnte ich nicht.* |
| **per quanto** | *wie/so… auch* | **Per quanto** intelligente sia, sbaglia.<br>*Wie intelligent er auch sein mag, er irrt sich.* |

800 Die Konzession kann auch durch die Indefinitpronomina **chiunque** *wer, wer auch immer*, **checché** *was, was auch immer* und **qualche** *welche/r/s auch immer* ausgedrückt werden.

Non aprire, **chiunque** venga.
*Mach nicht auf, wer auch immer kommen mag.*

**Checché** lei ne dica, a me piace molto.
*Was immer Sie dazu sagen mögen, mir gefällt es sehr.*

**Qualunque** strada prenda, arriverà a Torrecanne.
*Welche Straße Sie auch einschlagen, Sie kommen nach Torrecanne.*

Im Konzessivsatz steht immer der **congiuntivo.**

801 Die implizite Konstruktion erfolgt mit

**pur/anche + gerundio**

**Pur sapendo** che non ti interessa, ti racconto tutto.
*Obwohl ich weiß, dass es dich nicht interessiert, erzähle ich dir alles.*

**Anche andando** in automobile, non arriveremo in tempo.
*Auch wenn wir mit dem Auto fahren, kommen wir nicht rechtzeitig hin.*

**per + infinito che facessi**

**Per gridar che facessimo,** nessuno ci rispose.
*Wenn wir auch noch so laut riefen, niemand antwortete uns.*
*Wir laut wir auch riefen, …*

802 **Der Bedingungssatz**

Er drückt die Bedingung aus, deren Erfüllung erforderlich ist, damit die Handlung des Hauptsatzes Wirklichkeit werden kann. Die wichtigste Konjunktion zur Einleitung eines Bedingungssatzes ist **se.** Es gibt drei Arten von Bedingungssätzen:

803 a) den **realen Bedingungssatz.** Die Bedingung wird als realisierbar dargestellt; im Hauptsatz und im Gliedsatz stehen **indicativo presente** oder **futuro.**

**Se si mette** a parlare, non la **finisce** più.
*Wenn sie zu reden anfängt, hört sie nicht mehr auf.*

**Se corriamo,** li **raggiungeremo.**
*Wenn wir laufen, holen wir sie noch ein.*

**Se continuerà** a piovere, non **usciremo.**
*Wenn es weiterregnet, werden wir nicht hinausgehen.*

Folgende Kombinationen sind möglich:

| se-Satz | Hauptsatz |
|---|---|
| presente indicativo | presente indicativo |
| presente indicativo | futuro |
| futuro | futuro |

804 b) den **potenziellen (möglichen) Bedingungssatz.** Die Verwirklichung der Bedingung ist zwar möglich, es bestehen aber Zweifel. Im se-Satz steht der **congiuntivo imperfetto,** im Hauptsatz **indicativo presente** (imperativo), **futuro,** vor allem aber **condizionale presente.**

Anche **se** gli alleati non **fossero** d'accordo, gli aerei **voleranno** lo stesso.
*Auch wenn die Alliierten nicht einverstanden wären, die Flugzeuge werden dennoch fliegen.*

**Se** qualcuno **chiedesse** di me, la prego di chiamarmi.
*Sollte jemand nach mir fragen, rufen Sie mich bitte.*

**Se io conoscessi** le lingue, **andrei** più spesso all'estero.
*Wenn ich Fremdsprachen könnte, würde ich öfter ins Ausland fahren.*

Folgende Kombinationen sind möglich:

| se-Satz | Hauptsatz |
|---|---|
| congiuntivo imperfetto | futuro |
| | imperativo |
| | condizionale presente |

805 c) den **irrealen Bedingungssatz.** Die Bedingung wird als nicht realisierbar dargestellt.

806 **Irrealis des Präsens.** Im se-Satz steht der **congiuntivo imperfetto,** im Hauptsatz der **condizionale presente.** Er unterscheidet sich somit nicht vom vorhergehenden Typus, die Nichtrealisierbarkeit der Bedingung geht aus dem Sinn, nicht aus der grammatischen Form hervor.

**Se fossi** medico, **starei** sempre in pena per la salute degli altri.
*Wenn ich Arzt wäre, würde ich mir immer Sorgen um die Gesundheit der anderen machen.* (– Aber ich bin eben nicht Arzt.)

807 **Irrealis der Vergangenheit.** Im se-Satz steht der **congiuntivo trapassato,** im Hauptsatz der **condizionale passato** oder der **condizionale presente.**

**Se tu fossi stato** più gentile, **avresti ottenuto** tutto.
*Wenn du liebenswürdiger gewesen wärst, hättest du alles erreicht.* (– Aber du warst eben nicht liebenswürdig.)

**Se** tutti **si fossero messi** d'accordo, **vivremmo** ora in pace.
*Wenn sich alle geeinigt hätten, würden wir jetzt in Frieden leben.* (– Aber sie haben sich eben nicht geeinigt.)

Anstelle des congiuntivo trapassato kann auch der **indicativo imperfetto** stehen.

**Se riuscivo, sarei stato** felice.
*Wenn es mir gelungen wäre, wäre ich glücklich gewesen.*

Im It. p. können beide Teilsätze im **indicativo imperfetto** stehen.

**Se studiavi, avevi** ora un impiego.
*Wenn du studiert hättest, würdest du jetzt eine Anstellung haben.*

**308** Der Bedingungssatz kann auch durch andere Konjunktionen eingeleitet werden. Sie können nur **potenzielle** oder **irreale** Bedingungssätze einleiten.

| Konjunktion | Bedeutung | Beispiel |
|---|---|---|
| **nel caso che**<br>**caso mai** | *falls,*<br>*im Falle* | **Nel caso che** lei abbia l'intenzione di venire da me domani, mi telefoni.<br>*Falls Sie die Absicht haben, morgen zu mir zu kommen, rufen Sie mich vorher an.* |
| **a patto che**<br>**posto che**<br>**a condizione che** | *vorausgesetzt, dass* | **A patto che/Posto che** tu abbia i mezzi, puoi partire subito.<br>*Vorausgesetzt, dass du die Mittel hast, kannst du sofort wegfahren.* |
| **qualora** | *wenn* | **Qualora** io fossi medico, starei sempre in pena per la salute degli altri.<br>*Wenn ich Arzt wäre, würde ich mir stets Sorgen um die Gesundheit der anderen machen.* |

**309** Die implizite Konstruktion erfolgt durch

**gerundio:**

**Applicandoti** potresti avere voti migliori.
*Wenn du dich anstrengen würdest, könntest du bessere Noten haben.*

**participio passato:**

**Sviluppata meglio,** l'idea sarebbe ottima.
*Wenn sie besser durchdacht wäre, wäre die Idee ausgezeichnet.*

**a + infinito:**

**A vederlo,** si direbbe che è ricco. *Wenn man ihn sieht, würde man ihn für reich halten.*

**310** Folgende Konstruktionen sind noch möglich:

**imperativo – futuro:**

**Studia,** e **sarai** promosso. *Studiere, und du wirst durchkommen.*

**condizionale – condizionale:**

Mi **daresti** tutto l'oro del mondo, non **lascerei** l'Italia.
*Auch wenn du mir das ganze Gold der Welt geben würdest, ich würde Italien nicht verlassen.*

811 **Der Vergleichssatz** (la proposizione comparativa)

Drückt einen Vergleich zu dem im Hauptsatz dargelegten Sachverhalt aus. Man unterscheidet drei Typen:

812 a) Gleichheit (uguaglianza)

| Konjunktion | Bedeutung | Beispiel |
|---|---|---|
| **così… come** | *so… wie* | Il diavolo non è **così** brutto **come** si dipinge.<br>*Der Teufel ist nicht so schwarz, wie man ihn malt.* |
| **tanto… quanto** | *so… wie* | Non è **tanto** sciocco **quanto** si crede.<br>*Er ist nicht so dumm, wie man glaubt.* |
| **tale… quale** | *derartig… wie* | Fece **tali** cose **quali** nessuno si sarebbe aspettato.<br>*Er machte derartige Sachen, wie sie niemand von ihm erwartet hätte.* |

813 b) Ungleichheit (Mehrstufe: proposizione comparativa di maggioranza)

| Konjunktion | Bedeutung | Beispiel |
|---|---|---|
| **più… di quanto**<br>**più… che** | *mehr… als* | Ci mette **più** impegno **di quanto** mi aspettassi.<br>*Er geht mit mehr Einsatz an die Sache heran, als ich erwartet hätte.* |
| **più… di quello che** | *Komparativ des Adj. + als* | Il problema è **più** difficile **di quello che** credevo.<br>*Das Problem ist schwieriger, als ich dachte.* |

814 c) Ungleichheit (Minderstufe: proposizione comparativa di minoranza)

| Konjunktion | Bedeutung | Beispiel |
|---|---|---|
| **meno… di quanto** | *weniger… als* | Abbiamo **meno** tempo **di quanto/di quello che/che** sarebbe necessario.<br>*Wir haben weniger Zeit, als notwendig wäre.* |

Der Modus des Vergleichssatzes ist der **indicativo** oder der **condizionale.** Nach den Konjunktionen der Ungleichheit steht auch der **congiuntivo.**

Il problema è **più/meno** difficile **di quanto** credevo/(non) credessi/(non) avrei creduto.
*Das Problem ist schwieriger/weniger schwierig, als ich geglaubt habe/hätte.*

Das **non** beim **congiuntivo** und beim **condizionale** hat keine verneinende Funktion, ist nicht obligatorisch und steht vor allem im It. lett. Es ändert den Sinn des Satzes nicht. (s. 191.)

815 Die implizite Konstruktion

erfolgt mit den Konjunktionen **più che, piuttosto che (di)** oder mit bloßem **che** mit **infinito.**

**Più che** parlare, gridava. *Er schrie mehr, als er sprach.*

Preferisco fare una passeggiata **(piuttosto) che (di) studiare.**
*Ich mache lieber einen Spaziergang, als dass ich lerne.*

Morirebbe **piuttosto che ammettere** di aver sbagliato.
*Er würde lieber sterben als zugeben, dass er einen Fehler begangen hat.*

316 **Der Adversativsatz** (la proposizione avversativa)

Der Gliedsatz drückt einen Widerspruch zum Hauptsatz aus.

Die einleitenden Konjunktionen sind **quando, mentre,** welche durch **invece** verstärkt werden können, und **laddove** *während, wohingegen.*

Lo aspettavamo oggi, **mentre (invece)** arriverà domani.
*Wir erwarteten ihn heute, während er/wo er doch erst morgen kommt.*

Mia moglie è voluta restare in casa, **quando io (invece)** avrei preferito uscire.
*Meine Frau wollte zu Hause bleiben, wohingegen ich lieber ausgegangen wäre.*

Parlò molto **laddove** avrebbe dovuto tacere.
*Er sprach sehr viel, wo er besser geschwiegen hätte.*

Der Adversativsatz steht mit dem **indicativo** oder mit dem **condizionale.**

317 Der ausnehmende Adversativsatz (la proposizione eccettuativa)

Der Inhalt des Gliedsatzes ist von der Handlung des Hauptsatzes ausgenommen.

| Konjunktion | Bedeutung | Beispiel |
|---|---|---|
| **tranne che**<br>**eccetto che**<br>**salvo che**<br>**(a) meno che (non)**<br>**fuorché**<br>**sempre che** | *außer (dass)* | Non verrò, **tranne che** la mia presenza **sia** indispensabile.<br>*Ich komme nicht, außer meine Anwesenheit ist unbedingt erforderlich.*<br>Verrò **a meno che** qualche cosa **non** me l'**impedisca.**<br>*Ich komme, außer es hindert mich etwas daran.* |
| **se non che** | *abgesehen davon, dass/aber* | Sarei partito subito, **se non che** sull'aereo non c'era più posto.<br>*Ich wäre sofort verreist, aber im Flugzeug war kein Platz mehr.* |

Die Konjunktion **se non che** steht mit dem **indicativo,** die anderen mit dem **congiuntivo.**

18 Die implizite Konstruktion erfolgt mit

**tranne che/eccetto che/salvo che/fuorché (di) + infinito**

Sono disposto a tutto **fuorché (di)** partire con lui.
*Ich bin zu allem bereit, außer mit ihm wegzufahren.*

819 # Direkte und indirekte Rede
(discorso diretto e discorso indiretto)

820 ## Direkte Rede

Franco affermò: «Non mi piace questo quadro.»
*Franco behauptete: „Dieses Bild gefällt mir nicht."*

In diesem Beispiel ist die Aussage Francos **wörtlich** wiedergegeben. Man nennt diese Art der Wiedergabe die **direkte Rede** (discorso diretto). Sie wird in der Schrift durch Anführungszeichen am Anfang und am Ende oder einen Gedankenstrich am Anfang gekennzeichnet.

821 ## Indirekte Rede

Franco affermò **che quel** quadro **non gli piaceva.**
*Franco behauptete, dass ihm jenes Bild nicht gefalle.*

Die Aussage Francos ist hier nicht mehr wörtlich wiedergegeben. Man nennt diese Art der Wiedergabe die **indirekte Rede** (discorso indiretto). Es haben mehrere Veränderungen stattgefunden.

Die Aussage Francos wurde zu einem **Gliedsatz** (Objektsatz), der von einem Verbum der Redeerwähnung (verbo dichiarativo) abhängt.
Das Demonstrativpronomen **questo** wird zu **quel.**
Das **presente** des Verbs (piace) wird zum **imperfetto** (piaceva).
Das **Objektspronomen der 1. Person** (mi) wird zum **Objektspronomen der 3. Person** (gli).

822 Bei der Übertragung der direkten Rede in die indirekte Rede sind folgende Punkte zu beachten:

Die Informationen der direkten Rede müssen möglichst genau beibehalten werden.
Steht das Verb der Redeerwähnung in der 3. Person, das Verb/die Verben der direkten Rede aber in der ersten, so ändern sich die Pronomina.

| | | |
|---|---|---|
| io | → | egli, lei |
| mio | → | suo |
| a me | → | a lui, a lei |
| mi | → | gli/le, lo/la |
| noi | → | essi/esse, loro (aber auch noi) |
| questo | → | quello |
| qui, qua | → | lì |

Disse: «Io me ne vado da casa tua.»
*Er sagte: „Ich gehe von dir (zu Hause) weg."*

Disse **che se** ne **andava** da casa tua/**sua.**
*Er sagte, dass er von dir/ihm (zu Hause) weggehe.*

Steht das Verb der Redeerwähnung in einem Tempus der Vergangenheit, so ändern sich auch die Tempora des Gliedsatzes/der Gliedsätze (s. Zeitenfolge 536.)
Die Adverbien und adverbialen Bestimmungen müssen unter Umständen verändert werden. (s. 723.)

Disse: «Verrò domani.» *Er sagte: „Ich komme morgen."*

Disse **che sarebbe venuto il giorno dopo.**
*Er sagte, dass er am folgenden Tag kommen werde.*

Ist das Verb der Redeerwähnung verneint oder hat es negative bzw. fragende Bedeutung, so kann das Verb der indirekten Rede im **congiuntivo** stehen. (s. 479.)

Quale professione **desideri** fare?
*„Was für einen Beruf möchtest du ergreifen?"*

Il babbo gli chiese quale professione **desiderasse** fare.
*Der Vater fragte ihn, welchen Beruf er ergreifen wolle.*

Direkte Anreden fallen weg oder werden zum Objekt.

**Amici,** aiutatemi! *„Freunde, helft mir!"*

Carlo pregò **gli amici** di aiutarlo/che lo aiutassero.
*Carlo bat die Freunde, ihm zu helfen/sie mögen ihm helfen.*

23 **Die einzelnen Satzarten in der indirekten Rede**

24 a) Der Aussagesatz in der indirekten Rede

Die wichtigsten Verben der Redeerwähnung, die einen Aussagesatz in der indirekten Rede einleiten können, sind:

| | |
|---|---|
| affermare | *behaupten* |
| aggiungere | *hinzufügen* |
| annunciare | *ankündigen* |
| apprendere | *erfahren* |
| assicurare | *versichern* |
| confermare | *bestätigen* |
| confessare | *gestehen* |
| consigliare | *raten* |
| dichiarare | *erklären* |
| esclamare | *ausrufen* |
| gridare | *schreien* |
| ignorare | *nicht wissen* |

| | |
|---|---|
| imparare | *erfahren* |
| indicare | *anzeigen* |
| narrare | *erzählen* |
| negare | *bestreiten* |
| osservare | *bemerken* |
| persuadere | *überzeugen* |
| precisare | *hinzufügen, erläutern* |
| raccontare | *erzählen* |
| rassicurare | *versichern, beruhigen* |
| ricordare | *erinnern* |
| riferire | *berichten* |
| ripetere | *wiederholen* |
| riportare | *berichten* |
| rispondere | *antworten* |
| rivelare | *enthüllen* |
| scrivere | *schreiben* |
| spiegare | *erklären* |
| suggerire | *anregen* |

825 Die von diesen Verben abhängigen Objektsätze stehen gewöhnlich im **indicativo;** sind sie **verneint** oder haben sie **negative Bedeutung,** kann der **congiuntivo** stehen.

Mi ricordai che non **era venuto** quel giorno lì.
*Ich erinnerte mich, dass er an jenem Tag nicht gekommen war.*

Si **ignora** per quale via gli Etruschi **siano venuti** in Italia.
*Man weiß nicht, auf welchem Weg die Etrusker nach Italien gekommen sind.*

826 Zu den Verben der Redeerwähnung des Aussagesatzes gehören auch die Verben des Denkens, Urteilens, Fühlens.

| | |
|---|---|
| accettare | *annehmen, akzeptieren* |
| ammettere | *annehmen, zugeben, zulassen* |
| apprezzare | *schätzen* |
| approvare | *billigen, gutheißen* |
| augurare | *wünschen* |
| capire | *verstehen* |
| comprendere | *verstehen* |
| considerare | *meinen* |
| credere | *glauben* |
| dimenticare | *vergessen* |
| dubitare | *zweifeln* |
| garantire | *zusichern, garantieren* |
| giurare | *schwören* |

| | |
|---|---|
| immaginare | *sich vorstellen* |
| pensare | *denken, meinen* |
| perdonare | *verzeihen* |
| proporre | *vorschlagen* |
| sentire | *fühlen* |
| sperare | *hoffen* |
| supporre | *annehmen, vermuten* |

327 Diese Verben stehen häufig mit dem **congiuntivo,** oft aber auch mit dem **condizionale** bzw. mit dem **indicativo.**

Credo che Ada **venga/verrà/verrebbe…**
*Ich glaube, dass Ada kommt/kommen wird/kommen werde/kommen würde…*

328 b) Der implizite Aussagesatz der indirekten Rede wird gebildet mit

**Verb der Redeerwähnung + di + infinito**

Dice/disse **di essere andato via.**
*Er sagt/sagte, er sei weggegangen.*

329 c) Der Fragesatz in der indirekten Rede

330 Die indirekte Totalfrage (ohne Fragewort)
Der Gliedsatz wird mit **se** eingeleitet. Das Verb steht meist im **congiuntivo,** kann aber auch im **indicativo** oder im **condizionale passato** stehen.

Gli chiesero **se venisse/sarebbe venuto.**
*Sie fragten ihn, ob er komme/kommen werde/würde.*

331 Die indirekte Ergänzungsfrage
Der Gliedsatz wird durch dasselbe Fragewort wie die direkte Frage eingeleitet. Meist steht das Subjekt **hinter dem Verb.** Das Verb kann im **congiuntivo, indicativo** oder **condizionale** stehen. Im It. p. steht immer seltener der **congiuntivo.**

Mi domandavo **che cosa aveva/avesse/avrebbe fatto.**
*Ich fragte mich, was er gemacht hatte/haben würde/was er machen werde.*

332 Die implizite Form der indirekten Frage wird gebildet mit

**Fragewort + infinito** oder **se + infinito**

wenn Subjektsgleichheit herrscht.

Sono incerto **se partire** o **rimanere.**
*Ich weiß nicht, ob ich wegfahren oder bleiben soll.*

Mi chiesi **a chi rivolgermi.**
*Ich fragte mich, an wen ich mich wenden sollte.*

Die wichtigsten Verben der Redeerwähnung zur Einleitung eines indirekten Fragesatzes sind:

| | |
|---|---|
| chiedere | *fragen* |
| domandare | *fragen* |
| dire | *sagen* |
| voler sapere | *wissen wollen* |
| non sapere | *nicht wissen* |

833 Der Aufforderungssatz in der indirekten Rede

hängt von einem Verb der Aufforderung, des Befehls ab. Er steht im **congiuntivo,** meist wird jedoch die **implizite Form vorgezogen:**

**Verb des Befehlens + di + infinito**

834 Dabei ist die Person, an die der Befehl/die Aufforderung ergeht, ein COI.

Gli urlò: «Esci immediatamente!»
*Er brüllte ihn an: „Geh sofort hinaus!"*

**Gli** urlò **di uscire** immediatamente.
**Gli** urlò **che uscisse** immediatamente.
*Er brüllte ihn an, sofort hinauszugehen.*

835 Die wichtigsten Verben zur Einleitung eines indirekten Aufforderungssatzes sind:

| | |
|---|---|
| comandare | *befehlen* |
| dire | *sagen, befehlen* |
| ordinare | *befehlen, anordnen* |
| imporre | *auferlegen, zwingen* |
| prescrivere | *vorschreiben* |

# Register

Die Zahlen beziehen sich auf die Abschnitte.